한국어로 내려온
New Bible

새로운
성 경

제18권

2부 | 총10부

하얀마음

하나님 말씀 중에서

1. 사랑의 하나님

- 세상을 창조하신 하나님은 모두를 사랑하신다. 인간만 특별히 더 사랑하지 않고, 우주 만물을 다 똑같이 사랑하신다. 그러니 하나님이 창조하신 천지 만물과 화친하고, 미물까지도 소중히 대하라.

- 하나님은 특정 종파나 민족만을 더 사랑하지 않으신다. 자기 자신만 구원받겠다는 욕심을 버리고, 자기 종파만 구원받는다는 편협한 교리에서 벗어나야 한다. 종파를 초월해서, 모두를 사랑하라.

- 원수까지 사랑하라 했으니, 이 세상에 사랑하지 못할 자가 누가 있겠는가? 종파가 다르다고 해서 부모 형제와 원수처럼 지내는 자는 인간의 근본을 모르는 자다. 가장 가까운 가족부터 사랑할 때 남도 진심으로 사랑할 수 있다.

- 한 사람을 원수같이 생각하던 마음에서 사랑하는 마음으로 돌리면, 자기 자신의 마음이 가장 기쁘고 행복하다. 하나님께서는 인간의 마음속에 무거움이 없이 기쁘고 행복한 삶을 살기를 바라신다.

- 이웃을 "내 몸처럼" 사랑하라 했으니, 마지막 한 장 남은 천국의 티켓도 이웃에게 양보하라. 자기 중심적인 신앙에서 벗어나서 남을 위해 살아야 한다.

- 독초도, 약초도, 이단도 사탄도 천사도 다 필요하기에 존재한다. 독초일지라도 극소량을 사용해서 생명을 살릴 수 있고, 약초라 하더라도 남용하면 생명을 잃을 수 있다.

- 세상 모든 것을 명약으로 활용하는 것은 인간의 지혜에 달렸다. 어떤 것이든 어떤 사람이든 적재적소에 꼭 필요한 명약으로 승화시키라.

- 사탄도 이단도 천사도 모두 하나님의 주관하에 존재한다. 진정한 하나님의 백성은 사탄과 마귀까지도 감화시켜서 천사로 거듭나게 한다.

2. 기도

- 하나님은 인간의 생각까지 모두를 다 알고 계신다. 우리의 소원도 이미 알고 계시기에, 소원의 기도를 할 필요가 없다. 우리가 받을 자격이 되면 내려 주신다.

- 죄를 짓고 아무리 회개를 해도 용서받지 못한다. 도둑질한 자는 용서해 달라고 기도하고, 도둑맞은 자는 도둑을 잡게 해 달라고 기도하면, 공의의 하나님은 누구의 편에 서시겠는가?

- 자기가 잘못한 것은 그 사람에게 직접 갚고 용서를 구하라. 그가 용서하면 하나님도 용서하신다. 땅에서 매면 하늘에서도 매이고, 땅에서 풀리면 하늘에서도 풀리는 이치다.

- "회당에서 기도하지 말고 골방에서 기도하라" 했다. 눈에 보이는 골방이 아니라, 골방과 같이 고요한 마음이다. 잡념을 버리고 하나님을 향해 마음을 집중하며, 사랑하고 용서하는 아름다운 생각만 나오도록 하라.

- "두드리면 열릴 것이다." 하는 것은 육의 소원을 위해 두드리라는 것이 아니라, 진리의 깨달음을 얻기 위해 두드리라는 것이다.

- 기도하는 방법: 생활 속에서 수시로 기도하는 삶을 살아야 한다.

- "저의 죄를 용서하여 주옵소서." 하는 회개의 기도를 하라.
- 범사에 "하나님! 감사합니다." 하라. 현재 가진 것에 감사하며, 과욕하지 말라. 자기 노력 이상의 것을 더 갖고자 기도하는 것은 도둑놈심보다. 공의의 하나님은 각자 노력한 만큼 주신다.
- "하나님 뜻대로 살아가겠나이다." 하며 마음의 각오를 다지라.

- 기도는 하나님의 말씀을 받아서 "행하는 것"이다. 하나님이 계심을 굳건히 믿고, 하늘을 향하여 한 점 부끄럼 없이 사는 삶 자체가 가장 위대한 기도이며, 삶이 곧 예배다.

3. 지도자

- 똑같이 사랑한다는 말을 해도, 순수하게 하는 말은 천사의 말이지만, 사기 쳐서 재산을 가로채려고 하는 말은 사탄의 말이다.

- 종교 지도자가 아무리 훌륭한 설교를 해도, 신도의 재물을 거둬서 더 큰 교회를 짓고 자기의 부귀영화를 바라며 설교하면 사탄의 가르침이 된다.

- "저희 교회는 민원사례요, 믿음은 다 같으니 이웃의 개척 교회에 가서 예배를 드리시오." 하며, 이웃 교회의 부흥을 먼저 생각하여 제 신도를 보내는 종교 지도자가 있다면 그를 따르라. 그가 하나님의 사랑을 실천하는 자다.

- "부자가 천국에 들어가는 것은 낙타가 바늘구멍을 통과하는 것보다 더 힘들다" 하였거늘, 지금의 교회에서는 부자가 되기만을 기도하고 소원하니, 이는 곧 천국을 포기하고 지옥 행 열차의 티켓을 사는 것과 같다.

- 예수는 빈손이었다. 종교 지도자가 예수보다 더 호화롭고 편안하게 살아간다면 잘못된 것이다. 부귀영화와 명예를 바라는 자는 절대로 갈 수 없는 좁고 협착한 길이 종교 지도자의 길이다.

- 종교 지도자는 유리로 비춰 봐 한 점의 부끄러움이 없이 살아야 한다. 의식주도 직접 일해서 해결하고, 예수의 가르침과 행함을 그대로 따라야 한다.

- 종말은 없다. 지금의 잘못 가는 종교 집단에게만 종말이 있다. 보이지 않는 하나님은 보이는 육의 종말은 관여하지 않으신다. 환경 파괴로 인간이 스스로 멸망을 자초하는 것이다. 종파끼리 싸우기 전에, 무너진 인성을 바로잡고 지구의 몸살을 해결하는 데 뜻을 모으는 게 급선무다.

4. 성전이란

- 이 세상 자체가 하나님께서 만드신 성전이다. 자연보다 더 아름다운 성전이 있는가? 보이는 건물이 성전이 아니라, 성스러운 마음가짐이 성전이다.

- 반석 위에 교회를 지으라 했다. 지상의 단단한 돌은 인간이 쪼갤 수 있으나, 마음속의 굳은 결의는 세상 무엇으로도 쪼갤 수 없다. 바르고 굳건한 믿음으로 성경의 가르침을 실천하는 것이 마음의 반석 위에 교회를 짓는 것이다.

- 손으로 지은 건물의 교회에 모여서 복음을 전하는 것이 아니라, 교회를 개인과 가정에 심어 주어야 한다. 무너지고 부서지는 건물을 짓지 말고, 마음속에 영원히 불변하는 참진리의 교회를 지으라.

5. 십계명

- 십계명은 인간이 죽어서 반드시 통과해야만 하는 열 개의 관문이다.

- 부모를 공경하지 아니한 자는 "네 부모를 공경하라." 하는 제5계명의 관문이 열리지 않으니 구원받을 수 없다.
- 살인, 간음, 거짓, 우상 등의 나머지 계명도 마찬가지다.

- 십계명은 하나님의 친필이다. 모기소리만 한 하나님의 음성이라도 들어 보겠다고 여기저기 찾아 헤매지 말고, 십계명부터 암송하고 지키라.

- 십계명은 영혼을 구원하는 양식이며, 십계명을 지키는 것이 구원을 받는 길이다. 인간이기에 지키고자 노력하고 또 노력한다면 지킬 수 있다.

- 십계명을 지키고 천사처럼 아름답게 살아가는 그 마음 하나면 세상에 이루어지지 않는 것이 없다.

6. 보물

- 하나님은 재물이 아니라 우리의 마음을 받으신다. 사랑을 실천하며 천사처럼 변하는 마음이 하나님께 바치는 보물이다.

- 보이지 않는 하나님께 재물을 바치려 하지 말고, 너희를 길러 준 부모에게 용돈 드리고, 찾아뵙고, 효성을 다하라. 그것이 하나님께 효도하는 것이다.

- 하늘에는 선과 악의 창고가 있다. 자기 창고에 선이 많으면 천국으로 구원을 받고, 악이 많으면 심판받아 지옥으로 간다. 그것이 바로 "선한 일을 행한 자는 생명의 부활로, 악한 일을 행한 자는 심판의 부활로" 나오는 것이다.

- "선악과를 따먹지 말라"는 것은 양심을 지키라는 것이다. 선과 악을 구분할 수 있는 양심을 최초에 인간에게 주셨다. 선한 열매는 취하고, 악한 열매는 버리며, 양심에 비추어 부끄럼 없는 삶을 살아가라.

- 가장 작은 거짓말을 하지 않고, 가장 작은 죄를 짓지 않으며, 가장 작은 선행을 하고, 가장 작은 악행을 멀리하는 것이 율법의 일점 일획도 빠뜨리지 말고 다 지키는 삶을 사는 것이다.

7. 우상

- 박물관에 있는 불상은 하나의 예술품이다. 그 조각품에 내고 제 소원을 빌 때 우상숭배가 된다. 십자가라 하여도 그 앞에서 소원을 빈다면 우상숭배하는 것이며, 하나님께 소원을 빈다면 하나님을 우상으로 전락시키는 것이다.

- 지금 기복신앙에 젖어 있는 모든 사람이 우상 앞에 절을 하고 있다. 조각품을 우상이라며 파괴하지 말고, 네 마음속에 있는 욕심의 우상을 무너트리라.

- 생수를 약초가 먹으면 약을 만들고 독사가 먹으면 독을 만든다. 같은 성경을 봐도 선한 지도자는 신도를 천사로 만드는 데 활용한다. 그러나 욕심이 가득한 지도자는 재물을 거두어들여 제가 부귀영화를 누리는 데 악용한다. 그가 바로 성경을 우상숭배의 도구로 전락시키는 거짓 선지자다.

- 성경을 한 획도 빼거나 더하지 말라는 것은, 그 가르침을 빠트리지 말고 온전히 지키라는 것이다. 성경 속에서 자기에게 유리한 구절만 보는 것은, 자기에게 불리한 구절들을 빼 버리는 것이다. 믿음이 제일이요, 행함은 구원과는 관계없다는 것은 자신에게 유리한 쪽으로 성경을 악용하는 것이다.

- 진정한 종교 지도자는 종파에 관계없이 어떤 종파든 어떤 책이든 접하고 보고 깨우쳐 견문을 넓히도록 인도한다. 참진리를 모르고 자신이 없는 자가 남을 이단이라며 배척하고, 신도들의 눈과 귀를 가린다.

8. 예수

- 예수의 재림은 없다. 예수가 다시 온다 해도, 과연 누가 그를 예수라고 믿겠는가? 예수와 같은 삶의 행함이 곧 예수의 재림이다. 각자 모두가 "재림 예수"가 되는, 차원 높은 믿음으로 가야 한다.

- 예수는 "주여 주여 하지 말고, 아버지의 뜻대로 행하라"고 했다. 예수가 전한 하나님의 뜻이 곧 "길이요, 진리요, 생명"이며, 그 가르침이 예수의 보혈처럼 소중한 것이다. 예수를 믿는 것은, 예수의 가르침을 믿고 따르는 것이다.

- 예수는 낮은 자로서 만백성을 섬기고자 했다. 만나는 모든 사람을 다 하나님이라 생각하라. 돈을 벌수록 겸손하고, 높은 지위를 얻을수록 낮아지라.

▪ 예수는 종파를 만들지 않았다. 인간이 만든 종교와 인간의 교리를 따르지 말고, 예수를 통해 전한 하나님의 참진리를 연구하고 따르라.

▪ 예수가 2천 년 전에 만백성을 위해 죽었으니, 지금 이 땅에는 예수의 가르침대로 사는 천사만 존재해야 한다. 예수가 죽어 가면서 바란 것은 만백성이 천사가 되어 예수의 자리를 채워 주는 것이지, 지금과 같이 재물을 바치면서 중언부언 제 소원만을 비는 백성들을 바란 것이 아니다.

9. 구원

▪ 천사가 사는 천국에는 천사만 갈 수 있으니, 천사 같은 마음을 길러야 한다.

- "천국 열쇠를 네게 주리니 땅에서 무엇이든지 매면 하늘에서도 매일 것이라" 했다. 땅에서 천사같이 사는 자가 하늘에서도 천사가 되어 천국에 들어간다. 모든 사람에게 천사같다는 말을 듣는 삶을 살아야 한다.

▪ 천사의 곱고 아름다운 마음은 부모를 공경하고 어른을 어른으로 대접하는 데에서 출발한다. 효도하는 자는 형제와 화목하게 지내기에 가정이 화목해지고, 이웃과 화목해지고, 국가가 화목해지고, 온 인류가 화목해진다.

- 그러므로 지상의 아름다운 소왕국은 가정에서부터 이루어야 한다.

▪ 선택된 14만 명만 구원받는 것이 아니라, 천사처럼 변하고자 하는 14만 명을 기초로 온 인류가 천사처럼 거듭나는 영적인 개혁이 시작되는 것이다.

▪ 천 년에 걸쳐서 하늘에서 이루어진 것같이 이 세상을 낙원으로 만들어, 만백성이 지상의 천국에서 살다가 죽어서 그대로 하늘의 천국으로 들어가는, 영원한 지상 낙원을 건설하는 것이 하나님의 계획이다.

- **이것이 구약과 신약에 이어 "새로운 성경"으로 역사하시는 하나님의 창조의 완성이다.**

▪ 지금의 믿음으로 구원받을 수 있다면 그 길을 가라. 그러나 자신이 없다면 하나님께서 직접 내리신 160권의 "새로운 성경"을 읽고 구원의 길을 보라!

하나님 머리말씀

이 새로운 성경을 읽는 너희 모두는
이 율법에 따라 행하면 영원히 구원받을 것이니라.

너희 인간이 수년, 수십 년, 평생
성서를 공부하고 기도하는 것은
하늘나라 나의 곁으로 오고 싶은 소망일진대,

몇천 년 전의 너희 인성과 생각이
지금의 너희와는 판이하게 다르니,

꺾여 가고 병들어 가는 너희를 고칠 수 있는 길은,
오늘 내가 선지자에게 내리는 새로운 성경과 같이
너희가 변화되는 것뿐이니라.

나의 예수가 태어난 것처럼
내가 아들 선지자를 선택하여
나의 새로운 성경을 온 세계에 전하고자 하니,

묵은 것은 버리고 새로운 것은 취하여,
너희 모두는
'여호와 하나님! 저의 죄를 용서하여 주옵소서.'
하는 기도문으로 기도하고, 죄를 뉘우치라.

이 새로운 성경은
수천 년간 내려온 성서를 요약한 것이니,
너희는 이 책을 정독하여 쉽게 깨달음을 얻고,
이대로 실천하여 하늘에 오르라.

대역자 머리말

■ 하나님의 율법을 지키는 선지자로 선택을 받도다.

저는 남들처럼 그저 열심히 살아온 평범한 사람이었습니다. 그러나 50대 중반에 사업에 실패하여 많은 부채에 시달렸으며, 건강도 악화되어 눈이 잘 안 보이고, 걷기도 어렵고, 두통이 심해서 잠을 이룰 수 없는 고통의 나날을 보냈습니다. 그때 제가 선택할 수 있는 것은 육의 삶을 끝내는 길뿐이었습니다.

죽기 직전에 그동안에 죄를 지은 이들에게 용서를 빌고 인생을 끝내기로 작정하였습니다. 어려서부터 지은 죄를 빌고 빌다 보니 끝이 없었고, 죽음으로도 그 많은 죄를 용서받을 길이 없다는 생각에 하염없이 눈물이 흘렀습니다. 그 순간 '재래식 화장실의 구더기는 죄를 짓지 않는데, 나는 인간으로서 구더기만도 못한 삶을 살았구나.' 하는 생각이 들면서 괴로움에 몸부림칠 때, 갑자기 하나님의 음성이 들렸습니다.

"나는 여호와 하나님이니라. 너는 십계명을 암송하고 내가 내려 주는 메시지를 받아 책으로 만들어 만백성을 구하라." 하시며, 제 눈을 손으로 문지르게 하시고, 아픈 머리와 다리를 손으로 두드리게 하셨습니다. 그러고 나니 눈도 잘 보이고 걸을 수 있었으며 머리의 통증도 말끔히 낫게 되었습니다. 그때부터 십계명을 암송하고 나면 들려주시는 말씀을 기록하였고, 1999년 8월부터 2004년 7월까지 권당 288쪽, 총 160권을 받아서 "새로운 성경"이라는 책으로 펴내게 되었습니다.

그러한 저에게 죽기보다도 힘든 길이 시작되었습니다. 모든 교인들이 저에게 사탄이요, 이단이요, 악마요, 마지막 시대에 온 거짓 선지자라 하면서 공격하였고, 저를 짐승을 보듯이 대하는가 하면, 편협한 종교 지도자들의 선동으로 신도들이 이 책을 직접 읽어 보고 평가할 기회마저 막아 버렸습니다. 그래서 하나님의 말씀을 세상에 내는 데 많은 어려움을 겪으며, 피를 토하는 심정으로 책을 전하고 있습니다.

그러나 아무리 인간의 힘으로 막으려 해도, 하나님의 뜻이 세상에 전해지는 위대한 역사는 계속될 것입니다. 책으로 전해지는 "하나님의 말씀"은 세상 끝날까지 항상 우리와 함께하실 것입니다. 사람은 죽어도, 책에 기록된 말씀은 영원히 남으니까요.

■ 따뜻한 실천

하나님께서는 어려운 사람들에게 삶의 터전을 마련해 주고, 미래를 열어 주는 것을 기뻐하십니다. 어려운 이웃이 스스로 자립할 수 있도록 이끌어 주는 것이 진정으로 이웃을 돕는 것이라고 말씀하셨습니다. 그래서 일자리가 없는 제자들에게 작은 사업장을 만들어 주는 "달란트 사업"을 하고 있습니다. 식당, 반찬 가게 등을 차려 주고, 기존의 어려운 사업장이 자립할 수 있도록 돕고 있습니다(커피숍, 미용실, 의상실 등).

하나님께서는 교회에 나와서 모든 시간과 재물을 쏟기를 원하지 않으시고, 그 시간과 재물을 교육에 투자하여 스스로 미래를 열어 가기를 원하십니다. 그래서 제때 공부하지 못한 제자들에게 학업을 이어 가도록 하였습니다. 중화요리 주방장을 하며 초등학교 검정고시부터 공부하여 2012년에 방통대를 졸업한 36세 남성, 만학도들의 2년제 중학교에 입학해서 2007년에 명지대학을 졸업한 38세 여성, 중학교 검정고시를 시작으로 숭의여자대학을 졸업한 47세 여성 등이 있습니다. 그밖에도 많은 제자들에게 나이를 초월하여 배우고 깨우쳐서 사회 속의 당당한 일원이 되도록 인도하고 있습니다.

학자금 대출로 힘겨워하는 젊은이들을 위해 "따뜻한 바람 장학회"를 발족하여(2016년 12월) 대출받은 학자금 전액을 매월 갚아 주고 있습니다. 또한, 다문화 가정을 위해 "다문화 가족 랜드"를 조성하여, 각종 시설을 무료로 활용하도록 하고 있습니다.

이러한 따뜻한 실천이 아직은 미약합니다. 그러나 책의 수입이 늘고, 저와 뜻을 같이하는 분들이 늘어나면 계속 확대할 것입니다. 지도자로서 신도의 재물을 헌금으로 거둬들여 착복하는 것이 아니라, 하나님께서 기뻐하시는 일에 사용하도록 중매 역할만 하며 살아가고자 합니다. 이런 제가 과연 사탄이고 이단인가요? 하나님께서 기뻐하시는 일이라면, 저에게 사탄이라 하든 거짓 선지자라 하든 굽히지 않고 실천해 나갈 것입니다.

끝으로, 일상의 삶 속에서 "지금 내가 하는 행동이 과연 하나님께서 기뻐하실까, 슬퍼하실까?" 생각하고, 매사에 하나님께서 기뻐하시는 길을 택하기 바랍니다. 교회에 모여서 집단적으로 예배 드리는 것이 아니라, 개인이나 가정 단위로 새로운 성경을 읽어 스스로 깨우치고 그대로 행하면 충분합니다. 그것이 마음속에 성전을 짓고, 신령과 진정으로 예배 드리는 길입니다. 그러면 천국의 문에 들어서게 됩니다.

2017. 2. 1.

하나님 말씀 대역자 김 용 철

차 례

십 계 명

이 책은 십계명을 암송하고 나면 내려 주시는 "하나님의 음성"을 듣고 그대로 받아쓴 기록입니다. 하나님께서 십계명을 모세에게 내려 주셨지만, 그것은 만백성에게 내려 주신 것입니다. 마찬가지로 이 책의 모든 말씀도 저에게 내려 주셨지만, 만백성 각자에게 들려주시는 말씀입니다. 여러분도 이 책을 접할 때마다 십계명을 암송하고 나서 정독해 주시기 바랍니다.

제일은, 너는 나 외에는 다른 신들을 네게 있게 말지니라.

제이는, 너를 위하여 새긴 우상을 만들지 말고, 또 위로 하늘에 있는 것이나, 아래로 땅에 있는 것이나, 땅 아래 물 속에 있는 것의 아무 형상이든지 만들지 말며, 그것들에게 절하지 말며, 그것들을 섬기지 말라.

제삼은, 너는 너의 하나님 여호와의 이름을 망령되이 일컫지 말라.

제사는, 안식일을 기억하여 거룩히 지키라.

제오는, 네 부모를 공경하라.

제육은, 살인하지 말지니라.

제칠은, 간음하지 말지니라.

제팔은, 도적질하지 말지니라.

제구는, 네 이웃에 대하여 거짓 증거하지 말지니라.

제십은, 네 이웃의 집을 탐내지 말지니라.

나 여호와가 존재함을 믿는 그 자체가 구원의 길에 들어서는 기본이요, 근본이며, 나의 새로운 성경을 가슴에 안고 정독하는 자, 반석 위에 서서 하늘에 오르는 찬란한 빛을 보게 되는 영광을 얻게 됨이니라. 진정 나를 따르고 믿는 자는 감히 사탄이나 마귀도 근접하지 못하느니라.

〈하나님 말씀〉

2001년 7월

1,452 번째 하나님 말씀

2001년 7월 31일 06시 15분

1 내 사랑하는 선지자야!
2 "네, 여호와 하나님! 말씀하옵소서."
3 세상에 살아가는 너희들의 육신의 부
모와 자식 관계도 부모가 원하는 뜻에
따라 자식이 살아가며 그 뜻에 순종한
다 하면 그 부모는 자식을 세상에 둔
기쁨을 얻게 됨이니라.
4 너희들 말에 이르기를, 부모가 자식을
가르치되 잘못되라 말하는 자 없으며
잘못 가라 말하는 부모가 없다는 것을
잘 알 것이니라.
5 그러나 자식이 성장하면서 부모의 뜻
을 따르지 않고 거역하며 그를 순종하
지 아니함이니,
6 부모가 자식을 세상에 얻었을 때 이
세상 그 무엇보다도 소중함이 없으며,
자기의 생명을 다 바치더라도, 몇 개
의 생명이 있다 하여 그를 다 바쳐도
그 자식을 얻은 기쁨만 못할 것이니,
7 그러나 너희들은 살아가면서 점점 멀
어지며 서로 의사가 맞지 아니하며 그
리하여 점점 멀어지는 인간관계를 가
져 옴이니,
8 그 부모의 가슴에 얼마나 못을 박는다
하겠느냐?
9 나 여호와가 자식과 같은 선지자 너를
세상에 내보내 인간의 삶의 어렵고 씀
을 다 깨달으며 육신의 향락과 즐거움
을 다 얻고 맛본 네 나이에 너를 바로
잡아,
10 너에게 내가 어느 날 말하기를, '너는
나의 종이요, 나의 선지자니, 나 여호
와가 너에게 명하노라. 너는 나의 성
령의 이 모든 말씀을 기록하여 전하는
것이 만백성을 구하는 길이니, 이를
전하도록 하라.' 하는 명을 받아 네가
열여섯 권의 책으로 이리 기록하였고,
11 오늘 또한 나의 성령을 받아 네가 만
백성을 구하는 길을 가고 있음이니,
얼마나 힘들고 어려운 길이었더냐?
12 열여섯 권의 법전을 기록하며, 내가
너에게 말하기를, 나의 성령인 이 법
전대로 살라 명하였으니,
13 이는 네가 생각하기에 하늘이 무너지
는 어려움이요, 인간으로서는 다스릴
수 없는 길이었으니,
14 그러나 너는 그 고통과 시련과 어려움
을 하나하나 벗어 던지며 오늘에 이르
렀음이니라.
15 사랑하는 선지자야,
16 네 옆에 앉아 너를 바라보는 너의 실
장은 모두를 깨닫고 있을 것이니라.
17 그가 인정하며 그가 바라보고 있음이
니, 너는 너의 기도하는 이 방에 누가
들어오든, 누가 와서 잠을 자든, 누가
와서 너에게 강론을 하든, 남녀를 구
분하지 아니하고 개방해도 될 것이니
그리 알라.
18 사랑하는 선지자야!
19 "네, 여호와 하나님! 말씀하옵소서."
20 네가 이제는 무엇인가를 깨닫고 실천

하고자 하는 그 깨달음에 나 여호와의
마음이 기쁘기 한이 없음이니라.내 마
음의 기쁨을 형용할 수 없음이니라.
21 이제 선지자 네가 행하여야 할 길은,
십계명에 '나 여호와의 이름에 망령되
는 행위를 하지 말라.' 하였으니,
22 정녕 이제는 지키고 나갈 수 있음이
니, 네가 이 대목을 실행하고 실천해
야 할 것이니라.
23 '너의 하나님 여호와의 이름을 망령되
이 일컫지 말라.' 이제는 네가 이 대목
을 실천할 때가 되었으며 실천할 수
있음이니, 이를 실행하고 실천하라.
24 그리고 너의 제자들에게 이르라.
25 천 마디 만 마디 네 앞에 와 말하지 말
며, '너의 하나님 여호와의 이름을 망
령되이 일컫지 말라.' 하는 그 삶을 지
키고 살라 말하라. 그 대목 속에 모두
가 다 들어 있음이니라, 선지자야!
26 이제는 네가 눈밭에 누워도 춥지 아니
하고 뜨거운 불 속에 들어가도 뜨겁지
아니하는 깨달음을 얻어 가고 있음이
니,
27 너를 달구어 이리 만든 너의 제자들을
내가 다 기억하며, 그리하여 그들의
명패를 에덴동산에 걸었음이니,
28 오늘과 같은 영광된 날이 있을 것을
내가 알았기에 미리 걸어 주었으니,
그 제자들을 불러 그 뜻을 깨우쳐 주
도록 하라.
29 네가 이리 될 것을, 네가 변할 것을 알
아 내가 미리 상을 내려 주었음이니,
그들을 내가 사랑한다 전하며,
30 그들의 이름이 나의 낙원 에덴동산의
상록수에 걸려 있음이 사실임을 알라
하라.

1,453 번째 하나님 말씀

2001년 7월 31일 08시 45분

1 사랑하는 선지자야!
2 "네, 여호와 하나님! 말씀하옵소서."
3 나의 아들 예수와 같은 삶을 살고, 예
수와 같은 삶을 살다 예수와 같은 행
적을 남기며 나에게 오를 수 있는 대
명을 받은 너는, 모든 것이 기도와 묵
상으로써 굳어져야 하는 것이니라.
4 네가 오로지 묵상과 기도로써 돌처럼
굳어지고 뭉쳐질 때, 세상의 모두를
볼 수 있으며 기적을 이룰 수 있음이
니라.
5 너는 예수처럼 살다 그와 같이 나에게
오를 수 있는 자이니라.
6 그러니 네가 그와 같이 살 수 있고 행
할 수 있는 길은 오로지 기도와 묵상
으로써 돌보다 더 굳건히 뭉쳐지는 것
이니라.
7 너는 아무것도 생각지 말라. 오로지
기도와 묵상으로써 일관하여 네 마음
과 네 몸이 깨끗해질 때,
8 그리고 네가 모두를 선의로써 해결하
며 모든 악의 근원의 뿌리를 네 몸에
서 제거할 때, 너는 모두를 다 보고 얻
을 수 있음이니,
9 오로지 너는 기도와 묵상으로써 모든
것에 임해야 될 것이며, 돌보다도 더
굳게 굳어지는 것이 기도와 묵상으로
써 다져져야 할 너이니라.
10 네가 그와 같이 이루어졌을 때 너는
예수와 같은 삶을 살 수 있으며 예수

와 같은 기적을 남길 것이니라.
11 예수가 신약이라는 성서를 만들어 나
의 피조물 만백성을 구하고자 했듯이,
너 또한 나의 성령을 받아, 나의 모두
를 너의 가슴으로 받아 열여섯 권의
법전을 알기 쉽고 깨닫기 쉽게 만들었
음이니,
12 네가 예수와 다른 점이 무엇이 있느
냐? 네가 받은 모든 능력과 권능은 예
수와 같음이니, 오로지 너의 행함에만
달렸느니라.
13 내가 성령으로써 너에게 모두를 다 주
었으며, 예수에게 내가 메시지를 내리
고 나의 뜻을 전하여 만백성을 구하고
자 하며 전파를 했듯이,
14 내가 너에게 음성으로써 메시지를 주
며, 내가 너로써 모든 것을 지배하니,
그 예수와 네가 지금 다른 것이 무엇
이 있겠느냐?
15 그가 신약이라는 것을 써서 만백성을
구하고자 하였다면, 너는 열여섯 권의
법전으로써 만백성을 대대손손 구하
는 대명을 맡았음이니,
16 너를 보고 깨우치며 나의 법전을 보고
깨우친 너의 제자와 너를 따르며 또한
내가 존재함을 믿고 나를 믿고 따르는
나의 백성들이 복음서를 써서 수많은
복음서를 세상에 전하게 될 것이니,
17 복음서를 쓰는 자가 수천수만이 될 것
이니, 그 복음서가 또한 군병처럼 앞
에 나가며 나의 법전을 읽는 것을 생
명보다 더 소중히 깨달을 것이니라.
18 너의 제자들이 쓴 그 복음서를 읽고
하늘의 뜻을 깨우치며, 내가 존재함을
깨우치며,
19 진정한 믿음이 무엇이며 하늘에 오르
는 길이 무엇인가를 깨달은 자가 나로
부터 성령을 받아 네가 기록한 진정한
열여섯 권의 이 법전을 대할 때,
20 그들은 얼마나 소중히 대하며 그들의
깨우침은 어떠하겠는가?
21 너의 제자들이 쓴 복음서를 보고 깨우
친 그가 '하나님! 말씀하옵소서.'라는
나의 열여섯 권의 법전을 대하기를 천
릿길을 달려온 운동선수가 마시고자
하는 그 물보다도 더 갈구할 것이며,
22 천 길 만 길 낭떠러지에서 나뭇가지를
붙잡고 있는 자의 죽음 직전의 심정보
다도 더 간곡하며 더 애절한 마음으로
써 나의 법전을 대할 것이니,
23 그는 한 줄도 뺌이 없으며 한 줄도 헛
되이 읽음이 없으며 가슴에 안고 정독
하여 내용을 알아들을 수 있는 자가
될 것이니,
24 너의 제자들이 복음서를 많이 써서 전
하는 데 역점을 둬야 할 것이며,
25 내가 예수에게 메시지를 주어 그가 만
백성을 구하고 만백성에게 설법했듯
이,
26 네가 너의 제자들과 너를 따르는 나의
피조물 만백성과 대화할 때 내가 너에
게 성령으로 임하여 답을 주니, 그때
와 지금의 차이가 없음을 너는 알아야
될 것이며,
27 예수가 신약이라는 성서를 이 세상에
냈다 하면 너는 바로 예수처럼 나의
성령을 받아 열여섯 권의 법전을 세상
에 내 나의 뜻을 펴니 조금도 차이가
없음이니라.
28 다만 이제는 네가 예수와 다른 점이

있다 하면 네 행동과 너의 행실과 네
가 몸으로 실천하는 너의 몸가짐을 달
리 깨달아 실천하면 될 것이니, 이 모
두는 너의 몫이니라.
29 너의 제자들이 많은 복음서를 써서 수
천, 수만, 수억의 인구들에게 전하여
그 복음서를 보며 '하나님! 말씀하옵
소서.'라 하는 나의 법전을 저희 생명
보다도 소중히 더 갈구하는 그때가 올
것이니 그리 시행하여 나가며,
30 너는 기도와 묵상으로써 돌보다 더 굳
어진 네가 되는 것이 너의 대업임을
알라, 선지자야!

1,454 번째 하나님 말씀

2001년 7월 31일 23시 05분

1 사랑하는 선지자야!
2 "네, 여호와 하나님! 말씀하여 주옵소
서."
3 몇천 년의 역사가 흐르는 동안에 그
흘러가는 세월 속에 하늘에 오르는 길
로 나의 피조물 만백성을 인도하며 깨
우친다 하며 저희들을 따르는 자만이
하늘에 오를 수 있다 하여 수억의 인
구가 수없이 부르짖다 저희들 자신도
구원을 받지 못함을 나에게 와 알게
됨이니,
4 그와 같은 역사가 계속 반복되어 와
나의 어리고 착하고 불쌍한 백성들이
하늘에 와 받는 그 벌의 고통을 더 이
상 내가 볼 수 없어,
5 나의 아들 예수가 이곳에 다녀간 후 2
천 년이라는 역사가 흐른 다음에 나의
성령을 태워 나의 가슴의 뜻을 너를
통하여 전하여 열여섯 권의 법전을 만
들어 세상에 내보냈으니,
6 그를 만든 자가 얼마나 소중하며, 수
십억 인구 중에 그 대대손손 자식들이
살아가면서도 그 자손과 그 후손에도
너와 같은 자 나오지 아니함이니,
7 네가 얼마나 소중하고 귀한 책무를 맡
아서 소임을 수행했는지 너는 깨우쳐
봐야 될 것이니라.
8 그와 같이 수십억 인구 중에 선택되어
나의 성령을 가슴으로 태워 너에게 보
내 이를 받아 만들었으니,
9 나의 음성을 듣고자, 나의 뜻을 보고
자, 나의 빛을 보고자, 나에게 부름을
받고자, 수억의 종교 지도자들이 울부
짖다 그냥 숨져 갔으며,
10 또한, 그들이 지금도 나 여호와의 음
성을 듣고 나의 빛을 보고자 하여 밤
낮을 가리지 않고 기도하고 있으나,
11 그들이 나를 만날 수 없으며, 나를 볼
수 없으며, 나의 음성을 들을 수 없으
며, 나의 메시지를 저희들이 받아 열
여섯 권의 나의 법전을 대필한 자 없
으니,
12 선지자야, 네가 얼마나 귀하고 소중한
나의 아들이라 생각하는가?
13 너는 나의 소중한 선지자요, 나의 종
이요, 나의 아들이니라.
14 대대손손 수십억 인구들이 하늘에 오
르는 길을 깨우치며, 이를 보고 깨우
쳐 기도하며 이대로 사는 자 구원을
받아 하늘에 오를 수 있는 대명을 수
행하는 네가 수천, 수억의 인구 중에
선택된 자라면,
15 네가 작고 큰 너에 대한 인간관계를

버리지 못한다 하면, 그 인연의 고리
를 끊지 못하며 그 인연의 고리에 연
연한다 하면, 선지자야, 이럴 수는 없
느니라.
16 몇천 년 만에 선택되어 나온 네가, 네
가 살아온 인간의 그 고리를 절단하지
못하고 그 고리에 연연하며, 그들의
만나고 헤어짐에 네가 마음 아파한다
하면, 선지자야, 이는 아니니라.
17 모두를 다 지우라. 네가 네 머릿속의
모든 인간관계의 고리를 지우지 아니
하고 끊지 못하는 이상,
18 너는 나의 아들 예수처럼 나의 피조물
만백성 중에 병든 자 고치고 앉은 자
일어서게 하며 눈먼 자 눈뜨게 할 수
있는 기적을 이룰 수 없음이니라, 선
지자야!
19 사랑하는 선지자야!
20 다 지우고 잊으라. 다 지우고 잊으라,
선지자야!
21 "여호와 하나님! 알겠사옵나이다.
22 그리움, 아쉬움의 모든 정이 다 욕심
에서 이루어짐이니, 그를 지우고 잊지
못하는 저의 욕심의 뿌리가 아직도 너
무나 깊고 깊은 것을 깨닫고 있사옵나
이다."
23 잠을 자라, 선지자야! 눈을 감으라. 네
가 정녕 네 마음을 다스릴 수 없으면
눈을 감으라, 선지자야! 그리고 잠을
자라.
24 "네, 여호와 하나님! 알겠사옵나이
다."

2001년 8월

1,455 번째 하나님 말씀

2001년 8월 1일 06시 40분

1 사랑하는 선지자야!
2 "네, 여호와 하나님! 말씀하옵소서."
3 너희들 말에 '가는 세월 누구도 막을
수 없다.' 하느니라.
4 그러니라. 쉬지도 않고 흘러가며 쉬지
도 않고 가는 그 세월을 너희들의 인
력으로 누구도 막을 자가 없으며, 수
십억 인구가 한몸이 된다 하여도 유유
히 흘러가는 그 세월을 막을 수 없음
이니라.
5 그와 같이 흘러가는 세월을 막을 수
없듯이, 너희 인생이 흐르는 세월 속
에 너희들은 쇠퇴하여 너희 육신은 한
줌의 흙으로 돌아감이니,
6 육신이 한 줌의 흙으로 돌아간 다음
너희들의 영은 영원히 사는 나의 나라
에 와 심판을 받음이니,
7 너희들이 가는 세월을 막을 수 없듯이
이는 엄연한 사실이며, 그를 피할 수
없는 것이 너희들이니라.
8 그러나 너희들은 이 엄연한 사실 앞에
육신의 향락과 육신의 안일을 위하여
모두를 다 잃고 버리는 그와 같은 우
를 범하고 있음이니,
9 너는 너의 제자들과 너를 따르는 이에
게 이르라.
10 너희들이 살아온 인생에 대한 심판을
반드시 받으며, 심판을 받는 자는 하
늘과 땅이 있듯이 그와 같은 천국이
요, 지옥이라는 굴레를 벗어날 수 없
음이니, 이를 먼저 깨닫도록 해야 할
것이니라.
11 내가 너에게 천기의 누설로써 너희들
이 죽어 와 나에게 심판을 받는 그 고
통이 어떤 것인가를 깨우쳐 주었음이
니,
12 이는 모두 너희들이 체험하는 길이며,
벗어날 수 없는 엄연한 사실이라는 것
을 너의 제자들과 너를 따르는 나의
백성들이 머릿속에 굳게 다지는 결과
를 가져야만 할 것이니라.
13 그리하여 그의 두려움과 그의 무서움
을 알 때 그들은 마음을 다스려 갈 수
있음이니라.
14 사랑하는 선지자야!
15 "네, 여호와 하나님! 말씀하옵소서."
16 사람들은 저희들이 죽어 와 영혼의 세
계를 보고 다시 살아나 무엇을 보았다
말하나니, 그들의 말이 맞느니라.
17 다만, 너는 그러한 체험을 하지 아니
하고 내가 영상으로써 너에게 보여 주
며 나의 성령으로써 너에게 그를 보여
줌이니, 그는 엄연한 사실임을 나의
피조물 만백성에게 일깨워 줘야 할 것
이니라.
18 그를 벗어날 수 없음이니라. 그리고
그를 헤어날 수 없음이니, 나의 피조
물 만백성에게 너는 간곡히 나의 뜻을
전해야 할 것이니 그리 알라.

1,456 번째 하나님 말씀

2001년 8월 2일 05시 55분

1 사랑하는 선지자야!
2 "네, 여호와 하나님! 말씀하옵소서."
3 내가 너에게 일깨워 주기를 큰 제방도
개미가 지나갈 수 있을 만한 작은 구
멍에 의하여 무너진다 하였으나,
4 무너지지 아니하여도 그 작은 개미구
멍으로 쉬지 않고 물이 샌다 하면 그
물은 마르게 됨이니라.
5 큰 항아리에 그득히 담아 놓은 물이
바늘구멍만 한 구멍으로 샌다 하면 결
국 그 항아리는 마르게 됨이니,
6 내가 너를 통하여 생수를 담아 만백성
에게 전하고자 하나, 작은 한 방울의
기름이 있으면 그 물을 먹지 못한다
하였느니라.
7 그리하여 네가 완벽해야 한다 하였으
며, 네가 예수와 같은 삶을 살아야 하
며, 하늘을 향하여 한 점의 부끄럼이
없는 삶을 살아야 하는 것이 네가 가
야 하는 길이니라.
8 나의 법전에 너를 깨우치고자 만 가지
의 기록을 했을 때, 다 지키되 하나를
지키지 못하면 그 만 가지가 무너짐과
같으니라.
9 너의 제자들과 나의 법전을 읽고 깨우
쳐 하늘에 오르고자 하는 나의 피조물
만백성에게 나의 이와 같은 뜻을 전하
여야 할 것이니라.

1,457 번째 하나님 말씀

2001년 8월 2일 13시 50분

1 사랑하는 선지자야!
2 "네, 여호와 하나님! 말씀하옵소서."
3 지금 육신의 깨달음과 인간으로서 아
름답게 산다 하여 인간으로서 깨달은
자가 한 사람 네 옆에 앉아 있으며,
4 성령의 믿음의 세계에서 깨달아 누구
도 따라갈 수 없는 믿음을 향하는 사
람이 또 한 사람 옆에 앉아 있으니, 네
가 지금 육과 영의 세계를 바라봄이니
라.
5 영의 깨달음이 높으면 육의 깨달음이
같이 가야 하며, 육의 깨달음이 높은
자 또 영의 깨달음이 높아야 하나니,
이것이 하나가 되어 실천하며 행함이
니라.
6 지금 지옥 불에서 허덕여야 될 많은
인간들, 사랑하는 피조물 만백성에게,
그 무섭고 험난한 벌을 받아야 하는
그들에게, 그 대가를 치러야 되며 그
고통을 겪어야 하는 자들에게 그들이
그 죄악에서 벗어나 반석 위에 일어설
수 있는 나의 법전을 전함이 얼마나
소중하고 위대한 사업이더냐?
7 너희는 너희들만이 구원을 받는 것을
생각해서는 아니 되며, 너희들만이 구
원을 받았다 하며 안일한 생각을 해서
는 아니 되느니라.
8 그들이 다 너희 형제며 너희 피붙이며
너희와 똑같은 나의 피조물 만백성이
니, 그들을 구함에 있어서 소홀히 해
서는 아니 되는 것이니라.
9 너의 제자들과 너를 따르는 나의 백성

들에게 이르라. 한 사람씩 깨우치도록
인도하도록 하라.
10 그리하여 그 한 사람이 또 한 사람을
깨우치도록 그리 노력을 하라 깨우쳐
주라.
11 그 한 사람이 한 사람을 구원하고 또
한 사람이 한 사람을 구원하여 그것이
작은 것 같으나 그 바람을 타고 퍼짐
이 세상을 덮을 것이니,
12 지옥 불에 허덕이는 이웃의 형제를,
네 육신의 부모를, 네 형제를, 네 친구
를 열과 성의를 다하여 공을 들여 그
들을 구원하는 것이 바로 너 자신이
구원을 받는 것이라고 생각한다 하면
어떠한 열과 성의를 다하겠는가?
13 네 모두를 다 바쳐 한 사람을 구하는
데 아낌이 없어야 할 것이며 소중함이
없어야 할 것이니라.
14 지금 선지자 옆에 육신의 깨우침을 행
하는 자와 믿음을 향하여 행하는 자가
좌우에 앉아 있음이니,
15 나의 선지자, 나의 종이 예수의 삶을
살아가도록 너희들이 한 사람은 육 쪽
에서 한 사람은 영 쪽에서 거울이 되
고 있음이니라.
16 너희들이 그리 나에게 소중한 자들이
니, 모든 사심을 버려야 될 것이니라.
17 그리고 오늘 내가 너희들에게 명하는
것을 너희들이 전해야 될 것이니라.
18 영 쪽의 깨우침이 높은 자는 영 쪽의
깨우침이 있는 자에게, 육신의 깨우침
이 높은 자는 육신의 깨우침이 있는
자에게 너희는 보급하는 길이 갈라져
있으니,
19 서로의 길을 가며 서로 한 사람씩 너
희를 따르도록 하는 너희들의 제자를
만들어 그 제자가 또 그의 제자를 만
들도록 오늘서부터 계획표를 만들어
야 할 것이니라.
20 그리고 한 사람씩 깨우쳐서 성전에 와
나의 선지자의 음성, 나의 메시지를
들을 수 있도록 하는 것이 너희들 자
신의 육신을 구원하는 것이라는 것을
선지자의 제자들과 그를 따르는 백성
들에게 너희들이 가르쳐 줘야 될 것이
니라.
21 이 뜻을 그리 전하라. 한 권의 법전을
전하되 한 사람이 그 법전을 따라올
수 있도록 그리 준비된 자에게 전함이
옳으니라. 이제는 그리 전해야 할 것
이니라.
22 나의 새로운 법전이 나갈 때는 한 사
람이 돌아오는 그와 같은 준비된 상태
에서 전해야 될 것이니, 이제 함부로
뿌리지 말라.

1,458 번째 하나님 말씀

2001년 8월 2일 18시 20분

1 내 사랑하는 선지자야!
2 "네, 여호와 하나님! 말씀하옵소서."
3 남들이 보든 아니 보든 작은 골방에
앉아 네가 십계명을 외우고 또 외움이
니, 나의 계명에 따라 지키고자 외우
고 또 암송하며 또 암송하고 외우는
것은, 이 세상 그 많은 나의 피조물 만
백성 중에 너와 같이 이리 암송하는
자 없음이니,
4 제일 네가 많이 암송하며 제일 많이
지키고자 하며 철저히 지키고자 하니,

그 마음이 너와 같은 자 없음이니, 제
일 많이 암송하는 너로서는 제일 잘
지키는 나의 백성이 되어야 되며,
5 나의 선지자인 나의 종으로서 당연히
제일 많이 나의 십계명을 암송함이니,
제일 많이 암송하는 너로서는 더 철저
히, 제일 잘 지키는 사람이 되어야 함
이니라.
6 제일 많이 암송하며 지키겠다 하는 자
가 이를 지키지 못한다면 암송하지 아
니하며 생각지 아니하는 사람은 어찌
지키겠는가!
7 선지자야, 점점 하나씩 너에게 붙어
있는 욕심이요, 죄악의 송이들을 떨어
뜨리고 있으며 떨어져 나가고 있음이
니, 머지않아 가벼운 네가 될 것이니
라.
8 가장 사랑하며 가장 소중한 것들을 다
네가 지우고자 하며 생각지 아니하고
자 하는 그 마음 또한 내가 알고 있음
이니, 이를 너 스스로 시행하고 지킴
이 정녕 깨달음인 것이니라.
9 내 사랑하는 선지자야!
10 "네, 여호와 하나님! 말씀하옵소서."
11 가슴이 답답하며 가슴이 저려 오면 나
여호와가 있는 하늘을 우러러보라.
12 나 여호와가 있는 하늘을 우러러보며
나를 향하여 계명을 외우며 기도를 드
리라.
13 네가 인내할 수 있는 것은 그 길뿐이
니라.
14 남들이 너를 지켜보기에 한 점의 부끄
럼이 없는 삶을 살 수 있는 것은 나 여
호와가 존재하는 하늘을 바라보며 기
도함뿐이니라.
15 사랑하는 선지자야!
16 "네, 여호와 하나님! 말씀하옵소서."
17 네 몸에 붙어 있는 죄를 하나 덜어 냄
으로 네 몸에 새로운 나의 성령과 나
의 가르침이 임함을 알아야 할 것이니
라.
18 네 가슴에 '만'이라는 숫자로써 채워
져 있다 하면 나의 성령이 '만'으로 채
워져야 함이니, 사악한 생각들이 그곳
에 있으면 아니 됨이니,
19 그들이 밀려남으로 인하여 나의 성령
이 그 자리를 메워 가니, 이가 곧 천사
요, 하늘에 오를 수 있는 가벼운 자의
몸이니라.
20 내가 너희들의 가슴에 성령을 그득히
부어 주었으나, 너희 가슴속에 욕심이
요, 사악한 생각이요, 사악한 무리가
자리를 잡고 있다 하면 그 그릇에 나
의 성령이 들어갈 수 없는 이치를 너
의 제자들에게 깨우쳐 가르치도록 하
라, 선지자야!

1,459 번째 하나님 말씀

2001년 8월 2일 23시 10분

1 사랑하는 선지자야!
2 "네, 여호와 하나님! 말씀하옵소서."
3 너희들이 마음을 다스려 감을 나는 아
느니라. 눈물겹도록 너희들 자신을 다
스려 나가며 너희들이 지키고자 하는
그 마음과 그 뜻을 내가 아나니, 너희
는 괴로워하지 말라.
4 사람들은 아름답고 남을 격려하고 칭
찬하기 전에 남의 어렵고 힘든 부분과
감추고 싶은 그 부분을 들추어내어 말

하는 것이 그들의 속성이며 심성이니,
5 나의 법전 열여섯 권을 읽은 자, 나의
법전을 보고 깨우쳤다 하는 자들이 인
간과 똑같다 하면 어찌하겠느냐?
6 그러기에 나의 피조물 만백성 중에 하
늘의 내 옆에 오른 자 없으며 구원받
을 자 없다 내가 말하였음이니라.
7 너희는 깨우쳐 깨닫고 실행하고 실천
함에 한 점의 부끄러움이 없이 그리
살라.
8 나의 선지자 다음에 나의 뜻을 듣고
깨달은 자, 실장 너만 한 자가 없으니,
네가 두 번째 반열에 서 있음이니, 인
간으로서는 첫 번째인 것이니라.
9 오늘과 같은 이와 같은 흐름에 따라서
너희들이 갈고 닦고 나가야 할 것이
니, 너희들에게 영광이 있을 것이니라.
10 나의 종, 선지자는 나로부터 선택된
자요, 대명을 받은 자니, 인간으로서
는 네가 우선이며 첫 번째이니라. 네
가 우등생이니라.
11 슬퍼하지 말라. 나는 너를 알고 있음
이니라. 너는 실수함이 없음이니라.
너는 잘못 옴이 없으며 네가 잘못 가
는 것이 없음이니라.
12 남들이 무어라 말하거든 그들의 말에
귀를 막으라. 너에게 영광이 있음이니
그리 알라. 우등생은 우등생대로 영광
이 있음이니 그리 알라.
13 내가 너를 사랑함이니라.
14 선지자의 길을 갈 수 있도록 길을 닦
은 너의 공이 하늘에 닿음이니 그리
알라.

1,460 번째 하나님 말씀

2001년 8월 3일 06시 30분

1 내 사랑하는 선지자야!
2 "네, 여호와 하나님! 말씀하옵소서."
3 빨리 끓은 물이 빨리 식으며, 불과 같
이 빨리 달구어 무엇을 이루고자 하나
그 불과 같은 정열이 오래가지 못하며
지속되지 못한다 하면, 그는 원래의
목적했던 바를 이룰 수 없음이니라.
4 너는 50이 넘어 60평생에 오는 동안
험난하고 잘못 살아온 네 육신에 대해
서 긴 세월 같으나, 나의 법전을 받아
세상에 내 수천 년 역사가 흐르도록
나의 피조물 만백성을 구원하고 가르
치며 깨닫는 근본을 만들기 위하여 네
가 오늘과 같이 역경의 세월을 살아왔
다 하면, 그 60년의 세월은 아무것도
아닌 것이니라.
5 그리고 네가 하루아침에 나의 뜻의 성
령을 받아 깨우쳐 모두를 완벽하게 실
천하며 실행하는 사람으로 그리 만들
수 있으며 그리될 수 있다 하나, 그는
정녕 깨달음과 네 마음과의 싸움 속에
서 너 자신을 다스려 나가는 것이 굳
건히 설 수 없음이니,
6 오늘 네가 나의 성령을 받아 열여섯
권의 법전을 세상에 전하며 그 내용과
그 뜻대로 살고자 하루에 하나씩 고쳐
나가는 너의 그 결심이 정녕 나의 피
조물 만백성에게 네가 거울로써 비춰
질 수 있고 단단하게 설 수 있는 것이
니라.
7 그리하여 모두는 나의 주관하에 네가
변해져 가며 나의 뜻에 이루어져 감이

니, 변하여 가되 세월이 필요함이니라.
8 그리고 네가 스스로 만지고 네가 스스
로 체험하여 깨달아 옳은 길을 선택하
여 그 길을 가는 것만이 정녕 나의 피
조물 만백성에게 빛이 되는 길인 것이
니라.
9 네가 쉽게 깨우쳐, 쉽게 달구어졌다가
바로 식는 것처럼 간다면, 그것은 정
녕 나의 피조물 만백성에게 거울이 될
수 있는 삶이 아니니라.
10 내가 너의 제자들과 너를 따르는 백성
들에게 말하였느니라. 너희들을 내가
직접 벌하지 아니하나 너희들을 탓하
고 욕하는 자는 내가 벌한다 하였으
며, 그 원인을 제공한 자는 열 배의 죄
를 받는다 하였음이니라.
11 이와 같이 내가 너희들에게 일렀음이
니 이 뜻을 깊이 깨우쳐 시행해야 될
것이며, 그 속에서 깨달음이 있어 하
늘에 오르는 길을 볼 수 있음이니,
12 이제는 선지자 너와 너를 가까이에서
따르는 자들은 남들에게 원인을 제공
하는 일을 해서는 아니 될 것이며,
13 또한 너희들이 그 뜻을 오늘 깨우쳤음
이니 그리 굳건히 실행하여 나가면 될
것이니라.
14 너희들은 내가 주관하여 오늘까지 이
루어졌으며 오늘까지 행하여졌음이
니, 스스로 괴로워 마음 아파하지 말
며 세월을 두고 깨우치고 다스려 오며
변한 너희 모습으로써 계속 전진하여
하나씩을 고쳐 나가는 그와 같은 삶을
사는 데 게을리하지 말라.

1,461 번째 하나님 말씀

2001년 8월 3일 09시

1 사랑하는 선지자야!
2 "네, 여호와 하나님! 말씀하옵소서."
3 사람은 살아가면서 남이 앞에 가고 그
가 더 높이 오르고자 하면, 빨리 가고
자 하는 자 밀어주며 더 높이 올라가
도록 발판을 하나 만들어 올려 주면
제 마음이 편하며 저 자신도 행복하거
늘,
4 욕심이라는 그 근본을 버리지 못하여
달리고자 하는 자 붙잡으며 다리 걸어
넘기며, 올라가는 자를 저의 재산을
써서라도 붙잡고 늘어지며,
5 온갖 악과 힘을 다하여 그를 올라가지
못하도록 하는 것이 너희 인간들의 심
성이며 너희들이 살아가는 현재의 형
편이니라.
6 작은 공간의 버스라는 것이 수십 명을
태우고 물 속에 빠졌을 때, 서로 먼저
나가려고 아비규환같이 먼저 나가는
자를 잡아당겨서 한 사람도 나가지 못
하니,
7 그 구멍에 공간이 생기지 못하여 저
자신도 구원을 받지 못하는 그와 같은
형국이 너희들의 삶이니라.
8 하나가 빠져야 둘이 빠지며, 공간이
생기도록 그를 밀어내 줘야 되며 먼저
나가도록 놔둬야 될 것이거늘,
9 반도 넘게 거의 다 나간 자를 다시 잡
아당기고 제가 나가려 하여 그도 나가
지 못하며 저도 나가지 못함이니, 이
것이 너희들의 심성이요, 너희들이 가
지고 있는 지금의 삶이니라.

10 이 마음을 비우는 것이 나의 십계명을
지키는 것이요, 나의 법전을 지키고
읽고 깨우치는 것이며, 그를 깨우치고
시행하는 자 하늘에 오를 수 있음이니,
11 나의 법전을 읽고 깨우쳐 하늘에 오르
는 빛을 보는 너희들이야말로 그 좁은
공간의 물속에 빠져 있어도 앞에 있는
자를 밀어주며 그가 나감으로 자신도
자연적으로 나갈 수 있는 그와 같은
마음의 여유와 양보하는 것과 너그러
움의 미덕이 너희들이 지켜야 할 행위
이니라.
12 내가 너희에게 말하였느니라. 남들이
지킬 수 있고 할 수 있는 것은 나 여호
와를 따르는 나의 백성들이 행하는 선
행이 아니니, 그를 자랑하지 말라 하
였느니라.
13 걸인에게 남들이 줄 수 없는 돈을 줬
으며 이웃의 어려움을 도와준 것을 너
희들은 그것이 나 여호와의 이름으로
은혜를 베푼 것이며, 나에게 은혜를
받을 것이며 은총을 받을 것이라 생각
하지 말라. 그건 누구나 다 할 수 있는
일이며 이웃에 있는 사람도 할 수 있
고 멀리 있는 사람도 할 수 있는 것이
니라.
14 누구나 다 할 수 있는 것을 베푸는 것
이 너희들이 할 일이 아니니라.
15 나의 법전을 읽고 깨우친 나의 백성들
이 할 수 있는 것은 작은 버스라는 공
간에 수십 명을 태우고 깊은 바닷속에
빠졌을 때,
16 그 속에서 남들이 나갈 수 있도록 기
다리며 인내할 수 있는, 그리고 남들
을 먼저 밀어내 살려 줄 수 있는 것이
니, 그것이 너희들이 행할 수 있는 사
랑이며 내가 기억할 수 있는 선행을
하는 행동이니라.
17 남들이 도저히 할 수 없는 것, 남들이
이룰 수 없는 것, 행할 수 없는 것을
행하는 것이 너희들이 해야 할 일이
며, 너희들이 가야 할 길이며 나의 선
택된 백성으로서 해야 할 것이니라.
18 그렇지 않다면 너희들은 하나도 깨우
침이 없으며, 그저 나의 법전을 수박
겉핥기식으로 흘려보내는 너희들일
것이니, 그러고도 너희들이 하늘에 오
를 수 있다 생각해서는 아니 됨이니
라. 이와 같은 뜻을 너의 제자들에게
알려 주라.
19 그리고 그들에게 깨우쳐 주라. 머릿속
에, 가슴속에 새까만 오디라는 열매가
열어서 검듯이 그와 같이 검은 너희들
의 마음을 비워야 할 것이니, 그리하
지 아니하면 너희들은 누구도 구원을
받을 수 없음이니 그리 알라.

1,462 번째 하나님 말씀

2001년 8월 3일 10시 20분

1 사랑하는 선지자야!
2 "네, 여호와 하나님! 말씀하옵소서."
3 사랑이라는 것은 온유하며, 사랑은 질
투하지 아니하며, 사랑은 시기하지 아
니하며, 사랑은 남을 비방하지 아니함
이니,
4 이와 같은 것을 너희들은 뇌까리며 그
것이 정녕 하늘에 오르는 길이며 나
여호와가 원하는 베풂이요, 사랑을 베
풀며 사는 것이라 수없이 뇌까리나,

말로만 천 번 만 번 뇌까리면 무엇하
는가? 그를 시행하지 아니한다면 그
가치가 없지 않은가?
5 네가 십계명을 매일 암송하고 지키면
서 오늘보다 내일의 네가 다스려짐이
높지 아니하다면 너는 십계명을 외울
필요가 없느니라.
6 너의 제자들에게 이르라. 너희들이 사
랑은 온유하며, 베푸는 것이며, 시기
하지 아니하며, 질투하지 아니하며,
욕심내지 아니하는 것이라 말하나, 말
로써 그리하면서 실천하지 못하면 그
것이 무슨 뜻이 있는가 그들에게 반문
하라.
7 선지자를 걱정하는 뜻에서 저희들이
말을 하나, 진정 그것이 나의 사랑하
는 선지자를 위하는 길이며 나의 법전
이 세상에 나가는 것을 염려하여 한다
하면 그들의 마음부터 온유해야 하느
니라.
8 그들의 마음부터 평온해야 하느니라.
9 그들의 마음속부터 자애로워야 하느
니라, 선지자야!
10 너는 모두를 나의 주관하에서 행하는
자이며 나의 뜻에 움직여짐이니, 그들
이 검은 눈동자로 선지자를 바라보면
될 것을,
11 파란 눈동자로, 붉은 눈동자로, 노란
눈동자로 그리 보기 때문에 그들의 눈
에 그리 비침이니, 검은 눈동자로 세
상을 볼 수 있는 마음을 먼저 다스려
야 할 것이니라.
12 마음을 비우라 하라. 모두를 아름답게
보며 온유하게 볼 수 있도록 각자의
마음부터 비우라 하라.
13 각자의 마음을 비우면 지금 흘러가고
있는 것을 알 수 있음이니, 그들은 나
의 종, 나의 선지자의 변하는 모습을
모를 것이며,
14 마리아처럼 너를 따르는 여인의 나를
향하여 믿는 그 애절한 마음을 모를
것이니, 그들의 말에 개의치 말라.
15 그들에게 이르라. 저희들의 발등에 불
이 떨어졌고 선지자의 발등에 불이 떨
어졌을 때, '우리 선지자는 하나님의
종으로서 다치면 아니 된다.' 하여 그
불을 먼저 끌 수 있는가? 그 마음이
잡히거든 선지자에게 와 말을 하라 전
하라.
16 선지자의 깨닫고 전진하는 그 마음에
돌을 던지지 말라 이르라.
17 누구도 행할 수 없는 길을 너희들이
가고 있음이니, 이는 나의 뜻이요, 내
가 주관함이니,
18 어느 것이 봉사며, 어느 것이 희생이
며, 나 여호와의 뜻에 따라 나의 선지
자가 나의 법전을 가슴에 받아 기록한
대로 살아갈 수 있는 길을 인도하는
자가 정녕 누구인가?
19 그들은 대가를 원할 것이니라. 저희들
의 희생이 있으면 그들은 그 희생에
대한 대가를 원하느니라.
20 그러나 마리아처럼 선지자 옆을 지키
고 있는 여인 너는 대가가 없음이니
라. 그리고 대가를 바라지 아니함이니
라. 네가 원하는 대가가 없음이니라.
그 마음을 모르거든 말하지 말라 이르
라.

1,463 번째 하나님 말씀

2001년 8월 3일 14시 30분

1 사랑하는 선지자야!
2 "네, 여호와 하나님! 말씀하옵소서."
3 내가 너희들에게 일러 말하기를, 예수
의 삶과 같이 행할 수 있는 자 하나가
깨달으면 이 세상 모두를 다 주고도
그와 바꿀 수 없는 나에게 소중함이라
내가 그리 말하였느니라.
4 하물며 너는 나의 성령을 네 가슴에
받아 열여섯 권의 나의 법전을 세상에
만들어 내 수십억 나의 피조물 만백성
을 대대손손 구하는 대업을 이루는 자
며,
5 그 길을 위하여 네가 살아온 지난날의
모든 잘못됨을 지우며 털어 가며 오늘
의 깨우침이 경지에 오르고 있음이니,
6 이 소중한 너의 가슴에 누구라도 파장
을 이룸을 내가 용서하지 아니할 것이
니라.
7 이것이 네가 정도로 가는 길이며, 네
가 갈 길이며, 내가 너에게 말하기를,
네 앞에 보이는 넓고도 바른 길이 있
으니 너는 그 길을 가면 될 것이며 언
젠가는 험하고 험한 이 길을 벗어나야
할 것이라 말하였으니,
8 이제 네가 그 험악한 길을 벗어나 탄
탄대로에 들어서기 시작하였음이니,
여기에서 너를 밀치고자 하는 자, 용
서할 수 없음이니라. 이대로 네가 전
진하며 나가면 될 것이니라.
9 내가 너를 믿으며, 내가 너를 사랑함
이며, 모두가 네가 나의 선지자로 선
택됨을 웃으며 그를 인정하려 하지 않
았으나, 이제는 그들이 다 네 앞에 와
고개를 숙이며 너의 살아가는 그 삶에
의하여 경탄의 목소리를 낼 것이며,
10 나의 법전이 세상에 없어질 때까지 너
의 이름 석 자가 같이 따라다닐 것이
니라.
11 사랑하는 선지자야!
12 "네, 여호와 하나님! 말씀하옵소서."
13 네가 모든 것을 다 지우고 잊을 수 있
으며 나의 뜻을 실행하고 따라갈 수
있으면 네가 마음을 비웠음이니,
14 너의 제자들이 검은 그 마음을 다 지
우지 아니하면 그들의 생명이 다할 때
까지 나의 법전을 읽고 깨우쳤다 소리
쳐도 그들에게는 아무런 깨우침이 없
음이니라.
15 너를 비방하는 자, 너를 욕하는 자는
저희들의 잣대로 재고 있음이니, 너는
그들의 잣대에 재어질 필요도 없으며
그들의 말장난에 놀아날 일도 없음이
니라.
16 너는 오로지 기도하며 묵상하듯이, 너
를 주관하는 나 여호와가 있으며 나의
뜻에 움직이는 너이니만큼, 아무런 마
음의 파장을 이루지 말고 열심히 기도
하며 열심히 묵상하여 나의 뜻에 따라
시행하는 나의 선지자의 책무를 다하
도록 그리해야 할 것이니라.

1,464 번째 하나님 말씀

2001년 8월 4일 0시 05분

1 사랑하는 선지자야!
2 "네, 여호와 하나님! 말씀하옵소서."
3 내가 너에게 일러 말하였듯이, 너희들

이 고갯마루 성황당이라는 고목 앞에
돌을 쌓아 놓고 그곳에 지성으로 절하
며 소원을 빌고 저희의 뜻을 이루어
달라 기도하는 자를 보며 우매하고 어
리석은 백성이라 생각할 것이라 내가
말하였느니라.
4 지금 나의 피조물 만백성이 하늘에 오
르는 길을 모르며, 정녕 나의 아들 예
수의 깨우침과 같은 종교 지도자가 아
닌 자들이 저희들의 육신의 안일과 저
희들의 행복을 위하여 나의 피조물 만
백성을 장삿속으로 다루고 있음이니,
5 그러한 자들 앞에 가서 헌금을 바치며
시간을 바치며 기도하며, 그리고 저희
들이 구원을 얻고자 기도하는 그것이
바로 무엇이더냐?
6 바로 성황당에 돌담을 쌓아 놓고 거기
에 절하며 저희들의 소원과 뜻을 이루
어 달라 기도하는 어리석은 형국과 같
음이니라.
7 하늘에 오르고자 기도하는 자들이 나
와는 아무런 관계도 없으며, 내가 그
기도 소리를 듣지도 아니하며, 사탄의
구렁텅이로, 죄의 구렁텅이로, 심판을
받는 죄의 소굴로 그들을 인도하니,
8 저희들을 이끌어 가는 자들 앞에 와
금화와 은화를 바치며 하늘에 오르며
영혼을 구원받겠다 기도하는 것이 성
황당 고개에 돌을 쌓아 놓은 곳에 기
도하는 여인의 그 행위와 무엇이 다르
더냐?
9 그와 같이 어리석고 바보스러운 것이
지금 그들이 가고 있는 믿음의 세계며
너희들이 구원을 받고자 하는 그와 같
은 형국이니라. 이와 같은 형국을 하
늘에서 내려다보는 내가 어찌하겠는
가?
10 그와 같은 길을 걷고 와 저희들이 죽
어 내 앞에 왔을 때 형용할 수 없는 그
형벌 앞에 그 고통스러운 아우성을
내가 듣기가 싫으며,
11 그 처참한 꼴을 보기 싫어 나의 피조
물 만백성을 구하는 대명을 하라 내가
너에게 일러 나의 성령을 태워 마지막
으로 열여섯 권의 법전을 만들었으니,
12 이후에는 나의 성령이 어떤 방법으로
든 내려갈 수 없으며 전해지는 일이
없을 것이니, 너희들이 얼마나 소중하
고 귀한 나의 백성들이더냐?
13 사랑하는 선지자 네가 이 뜻을 깨우쳐
너의 자세를 바르게 하며, 살아가면서
깨우쳐 가며,
14 예수의 삶의 그 발자취를 따라 나의
십계명을 간곡히 암송하며, 시간 나는
대로 나에게 묵상과 기도를 드리는 너
의 그 모습이 너무도 예쁘고 아름다우
니, 사랑하는 선지자 네가 시작한 그
길을 가라.
15 이제는 흔들리지 말고 가라.
16 성황당에서 저희들의 소원을 빌고 비
는 그 아낙네의 어리석음을, 지금의
믿음의 길을 가는 자들이 그와 같은
길을 가고 있음이니,
17 이를 나의 피조물 만백성에게 소리 높
이 전하여 깨우쳐 주어, 그들이 나의
법전을 읽고 하늘에 오르는 간단한 이
치를 깨달아 구원을 받도록 하라.
18 선지자야, 이와 같은 뜻을 너의 제자
들에게 일깨워 줘 그들이 깨닫도록 그
리 시행해야 할 것이니 그리 알라.

1,465 번째 하나님 말씀

2001년 8월 4일 06시 15분

1 사랑하는 선지자야!
2 "네, 여호와 하나님! 말씀하옵소서."
3 오로지 나의 피조물 만백성에게 지혜
를 주며 깨우칠 수 있고 생각을 할 수
있는 것을 내가 준 것은,
4 잘못된 지난날을 반성하고 회개하며
그를 거울삼아 살아가는 동안에 그와
같은 죄를 번복하지 아니하도록 하여,
5 너희들이 스스로 곱고 아름다운 자가
되어, 육신의 사는 그 짧은 기간보다
영원히 사는 나의 나라에 와서 아름답
게 살도록 하고자 함이니라.
6 그리하여 인간이라 하면 오늘의 삶보
다 내일의 삶이 더 아름다워야 되고
또 다음날이 더 곱고 아름다운 삶을
살아가야 하며,
7 지난 과거는 너희들의 거울이 되는 것
이며, 너희들의 깨우침의 근본이 되는
그와 같은 것으로 거울삼아 살아가는
것이 너희들이어야 되는 것이니라.
8 그와 같은 삶을 살지 않는 자는 영원
히 구원을 받을 수 없으며 지상 낙원
의 그 아름다움을 볼 수 없음이니,
9 오늘 네가 살아가는 그 모습이 어제보
다 오늘의 생활이 아름다우며 내일이
더 아름다운 삶을 살아가는 너야말로
나 여호와에게 순종하는 자이며, 나의
선지자요, 나의 종으로서 네가 손색이
없는 삶을 살아가고 있음이니라.
10 네가 이와 같이 깨닫고 삶에 의하여
과거에 너의 지난 육신의 삶의 그 죄
를 용서받으며,
11 네가 지난날 살아왔던 그 모든 잘못됨
이 오늘에 네가 살아가는 그 깨우침의
거울이 되어 그와 같은 죄를 반복하지
아니하는 삶을 사는 것이 훌륭하고 아
름다운 삶이니라.
12 이제 너의 제자들과 너를 따르는 나의
피조물 만백성이 모여 네 앞에 와 나
의 성령의 소리를 듣고자 할 때, 우선
이 대목을 그들에게 가르쳐 줘야 할
것이니라.
13 오늘의 삶이 어제보다 더 아름답고 반
성하며 회개하며 깨닫는 삶을 살지 아
니하는 자, 그는 하늘에 오를 수 없다
말하였으니,
14 오늘의 삶도 내일의 삶도 또 과거의
삶과 같이 시기하고 질투하며 남을 음
해하며 이와 같이 사는 자는 그 죄의
대가를 저희가 생각할 수도 없음이니,
15 태산과 같은 그 무거운 동산이 너희
가슴을 점점 눌러 오는 이와 같은 무
서운 벌도 너희들이 받아야 함을 알
아야 할 것이니라.
16 죄의 무게에 따라서 태산과 같은 무게
가 너희 가슴을 점점 눌러 오며 남은
죄가 그 위에 무게를 더하는 시련의
고통과 견딜 수 없는 아픔이 또한 너
희들이 받아야 할 죄목 중의 하나이니,
17 그 죄의 무게를 덜어 내지 아니하는
자, 내 앞에 와 심판받을 때 견딜 수
없는 고통을, 영원히 그와 같은 바위
에 눌려, 동산에 눌려 숨이 막혀 가는
그 순간의 그 무서운 죄를 받을 수 있
다는 것을, 그와 같은 죄가 너희들을
기다리고 있음을 알아야 할 것이니,
18 그 죄가 무거워 견딜 수 없는 그 무게

위에 죄의 무게처럼 하나 둘 돌덩어리
를 더 얹는다 하면, 그 고통이 어떨 것
인가를 너희는 알아야 할 것이니,
19 그 무게 위에 하나씩 가슴에 더해지
는, 그 무거운 돌덩어리를 얹는 그와
같은 죄를 짓는 삶을 너희들이 살아서
는 안 될 것이니,
20 만 개의 돌의 무게가 너희들의 가슴을
누르고 있을 때, 선하고 착하게 살아
온 자는 하나씩 그가 내려질 것이며,
악행을 계속 한 자는 그 숫자만큼 하
나 둘 더 올라감이니, 그 견딜 수 없는
너희들의 고통의 죄를 너희가 받아야
할 것이니 그리 알라.
21 이를 너의 제자들에게 깨우쳐, 그들이
하늘의 벌이 얼마나 무서우며, 너희들
이 짓고 나에게 와 그 죄의 대가를 받
음이 얼마나 고통스러운지,
22 그리고 형용할 수 없는 수천수만 가지
의 형벌이 너희를 기다리고 있음을 일
깨워 줘야 할 것이니라, 선지자야!

1,466 번째 하나님 말씀

2001년 8월 4일 09시

1 사랑하는 선지자야!
2 "네, 여호와 하나님! 말씀하옵소서."
3 이제는 네가 나의 법전을 만백성에게
전하는 일을 시작하고 있음이니, 너는
말과 행동이 발라야 할 것이니라.
4 말은 하늘에 오르나 행함이 그에 따르
지 못한다 하면 이는 나의 피조물 만
백성을 기만함이니,
5 진실이 아닌 위선은 세월이 지남에 의
하여 그가 견딜 수 없어 백사장에 쌓
아 놓은 모래성처럼 무너짐이니라, 선
지자야!
6 이제는 네가 작든 크든 모든 행함에
있어서 너의 말과 너의 행동이 일치해
야 되니,
7 말이 앞에 가는 것이 아니라 행동이
몸소 앞에 가며 그 말은 겸손하게 뒤
를 따라가는 그와 같은 삶을 네가 살
아야 될 것이니라, 선지자야!
8 또한 이와 같은 나의 뜻을 너의 제자
와 나의 피조물 만백성에게 가르쳐야
할 것이니라.
9 너희들은 말로써 하늘에 오르는 은혜
를 입음이 아니라, 실천하고 행동함이
앞을 가며 말은 삼가며 말이 뒤따라야
할 것이니라.
10 몸소 실천하며, 나의 계명과 나의 법
전에 의하여 기록된 그 내용대로 너는
몸이 실천하며 말은 뒤따라가야 할 것
이니,
11 행동을 한 다음에 말로써 받쳐 주는
그와 같은 너의 삶을 살아야 될 것이
니라.
12 말이 앞에 가며 행동이 따라가지 못하
며 행동이 뒤따라가는 그와 같은 행위
를 해서는 아니 됨이니,
13 선지자야, 어렵고 힘들거든 하늘을 보
며 나를 찾아 기도를 하라.
14 네가 행동하기 전에 말을 먼저 하고자
할 때, 너는 나 여호와를 찾으며 경배
하며 기도하여 네가 너 자신을 다스려
나가는 삶을 살도록 그리 행해야 할
것이니, 이를 명심하여 시행하도록 하
라, 선지자야!

1,467 번째 하나님 말씀

2001년 8월 4일 14시 10분

1 사랑하는 선지자야!
2 "네, 여호와 하나님! 말씀하옵소서."
3 너희 인간들인 나의 피조물 만백성은
육신의 욕심의 그 고리를 버릴 수가
없음이니, 이는 눈에 보임이요,
4 어머니가 자식을 열 달 동안 잉태하여
세상에 내보내 한 생명이 신비롭게 태
어남과, 거기에 쏟고 거기에 기대하는
정과,
5 자기의 목숨의 네 개 아니라 다섯 개
라도 바쳐서 그를 위하여 무엇인가를
하고 싶은 것이 너희 인간의 육신이
니, 그게 바로 욕심의 근본으로부터
시작됨이니라.
6 그와 같이 얽히고설킨 너희들의 삶 속
에서 그 육신의 욕심을 버리고 하얀
눈과 같이 천사와 같이 살다 하늘에
오르라 하는 것은 너희들이 말하는 대
로 너무나도 어렵고 힘들고 긴 길이니
라. 길고도 험악한 그 길이니라.
7 나 여호와가 너희들에게 완벽한 자를
원하지 아니함이니라.
8 너희들 마음과 정신 속에서 완벽한 자
가 되고자 노력하며 그 정신세계에 완
벽함을 추구하는 자의 그 마음을 내가
알고 있음이니라.
9 너희들은 말하느니라, 인간이기 때문
에 완벽해질 수 없다 말하며 너희들을
너희 스스로 용서함이니,
10 나 여호와가 너희들이 완벽하지 못함
을 알고 있으며 너희들이 완벽해질 수
없음을 아느니라.
11 너희들이 완벽해질 수 없으나, 너희들
의 정신과 마음으로써 얼마나 완벽하
고자 노력했으며 그에 실행했으며 행
동했느냐에 따라서 그를 내가 알고 있
음이니, 오로지 평가 점수는 내가 매
기는 것이니라.
12 너희들의 사악한 종교 지도자가 저희
들이 심판관인 것처럼 저희들이 명을
내리고 심판하며 점수를 매기고 있음
이니, 그들이 바로 무엇이더냐?
13 인간이기 때문에 죄를 짓지 아니하고
살 수 없으며 인간이기 때문에 완벽할
수 없다 하여 나의 착하고 아름다운
백성들을 그리 가르쳐,
14 너희들이 여유 있는 마음과 죄를 짓고
도 그냥 넘어갈 수 있다는 생각이 그
머릿속에 뿌리를 내리고 있음이니,
15 너희 인간들은 완벽해질 수 없으며 천
사가 될 수 없으며 하얀 눈과 같이 될
수 없으니, 그리 노력하는 자들에게
그 길이 어려우니 가지 아니하여도 된
다 가르치며, 더러는 죄를 지어도 된
다 하며 그리 가르침이니,
16 그 정신세계에서, 그 생각하는 마음에
서, 나의 성령으로 곧게 살아가고자
노력하는 그 사람에게 저희들이 무엇
을 내리는 양 편하게 가라, 인간이기
때문에 죄를 지을 수 있다는 판결을
저희들이 내려 놓고 거기에 맞추어 살
라 하며,
17 그 죄를 지었으니 저희들의 성전에 와
금화와 은화를 바치고 기도하며 눈물
로써 회개하면 그 죄를 용서받는다 하
여, 이를 도리어 뒤집어씌워 너희들을
옭아매니,

18 그들이 나의 피조물 만백성에게 인간
이기 때문에 너희는 죄를 지을 수밖에
없다 하여 죄를 짓는 여유의 마음을
심게 하여,
19 너희들로 하여금 저희들의 성전에 와
서 기도하며 헌화하며 금화와 은화를
바치면 구원을 받는다 그리 말하는 것
은,
20 너희들이 강아지라는 짐승을 잡기 위
하여 목을 매어 나무에 매달아 두들겨
패는 그보다도 더 잔인하며, 그보다도
더 험악하며, 그보다도 더 가혹하고
간악한 행위를 하고 있음이니,
21 너희들의 잘못된 종교 지도자가 죽어
나에게 와 은혜 받고 하늘에 오른 자
있다 하거든 물어보라.
22 이와 같은 형국이니라. 너희들이 믿음
의 길을 가는 것이 성황당에 손으로
빌며 기도드리는 어리석은 여자의 행
함과 같으며,
23 너희들이 지금 성전이라 하며 가서 빌
고 하늘에 오르고자 하는 행위가 그와
같은 어리석음이니,
24 너희들이 인간이기에 죄를 짓지 아니
하고 살 수 없다는 너희들의 판결문을
내려 놓고, 인간은 죄를 지을 수 있기
때문에 더러는 죄를 짓고 살 수 있다
고 그리 가르쳐,
25 금화와 은화를 바치고 나 여호와를 찾
으며 나와 거래를 하면 하늘에 오를
수 있다고 하는 것은,
26 너희들이 강아지를 잡기 위하여 목을
매 나무에 매달아 두들겨 패 그가 발
버둥치는 그 가혹한 행위를 하는 것보
다도 더 잔인한 것이니,
27 이를 너의 제자들과 너를 따르는 나의
백성들에게 비유하여 가르쳐 깨우쳐
줘야 할 것이니라, 선지자야!

1,468 번째 하나님 말씀

2001년 8월 4일 16시 50분

1 사랑하는 선지자야!
2 "네, 여호와 하나님! 말씀하옵소서."
3 태양의 변화에 따라 조금의 더운 날씨
에도 너희들의 마음을 가누지 못하니,
내가 여기서 10도, 20도를 더 높인다
하면 세상사 어떠한 곳도 생명을 부지
할 수 없음이니라.
4 너희들의 과학이요, 너희들이 가진 머
리가 세상을 다 덮고, 하늘을 나는 기
계를 만들며 온갖 것 다 되는 것처럼
너희들이 말하나,
5 오늘의 이 더위에서 내가 10도요, 20
도라는 온도를 더 높인다 하면, 그와
같은 능력과 그와 같은 재주와 그와
같은 기술로 얼마나 너희들이 견디어
나갈 수 있다 생각하는가?
6 그러니 너희들이 어떠한 존재들이며,
너희들의 위치가 어떠한 것이며, 너희
들이 얼마나 무능한가를, 너희들이 얼
마만큼 능력이 없는가를, 그리고 너희
들이 얼마만큼 미미한가를 너희들은
깨달아야 할 것이니라.
7 이 무섭고 엄연한 사실을 너희들은 생
각지 아니하며, 너희들이 땅굴을 파며
땅굴 속으로 다니는 기계를 타고 다니
며 너희들은 인간의 능력과 한계가 위
대하고 장하다 말하나, 그 기계 또한
가지 못하고 제자리에 서도록 할 수

있는 것이 나며,
8 너희들이 그 유능하다는 자들의 생명
까지도 보존하지 못하게 할 수 있는
것이, 지나가는 바람처럼 그리할 수
있는 것이 나의 권능이거늘,
9 너희들은 천계라는 무서운 힘을 모르
며, 만 분의 하나의 작은 힘은 위대하
다는 것을 깨달으나, 큰 것을 보지 못
하며 작은 것에 연연하는 것이 너희들
의 생활 습관이니,
10 너희들이 넓고 위대한 나의 권능의 한
계를 봐야 할 것이니, 이게 곧 깨달은
자와 깨닫지 아니한 자와, 나의 법전
을 가슴에 안고 정독한 자와 정독하지
아니한 자의 차이점이거늘, 어찌하여
너희들은 작은 것에 연연하는 삶을 살
아가는가?
11 너희들이 알아야 할 것은 너희들이 살
다 나에게 왔을 때 너희들은 엄연히
그 죄의 대가를 받는다는 것이며,
12 그 죄의 대가가 얼마나 무서운가를,
너희들은 감히 생각하고 상상할 수도
없는 고통이 너희들을 기다리고 있음
을 먼저 깨우쳐야 할 것이니라.
13 너희들은 구약이요, 신약이라는 성서
를 가지고 하늘의 이치를 알며 나의
뜻을 알며 내가 원하는 것을 아는 양
온갖 말을 하느니라.
14 구약과 신약의 성서를 놓고 세상사에
하늘에 있는 달을 따오고 별을 따올
수 있는 능력이 있는 것처럼 말을 하
고 있음이니라.
15 그러나 구약과 신약이라는 그 성서가
어찌하여 만들어졌더냐? 그것은 나의
음성이요, 나의 뜻을 기록한 것이며,
내가 원하는 것을 기록한 책이니라.
16 신약이라는 것은 무엇이더냐? 나 여
호와가 예수를 통하여 너희들을 깨우
쳐 하늘에 오르는 길을 알게 하기 위
하여 그를 만들어 전하였음이니,
17 이것이 다 지금에 와 잘못 깨우치고
잘못 가르친 종교 지도자들에 의하여
그대로 비춰짐이 없음이니, 소를 보고
돼지라 하며, 돼지를 보고 닭이라 하
며, 닭을 보고 말이라 하는 이러한 형
국이 이루어졌음이니,
18 이를 바로잡기 위하여 내가 나의 아들
예수를 통하여 신약을 세상에 전했듯
이, 내가 나의 선지자를 통하여 나의
성령을 태워 이 세상에 전하여 열여섯
권을 만들었음이니,
19 이 선지자가 하는 말이 나의 뜻이요,
선지자가 하는 것이 나의 성령을 대변
함이니, 이를 접하며 이를 같이하고
있는 너희들이 과연 어떠한 사람들인
가?
20 그러한 너희들이 마음 하나를 비우지
못함은 욕심이라는 것이 있기 때문이
니라.
21 너희들이 비우지 못한다 하면 누구도
비울 수 없으며 아무도 이를 실천할
수 없음이니, 이를 어찌해야 되겠는가?
22 너희들은 선지자와 같이 한몸이라는
것을 깨닫고 한몸이 되어야 할 것이니
라. 그 끈이 하나로 연결되어야 될 것
이니라.
23 선지자가 깨닫고 시행하여 가는 그 빠
른 걸음을 너희들이 따라가기 위해서
는 너희들은 끈으로 선지자를 묶고 너
희들이 있는 힘을 다하여 달리고 따라

와야 그를 따라갈 것이거늘,
24 선지자의 가는 앞길을 보지도 못하며
너희들이 뒤에 처져 앉아 갑론을박을
한다 하면 어찌해야 되겠는가?
25 너희들은 한몸의 경지에 이르러야 될
것이며, 그리고 남남이 아니니라. 한
몸과 같이 살아가야 될 것이며 한몸과
같은 자들이니라.
26 내가 나의 뜻을 추구하고자 선지자를
내보냈으며, 나를 대변하는 선지자가
세상에 나의 뜻을 전하고 있으니,
27 내가 그를 가르치고 그를 다스리니 얼
마나 정확하며 얼마나 빨리 변한다 너
희들은 생각하겠는가? 이를 너희들이
깨우쳐야 될 것이니라.
28 어제의 선지자를 놓고 오늘 갑론을박
하지 말며, 지난날의 선지자를 놓고
너희들이 갑론을박해서는 아니 될 것
이니,
29 너희들은 그러한 시간을 생각하고 그
말을 하기 전에 선지자가 깨달아 가고
그 머릿속에 갖고 있는 그의 깨우침을
너희 것으로 만들어야 너희들이 따라
갈 수 있음이니,
30 이는 바로 무엇이더냐? 선지자가 기
도하는 소리를 많이 들으며, 그가 설
법하는 소리를 들으며, 그가 나로부터
받아 기록하여 너희들에게 전하는 것
을 너희들이 죽음 직전과 같은 그 정
신 통일된 마음으로 듣고 읽고 깨우치
지 아니하면 따라갈 수 없음이니라.
31 이는 즉, 너희들이 선지자를 따라가지
못함이라는 것은, 선지자를 보고 오는
백성과 너희들을 보고 오는 백성들에
게 너희들이 지도자요, 가르칠 수 있
는 자격이 없음이니, 뒤를 돌아다볼
시간이 없느니라.
32 남이 보리밥을 먹든, 찬밥을 먹든, 참
외를 먹든, 수박을 먹든, 남이 굶든,
잠을 자든 말든, 거리에서 걸식을 하
든, 너희들은 그것을 돌아다볼 시간이
없느니라.
33 너희들이 선지자가 기도하는 그 음성
과 선지자가 나로부터 들어 전하는 그
메시지를 듣고 깨우치고 공부하기도
바쁜 시간이니, 이를 게을리하지 말라.
34 항상 너희들은 선지자 주변에서 이 성
전에 같이하는 마음으로써 항상 나의
음성과 메시지를 들어 너희 것으로 만
들어야 될 것이며,
35 내가 원하고 너희들에게 가르쳐 주고
자 하는 그 뜻을 깊이 깨달아 너희들
이 같이 가야만 할 것이니라.
36 눈을 뜨고 세상을 걸어간다면 얼마나
빨리 잘 가겠느냐? 그러나 안대로 너
희 눈을 가리고 너희들에게 가라 하면
어찌 가야 되겠느냐?
37 너희들이 나의 성령이요, 나의 메시지
를 듣고 깨우치고 깨달음은 눈을 뜨고
세상을 걸어가는 것과 같으나,
38 너희들이 선지자의 기도 소리와 선지
자가 전하는 그것을 너희 것으로 가슴
에 만들지 못한다 하면 너희는 안대로
눈을 가리고 세상을 걸어가는 그런 우
를 범하는 것이니, 이 무서운 차이를
너희들이 빨리 깨달아 시행해야 할 것
이니 그리 알라.

1,469 번째 하나님 말씀

2001년 8월 5일 06시 30분

1 사랑하는 선지자야!
2 "네, 여호와 하나님! 말씀하옵소서."
3 지금 지구상에 나의 피조물, 나의 백
성들이 수십억의 인구가 살아가고 있
음이니라.
4 그리고 또 그들의 자손이 대대손손 이
어져 가고 있음이니, 그 많은 나의 백
성들 중에 예수와 같은 삶을 살아 내
옆에 오른 자 한 명도 없다 내가 말하
였으니 얼마나 무섭고 답답한 현실이
더냐?
5 그러면 한 사람도 구원받아 내 옆에
올 자가 없다 함이면, 지금 너희들이
살아가고 있는 이 지상이 얼마나 아비
규환이며 속물 속에서 살아가고 있는
것인가?
6 자연의 그 오묘함과 아름다움과 공기
의 신선함 그 모두가 다 무엇이더냐?
에덴동산이고 낙원인 것이니라.
7 지상의 이 낙원에서 너희들이 아름답
고 선하게 살며 천사와 같이 산다 하
면, 바로 너희들이 밥 먹듯이 외우는,
하늘에서 이루어지듯이 이 땅에서도
이루어지라는 그 구절처럼, 바로 이곳
이 그리 이루어질 수 있는 곳이니라.
8 그러나 너희들은 욕심이라는 것으로
오염됐으며, 질투와 시기에 오염이 되
어 이 아름다운 지상의 낙원을 아비규
환의 진흙탕이요, 죄짓기를 즐거워하
는 사탄들의 소굴로 만들었음이니,
9 그런 자 내가 구원하여 나의 하늘의
낙원에 한두 사람이 온다 하면 그 낙
원 역시 오염되고 물들어 또 이 지상
은 아비규환같이 될 것이니,
10 아예 그 사탄과 그 사악한 무리들과
욕심의 근원을 버리지 못한 자를 구분
하여 문을 닫고 열어 줌이니,
11 그 문을 열고 들어올 수 있는 사람은
나의 열여섯 권의 법전을 읽고 깨우쳐
선하고 착한 자, 그리고 그리 시행하
고자 하여 저의 모두를 다 버릴 수 있
는 자,
12 재물의 욕심에서 벗어날 수 있는 자,
명예의 욕심에서 벗어날 수 있는 자,
모든 욕심에서 벗어나 나의 법전을 읽
고 그에 따라 시행하며 살아갈 수 있
는 자,
13 그 깨달음을 몸소 실천하는 자이며,
그들에게만 내가 그 문을 열어 줌이
니, 그리하여 이것이 나의 법전이라
명하였음이니라, 선지자야!
14 깨달음은 하늘의 높이처럼 너희들이
점점 오르는 것이 아니라 바다의 표면
처럼 수평선이 되는 것이니라.
15 너희들의 마음속에 수평선에 찰랑거
리는 그 바닷물처럼 마음이 그득 차여
있을 때,
16 높은 것도 없으며, 낮은 것도 없으며,
좋은 것도 없으며, 싫은 것도 없으며,
명예의 욕심도 없으며, 재물의 욕심도
없어지며, 자식에 대한 욕심이 없어지
며,
17 그 모두를 다 누르고 받쳐, 악한 것은
눌러 놓으며 선한 것은 싹이 트도록
하여 그 수평선처럼, 바다처럼 파랗게
끝이 안 보이는 그와 같은 마음이 되
었을 때, 너희들이 정녕 깨달음을 얻

었음이라 말할 수 있음이니라.
18 깨달음은 수평선을 이루고 있음이니
라. 그 수평선의 마음을 너희 가슴속
에 알고 있을 때, 너희들은 죄를 짓지
아니하고 그 굴레에서 벗어나며 높고
낮음이 없음을 알게 됨이니,
19 지금 나의 사랑하는 선지자의 그 마음
이 바로 수평선에 와 있음이니, 선지
자를 따르는 제자들과 나의 백성들은
지금 선지자의 마음이 수평이 되듯이
너희들 마음이 그 깨달음을 알아야 할
것이니라.
20 선지자의 깨달음이 높아지고 그가 이
루는 기적이 높아지며 그가 행하는 기
적이 세상에 알려질 때, 그를 따르는
제자들의 자세가 어떠해야 되겠는가?
21 금화와 은화를 보며 눈독을 들이며,
좋은 음식을 제 앞에 놓고자 하며, 명
예를 얻고자 하며, 제 이름의 명성을
얻고자 하는 제자들이 있다 하면, 그
는 예수를 판 자와 같이 됨이니라.
22 내가 그로 하여금 나의 선지자를 팔게
할 것이며, 그로 하여금 선지자에게
돌팔매질하는 자로 내가 그를 만들 것
이니라. 너희들은 그러한 선지자의 제
자가 되지 말라.
23 가룟 유다가 예수를 판 것도 나의 뜻
이요, 나의 주관이니라.
24 너희들 중에서 나의 선지자에게 핍박
하며 돌 던지는 자가 나오지 아니하려
거든 너희들의 마음을 비움을 알아야
할 것이니라.
25 너희들이 마음을 비우지 못하고 선지
자의 제자라, 선지자의 뜻에 따라 시
행하는 자라 하면, 내가 그로 하여금
선지자에게 돌을 던지도록 할 것이니,
26 너희들은 사악한 무리의 심성을 버리
지 못하여 선지자에게 돌을 던지며 침
을 뱉는 선지자의 제자가 되지 아니하
려거든 너희 마음을 수평선으로 다스
려 모두를 다 버리는 백성이 되어야
될 것이니 그리 알라.

1,470 번째 하나님 말씀

2001년 8월 5일 12시 20분

(강론을 마치며)

1 사랑하는 선지자야!
2 "네, 여호와 하나님! 말씀하옵소서."
3 네 앞에 와 앉아 있는, 나의 사랑하는
보배와 같다 말하는 나의 백성, 너의
제자들에게 일러 말하라.
4 오른손을 들어 왼다리를 꼬집어 보라
말하라. 그들은 엄연히 현실에 있음이
니라. 그들은 꿈이 아닌가, 지금 자신
이 현실 속에 멀리 가 있는 사람이 아
닌가 생각할 것이니라.
5 너희들이 살아가는 육신의 그 짧은 세
월 속에 삶을 청산하고 영원히 사는
하늘나라에 와 어떠한 죄의 대가를 받
으며 사느냐,
6 낙원에 와 영원히 죽지 않는 그 속에
서, 누구도 상상할 수 없는 그 아름다
운 삶 속에서 영원히 사느냐 하는 그
기로에 있음이니,
7 너희들은 정녕 하늘에 오를 수 있는
길에 서 있으며 나의 에덴동산에 너희
명패를 걸 수 있도록 나 여호와가 너
희들을 바라보고 있으며 한 사람씩 구
원하여 오르고 있다 하면 너희들은 믿

지 아니할 것이나, 이는 엄연한 사실
임을 알아야 할 것이니라.
8 내가 오늘 너희들에게 말하기를, 너희
들이 가장 소중하고 귀한 사람이나,
또한 너희들은 너희들의 존재 가치를
가장 낮은 자라 생각하고 살아야 할
것이라 하였으니,
9 과연 행동과 말이 그와 같이 이루어지
는 것인가를 다시 한 번 뒤집어 너희
들이 생각해 봐야 할 것이니라.
10 오늘 나의 성령으로써 내리는 나의 음
성을 듣는 이 영광이며 나의 선지자를
통하여 나의 음성을 듣는 너희들이 진
정 꿈인가 생시인가 하여 너희 살을
꼬집어 보라 내가 말하였으니, 이는
엄연한 사실이며 너희들에게 준 영광
과 축복인 것이니라.
11 이를 너희는 소홀히 생각하지 말라.
너희들은 이것이 지나가는 어느 한 사
람의 음성이라 생각하지 말라. 그리고
너희들에게 명해지는 것이라 생각하
지 말라.
12 너희들의 가슴에 두 손을 포개 얹고
조용히 생각해 보라.
13 아까 선지자가 너희들에게 말하였느
니라.
14 태양열이 몇 도 더 높다 하면 너희들
이 자랑한다는 과학의 무기들이 하나
도 쓸 수가 없으며, 수십억 인구를 하
루아침에 살생할 수 있는 모든 무기들
도 하나의 존재 가치가 없어 쓰레기가
되어 간다 하였느니라.
15 내가 추운 지역의 빙산을 녹여 그것이
물이 된다 하여도 너희들은 견딜 수
있는 아무런 방비책이 없고 능력이 없
음이니라.
16 그럼에도 너희들은 너희 가치를 인정
하려 하고 너희 스스로 위대하다 하며
너희 자신을 다스려 가고자 하기에 내
가 오늘 이와 같은 이야기를 너희들에
게 들려줌이니라.
17 나 여호와의 마음이 오늘과 같이 행복
한 날이 없었음이니, 나의 아들 예수
가 지금까지 많은 기적을 이루었으며
많은 행적을 이루었으며,
18 수많은 인구들이 하늘에 오르는 나의
백성들을 인도하겠다며 울부짖으며
스스로 토굴 속에서 저희들이 깨우쳐
하늘의 뜻을 깨닫고자 노력하려 하였
으나, 나 여호와가 오늘보다 더 기쁘
고 행복한 날이 없었다 하면 너희들은
이를 믿겠는가?
19 몇천 년의 역사가 흘러온 지금 이 순
간까지도 나 여호와의 마음이 오늘처
럼 기쁜 날이 없었느니라.
20 여기에 모여 있는 나의 백성 너희들의
마음이 50퍼센트의 하얀 천사가 되어
있음이니, 그것으로써 내 마음의 기쁨
은 더할 수 없으며,
21 지금 몇천 년의 역사가 흐른 성서를
공부하며 하늘에 오르고자 매달린 자
들이 수없이 목청 높여 소리 질렀고
깨닫고 배웠으나, 그들은 너희들처럼
마음의 50퍼센트도 비우지 못하였음
이니, 너희들이 반이 천사가 되어 있
음이니라.
22 개개인이 반이 천사가 되어, 반은 천
사요, 반은 사람인 너희들이 모여 있
는 이 모습을 볼 때 나의 기쁨이 지금
보다 더한 적이 없었으며,

23 나의 피조물 만백성을 세상에 내보내
어 오늘보다 더 기쁜 날이 없었음이
니, 너희는 이를 명신하여 깊이 깨우
쳐야 될 것이며,
24 뱀이 허물을 벗어 나가듯이 반을 벗었
으니, 그 뱀이 허물을 벗듯이 너희들
은 천사가 되고자 하여 인간의 모든
고리를 벗고 있으니,
25 오늘이 50퍼센트이니 내일은 60퍼센
트를 달성하여 너희들이 정녕 천사가
되어 나의 법전을 가슴에 안고 전할
때 그를 보는 자, 눈이 시려 그를 보지
못하며, 눈이 부셔 그를 보지 못하며,
26 너희들이 주려 하지 아니하여도 그들
이 스스로 무릎 꿇고 그를 받고자 하
는 시대가 올 것이니,
27 그는 오로지 너희들이 모든 허물을 다
벗으며 오늘의 50퍼센트에서 너희들
이 천사가 되는 그 길밖에는 없음이니
라.
28 나의 보배와 같은 사랑하는 나의 백성
너희들은 들어야 할 것이니라.
29 지금 내가 선지자를 통하여 너희들에
게 전하는 이 말이 얼마나 소중하고
아름다운 이야기인가를 알아야 할 것
이니라.
30 너희들의 전체의 마음이 50퍼센트가
천사가 되었으며 하얀 눈이 되어 있음
이니라.
31 나머지 50퍼센트를 너희들이 하얀 백
지와 같이, 하얀 백지 위에 눈을 놓은
것과 같이, 하얀 백지 위에, 눈 위에
너희들이 서 있어도 너희들 모습이 보
이지 않는 그와 같은 천사가 되었을
때,
32 나는 인간을 만들어 낸 것을 가장 영
광된 행복으로 느낄 것이니라.
33 그 모두는 너희들의 영광이니 이를 명
심하고 또 명심하여 육신의 조그마한
아픔을 너희들이 인내할 수 있도록 살
아가야 할 것이며,
34 너희 육신의 작은 향락이나 가장 큰
즐거움이라는 것이 너희들이 바늘로
써 너희 살을 찔렀을 때의 그 아픔만
도 못한 것이니, 그를 다 날려 보내고
지워야 할 것이니,
35 나의 사랑하는 백성 너희들은 모든 질
서에 위배되는 악의 근원을 다 제거하
는 훈련에 오늘서부터 각자 들어가야
할 것이니, 그리 깨달아 시행하도록
하라.

1,471 번째 하나님 말씀

2001년 8월 5일 15시 10분

1 사랑하는 선지자야!
2 "네, 여호와 하나님! 말씀하옵소서."
3 너희들은 이리 말할 것이니라. 수천
년 역사가 흐르는 속에서 수많은 나의
피조물 만백성이 세상에 나와 죽어 갔
으며,
4 모든 종파들이 저희들을 믿고 따름이
구원의 길을 받으며 하늘에 오름이라
말하며, 깨달았다 하는 자, 그리고 종
교 지도자라 하는 자들,
5 그리고 많은 나의 피조물 백성들이 저
희들의 종파요, 저희들이 속해 있는
집단을 가지고 있다 하여 형용할 수
없는 색상의 옷을 입으며 체형을 갖추
며 화려한 단상에 서서 나에게 기도한

다며 울부짖고 너희들을 이끈다 소리
지르는 그자들을 너희들이 한 사람 한
사람 지금서부터 머릿속에 한번 그려
보라. 그들이 얼마나 위대하고 화려한
위치에서 기도를 한다 말하는가?
6 그와 같이 세계적인 종교의 지도자요,
배운 자요, 깨달은 자들, 이 시대의 만
백성을 구한다 말하는 그들과 지금 너
희들 개인의 모습을 놓고 비추어 볼
때 너희들이 초라하고 나약하기 한이
없을 것이며,
7 '어찌하여 전지전능하신 하나님께서
는 이와 같은 선지자를 내보냈으며,
나와 같이 어리고 못난 사람을 선택하
여 이 자리에 앉게 하여 선지자의 이
음성을 듣게 하시며, 여호와 하나님의
성령을 선지자를 통하여 우리에게 듣
게 하시는가?' 하는 것을 너희들 자신
이 알 수도 없으며 깨달을 수도 없음
이라 너희들이 생각할 것이니라.
8 너희들은 내가 필요하기에 선택한 자
들이라는 것을 깨우쳐야 할 것이니라.
9 그리고 나의 성령의 뜻을, 나의 선지
자를 통하여 너희들이 육신의 귀로써
이 음성을 들음이니,
10 이것이 얼마나 선택된 자리며 너희들
이 위대한 자들이며 나에게 소중한 자
들인가를 알아야 할 것이니라.
11 나의 음성을 직접 듣는 자 그 누가 있
다던가? 너희들뿐이니, 너희들이 얼
마나 소중하며 너희들의 앞으로의 대
명이 어떠한 것인가를 너희 스스로 알
아야 할 것이니라.
12 오늘 나의 선지자를 통하여 내가 너희
들이 행하여야 할 것을 명하나니, 이
를 명심하여 시행하여야 할 것이니라.
13 첫째는 너희 자신을 스스로 다스리는
데 인색하지 말아야 할 것이며 오늘부
터 너희 자신들을 돌이켜 보며 너희들
이 서 있는 위치가 어떠한 것인가를
먼저 깨우치고,
14 너희들의 가정의 화목을 위하여 너희
가정부터 다스리는 데 역점을 두어야
할 것이니라.
15 지금 너희들이 가장 먼저 지켜야 할
과제는 너희들과 더불어 인간관계에
살아가는 너희 가족과의 화목이며, 그
것이 가장 급한 일이니, 그것이 너희
들이 이루어야 할 일인 것이니라.
16 어떠한 이유든, 어떠한 형태든 나의
법전을 가슴에 안고 나의 성령의 이
주옥같은 음성을 나의 선지자로 하여
금 가슴에 듣는 너희들은 너희 가정이
남들이 보기에 화목하고 아름다워야
하며,
17 그곳에서 화목하지 않은 큰 음성이 나
와서는 아니 됨이니, 이것이 너희들이
먼저 실천하여야 할 지금의 과제이니
라.
18 오늘부터 너희들은 이를 시행하라. 이
를 시행한다면 너희들이 원하는 것 모
두를 내가 하나씩 들어줄 것이니, 너
희들이 이 세상에 가장 행복한 자가
될 것이니라.
19 너희들이 너희 가정의 화목을 이룬 다
음에 이를 선지자에게 말할 때 내가
선지자를 통하여 너희 가정을 돌아다
볼 것이며,
20 너희가 원하는 것이 무엇이고 너희에
게 가장 필요한 것이 무엇이며 너희가

지금 손에 쥐야 될 것이 무엇인가를,
너희 신상이 어찌 변하여야 될 것인가
를 살펴 너희들에게 상으로 내릴 것이
며,
21 오늘 모인 너희들이 다 행복한 속에서
나의 음성과 나의 뜻을 들으며 나의
품 안에서 살아갈 수 있는 자들이 될
것이니,
22 오늘부터 너희 가정에 화목의 꽃을 피
우는 데 모두를 다 바쳐야 할 것이니
라.
23 이제는 너희들이 나의 법전에서 손을
놓고 살 수 없으며 나의 법전을 밟을
수 없고 나의 법전을 태울 수 없으며,
24 이제는 너희들이 나의 법전이 나 여호
와의 뜻이라는 것을 너희 마음속에 지
켜 가고 있음이니,
25 너희들은 흔들리지 아니할 것이니, 내
가 너희들에게 어려운 과제를 줌이니
라.
26 우선 너희들이 할 것은 너희 가정에
밝은 꽃이 필 수 있도록 이를 이룩한
다음, 다음 주일에 너희들이 와서 나
에게 은혜를 받도록 그리하라.

1,472 번째 하나님 말씀

2001년 8월 6일 07시 20분

1 사랑하는 선지자야!
2 "네, 여호와 하나님! 말씀하옵소서."
3 네가 너의 제자들과 공부를 하며 그들
과 대화를 할 때, 항상 나에게 묵상을
하여 내가 내리는 음성과 내가 내리는
메시지를 받고 대화를 하여 그들을 일
깨워 주도록 하라.
4 네 생각이 개입된다 하면 이는 나의
뜻이 아니니라.
5 네가 생각하기에는 그 단어가 맞고 그
말이 맞는 것 같으나, 내가 너희들에
게 전하고자 하는 깊은 뜻을 네가 헤
아리지 못함이니, 너는 있는 그대로
전하며 있는 그대로 말하면 되느니라,
선지자야!
6 많은 사람들이 너를 따르며 많은 나의
백성들이 나의 법전을 읽고 깨우쳐 가
고자 할 때, 네가 모든 것을 다 묵상과
기도에 의하여 나온 말을 갖고 나의
백성들을 일깨워 이끌어야 하나니, 이
를 명심하고 시행하도록 하라.
7 그리고 너를 따르는 제자들의 화목한
가정을 위하여 내가 한 송이 꽃을 피
우라 말하였음이니, 이를 꼭 실천하고
실행하도록 네가 독려하여야 할 것이
니라.
8 그 모든 근본이 그들의 가족에서부터
일어남이니라. 가족의 화합과 가족의
화목을 위하여 한 송이의 꽃을 피운다
하면 모두의 마음이 하나가 되며 온유
하게 됨이니,
9 서로 사랑하고 신뢰하는 것이 가족으
로부터 이루어짐으로 인하여 그 가족
에서 얻어진 신뢰의 마음이 이웃에게
도 전하여지며, 나의 피조물 만백성에
게 그들이 거울이 됨이니라.
10 이를 신중히 시행하여 너의 제자들이
시행하는 모습을 내가 직접 확인할 수
있도록 그리 열과 성의를 다해야 할
것이니라.
11 그리고 이 성전을 너의 실장이 지키기
힘들고 어려움이니, 혼자서 이끌어 갈

이 벅차니라.
12 내가 어제 너에게 명한 그 여인이 실
장을 도와서 이곳의 잡무를 처리하도
록 그리하여야 할 것이니라.
13 모든 것을 다 분담하고 나눠서 실시함
이 더 큰 일을 위해서 도약하는 계기
가 됨이니 그리 실천하도록 하라.
14 그 여인이 많은 사람들 앞에서 청소를
하고 길거리를 쓸어 나가는 것을 중단
하도록 하여야 할 것이니라.
15 그의 깨우침과 깨달음이 깊고 깊이 가
있으니, 그가 그와 같은 일을 하지 아
니하여도 깨우침이 있느니라.
16 그리 나가 길거리를 쓰는 일을 하지
말도록 그리 네가 전해야 할 것이니라.
17 모두는 각자의 위치에서 해야 할 일이
있느니라. 그것은 그가 해야 할 일이
아님이니라. 그를 불러 네가 대화를
하며 직접 그에게 그리 전하도록 해야
할 것이니, 그리 알라.

1,473 번째 하나님 말씀

2001년 8월 6일 11시

1 사랑하는 선지자야!
2 "네, 여호와 하나님! 말씀하옵소서."
3 내가 너에게 일러 말하였느니라. 지금
네 앞에 와 있는 너의 제자들이 다 타
는 불 속에 들어 있으며 끓는 기름 가
마 속에 들어 있으며 태산 같은 돌덩
어리가 그들의 가슴을 누르고 있는 그
죄를 면치 못한다 하였음이니라.
4 그러나 그 고통 속에서 허덕이는 자들
을 너는 구원할 수 없다 말하였음이니,
5 예수와 같이, 천사와 같이 아름다운
삶을 살아가도록 너를 닦고 또 닦아
갈고 갈아서 단단한 바위보다도 더 굳
건한 너의 자세만이 오로지 그들을 구
원할 수 있다 말하였느니라.
6 사랑하는 선지자야,
7 세상의 많은 나의 피조물 백성들이 하
늘에 오르는 길이라 하며 종교 지도자
요, 예언자요, 또는 대제사장이요, 저
희들이 말하는 집사요, 전도사요, 장
로요 하는 수많은 직함을 가지고 있고
또 목사라 하여 너희들 앞에 설교하는
그 많은 사람들이
8 나의 성령으로써 세상에 나간 열여섯
권의 법전을 이단이요, 사탄이요, 마
귀의 장난이라 몰아붙이고 이 책의 뚜
껑을 열지 못하게 함이니,
9 선지자야!
10 "네, 여호와 하나님! 말씀하옵소서."
11 많은 지금의 종파들이 나의 법전을 보
고 이단이라 말하며 사탄의 장난이라
말하나, 나의 법전이 내가 너에게 성
령을 태워서 내린 것이 틀림없음이니,
12 내가 나의 피조물 만백성이 알기 쉽고
듣기 쉽게 하여 빨리 깨우쳐 하늘에
오르는 길을 인도하고자 이 주옥같은
나의 성령을 태워 너의 가슴을 통하여
열여섯 권의 법전을 만드는 것은 나의
성령이 틀림없음이니,
13 이를 사탄이요, 마귀라 말하는 그들은
무엇이더냐? 그들이 바로 사악한 무
리로서 사탄과 마귀의 물이 든 자들이
니,
14 너를 따르는 제자 얼마 안 되며, 나의
법전을 읽고 깨우친 자 얼마 안 됨이
니,

15 이 수십억 인구 중에 나머지가 다 사탄이요, 마귀요, 사악한 무리로서 이 세상에 들끓고 있으며, 나의 성령을 받고 깨우친 자는 너희들이 눈을 씻고도 볼 수 없는 그 숫자이니, 이 세상이 얼마나 험난하며 험악한 형국에 있느냐?

16 내가 너희들에게 원하는 동식물만을 먹으며 나의 계명을 지키며 아름답게 살면 이 지상이 바로 너희들의 낙원이라 말하였으나,

17 이 낙원에 나의 종들이라는 자는 너희들 몇 사람이요, 사람들이 눈을 씻고 보려 해도 보이지 아니하는 너희 제자들뿐이니,

18 얼마나 이 지구가 지금 몸살을 앓고 있으며 사악한 무리들 속에 모든 자연과 동식물들까지도 고통을 당하고 있는가를 네가 생각해 봐야 할 것이니라.

19 그들이 사탄이 아니면 너희가 사탄이며, 너희가 사탄이 아니면 그들이 사탄임이니,

20 이 무서운 현실 속에서 너는 나의 법전을 가지고 나의 피조물 만백성을 일깨워 주며,

21 지금의 사탄들이 너의 제자가 되어 선량한 나의 피조물 만백성이 반대 현상으로 이루어져야 이 지상의 낙원이 이루어지며 그 속에서 하늘에 오르는 자가 생길 것이니,

22 선지자야, 너는 좌절하지 말라. 그리고 괴로워하지 말며 실망하지 말라.

23 정녕 이는 나의 성령으로서 나의 피조물 만백성을 구하고자 하는 마지막 나의 모두를 불살라 내려보낸 것임이니라.

24 너는 시행하고 지킬 수 있음이니라. 그리고 너는 행해야 함이니라. 예수와 같은 삶을, 천사와 같은 삶을 너는 이루고 행할 것이니, 그리 알라.

1,474 번째 하나님 말씀

2001년 8월 6일 12시 20분

1 사랑하는 선지자야!

2 "네, 여호와 하나님! 말씀하옵소서."

3 언젠가는 가야 하는 길이고 언젠가는 헤어져야 하는 길이며, 다시 만날 시간이 남아 있다 하면 오늘의 헤어짐을 아파하지 말라.

4 너희들 마음이 하얀 눈과 같다 할 때, 검은 잉크와 같은 마음을 가진 자가 그걸 뿌린다면 하얀 눈은 그 색이 바뀌어 견뎌 낼 수가 없음이니라.

5 너의 제자들과 너를 따르는 자, 너희들의 마음이 하얗듯이 그들 마음 또한 하얘져야만 속에 있는 것을 던질 때 색깔이 없음이니,

6 지금은 시커먼 그 속성을 너희들에게 던진다 하면 그 시커먼 물감이 그대로 튀겨 와 너희들에게 묻음이니, 그 흉한 꼴을 어찌 견디고 볼 수 있겠는가?

7 내가 너희들을 지키고 있으며 너희들을 바라보고 있음이니, 오늘 잠시 서로 헤어져 있음은 그와 같은 뜻과 이유가 있음이니라.

8 마음 아파하지 말며, 항상 같이 있다 하여 마음이 하나가 되는 것은 아니니라.

9 같은 베개로 잠자는 사람도 생각하는

것이 서로 다를 수 있으니, 추구하는
것이 다른 것은 멀리 떨어져 있으면서
하나의 마음을 가지고 있는 것만 못함
이니라.
10 검은 자들의 마음이 하얘질 때까지,
그들이 하얀 눈이 되어 너희들의 마음
을 읽을 때까지 너희들의 인내함이 소
중함이니라.

1,475 번째 하나님 말씀

2001년 8월 6일 23시 50분

1 사랑하는 선지자야!
2 "네, 여호와 하나님! 말씀하옵소서."
3 내가 너에게 내린 열여섯 권의 이 법
전은 나의 성령을 태워 너에게 내려보
냈으며, 나의 피조물 만백성을 구원하
기 위한 근본이요, 기본이니, 이 세상
에 이것보다 더 소중한 것이 어디에
있겠는가?
4 너희들의 지혜로 만든 과학이라는 것
이 이 세상을 지배하는 것 같으나, 그
모두는 다 바람에 날리는 촛불과 같을
수 있음이니라.
5 그러한 너희들의 그 과거의 위대함도
한낱 봄에 녹는 눈과 같이 없어질 수
도 있으며, 쓰러져 갈 수도 있으며, 쓸
모 없을 수 있으며, 그들의 허무함을
너희들이 알 수도 있는 것이니라.
6 거기에 비한다면 너희들의 생명은 얼
마나 소중한 것인가?
7 너희 육신의 생명이 한평생을 산다는
그것도 소중하며 너희들이 만든 과거
의 위대함도 너희들의 생명에 비하여
아무것도 아닐 것이니,
8 육신의 백 년 사의 그 삶도 소중하거
늘, 영원히 사는 나의 나라에 와 너희
들이 구원의 세계에 오를 수 있는 그
구원을 받고 못 받는 것은 얼마나 위
대하고 소중하며 귀한 것이더냐?
9 이와 같이 세상에 무엇과도 바꿀 수
없는 이 소중한 나의 성령을 내가 만
든 나의 피조물 만백성을 구하기 위하
여 나의 선지자 너를 통하여 세상에
내보냈으니,
10 이를 읽고 깨우치지 못하며 이를 사탄
이요, 이단이라 소리 지르는 그들이
다 사탄이요, 이단이요, 마귀니,
11 이 지구상에 살아가는 너희들의 형태
가 잘못된 자들이 이 세상을 지배하며
나의 낙원인 이 지상을 지배하고 있음
이니라.
12 이를 더 이상 볼 수 없으며 더 이상 내
가 이를 관망할 수 없어 재앙으로써
너희들을 모두 쓸어버리고 새싹이 나
오듯이 하나의 생명을 세상에 내보낼
수도 있으나 세월이 흐른 뒤 그 후손
이 또 오늘날같이 사악한 무리가 될
것이니,
13 그걸 근본적으로 깨우치고 깨닫도록
하려면 어찌해야 되겠던가?
14 2천 년 전 나의 아들 예수가 너희들을
구원하기 위해 그 고통의 길을 가 생
명을 던졌건만 오늘의 너희들이 사악
한 삶을 살고 있음이니라.
15 그리하여 너희들을 깨우칠 수 있는 건
너희들이 읽고 깨달아 스스로 반성하
며 깨우쳐서 하늘에 오르는 길을 직접
보고 듣고 시행할 수 있는 기본을 만
들어 내가 법전이라 하여 누구나 다

쉽게 깨우칠 수 있도록 내려보냈음이
니,
16 이보다 더 귀하고 소중한 것이 세상에
없음을 너희들이 알아야 할 것이니라.
17 더 소중하고 귀한 것이 없는 이것을
직접 듣고 직접 읽으며 가장 먼저 깨
우쳤다는 너희들의 마음의 자리가 어
찌 되어야 되는가?
18 사랑하는 선지자야,
19 이와 같이 소중하고 귀한 나의 성령을
다루고 들으며 나의 선지자를 통하여
나의 음성이요, 나의 메시지를 직접
듣는 너희들은 예수가 살아간 삶의 그
발자취를 그대로 따라 그리 시행해야
할 것이니라.
20 이와 같은 나의 깊은 마음의 아픈 심
정을 너의 제자와 너를 따르는 백성들
에게 일깨워 줄 것이며,
21 그리하여 나의 소중한 성령을 만백성
에게 전하는 데 그들이 앞장서 손발이
저리도록 뛰고 또 뛰어야 될 것이라는
것을 일깨워 줘야 할 것이니라, 선지
자야!

1,476 번째 하나님 말씀

2001년 8월 7일 07시 10분

1 사랑하는 선지자야!
2 "네, 여호와 하나님! 말씀하옵소서."
3 모두는 나의 주관하에 이루어지는 뜻
이며 내가 행하고자 하여 이루어짐이
니라.
4 너는 너의 제자들에게 이르라. 너희들
의 가슴속에 있는 모든 욕심을 비우며
마음을 다 비운 상태에서 행하고 말을
하는가 물어보라.
5 내가 너희들에게 말하여 이르기를, 나
의 선지자에게 가죽체를 휘두르되, 그
를 휘두르는 자는 마음과 몸이 바르고
곧아야만 휘두를 수 있는 자격이 있다
고 말하였느니라.
6 과연 그들의 마음이 하얀 마음이어서
너에게 채찍을 휘두를 수 있는가를 그
들에게 물어봐야 할 것이니라.
7 너를 달구고 길들이는 것은 나 여호와
가 주관하여 이루어지는 길이거늘, 어
찌하여 네 마음에 파장을 이루고, 나
의 이 성전에 고운 음성이 아니고 곱
지 못한 음성이 난무하는 것인지….
8 선지자야!
9 "네, 여호와 하나님!"
10 너희들이 마음을 비워야 할 것이니라.
마음을 비우지 아니하는 자는 다른 누
구에게 충고하고 설교할 수 없으며,
11 남을 비방하는 그 마음이 얼마나 깨끗
하고 아름다운 곳에서 나오는가를 너
희는 스스로 깨달아야 할 것이니라.
12 나의 선지자는 오로지 내가 그를 달구
며 그를 인도하고 있음을 너의 제자들
이 알아야 할 것이니, 이를 깊이 알아
야 할 것이니라.

1,477 번째 하나님 말씀

2001년 8월 7일 10시 10분

1 사랑하는 선지자야!
2 "네, 여호와 하나님! 말씀하옵소서."
3 모든 일은 너로 하여금 이루어짐이니
내가 너에게 일러 명한 것을 작든 크
든 철저히 지키라 하였으니,

4 너는 나의 열여섯 권의 법전을 정독하
여 그 내용을 네 것으로 만들어야 할
것이며,
5 거기에 내가 너에게 명한 것, 너희들
이 지켜야 할 것을 네가 스스로 지켜
그 내용을 알지 못한다면 네가 어찌
그를 지킨다 할 수 있겠는가?
6 열여섯 권의 법전 속에 네가 지켜야
될 것과 너의 제자와 너를 따르는 나
의 피조물 만백성이 지켜야 할 내용을
다 기록하여 주었으니,
7 이를 네가 암송하지 못한다면 네가 그
뜻을 모르느니라.
8 그 내용을 모르니 어찌 지킬 수 있고,
지킨다 말할 수 있겠느냐?
9 그리함으로 인하여 네가 시행하고 지
킴에 있어 착오가 비일비재하게 일어
남이니,
10 너는 작든 크든 내가 너에게 명한 것
을 한 줄도 틀리지 않도록 외워서 그
리 시행하여야 할 것이니,
11 열여섯 권의 법전을 내렸으나 이것이
너의 뜻이 아니요, 나의 뜻에 의해 주
관하여 너의 몸을 빌어 세상에 내보냈
으니 네 것이 아니라 하였으며, 이를
정독하여 네 것으로 만들라고 말하였
거늘,
12 이를 시행하지 아니하고 이 내용을 네
가 정독하여 네 것으로 다 만들어 암
송하지 못함이니, 네가 어찌 이를 시
행할 수 있다 생각하는가?
13 생각나는 것 몇 가지만을 가지고 네가
시행하고 지킨다 하면 그런 큰 것은
지킬 수 있으나, 그 속에 숨어 있는 나
의 작고 깊은 뜻은 네가 헤아릴 수 없
음이니, 이를 네가 깊이 깨우쳐야 할
것이니라.
14 너를 따르는 너의 제자들 또한 이를
암송할 수 있도록 외워야 할 것이니라.
15 그리하여야 저희들이 열여섯 권의 법
전대로 살아갈 수 있음이니, 열여섯
권의 법전대로 살아가는 자만이 하늘
에 오를 수 있다 하였으니,
16 그 내용을 암송하지 못하고 내용을 다
알지 못한다 하면 그들이 어찌 나의
열여섯 권의 법전을 시행했다 말하겠
는가? 이 이치를 너의 제자들에게 일
깨워 주도록 해야 할 것이니라.
17 내가 너에게 명한 이 법전을 암송하여
그 속에 있는 나의 이 뜻을 네가 다 안
다면 세상사에 하나의 오차나 착오도
없을 것이니, 이를 네 것으로 만드는
데 소홀히 하지 말라.
18 그리고 너의 제자들과 너를 따르는 나
의 피조물 백성들에게 그 구절 하나하
나를 다 암송할 수 있도록 공부하라
그리 깨우치라.
19 그를 암송하는 자가 그를 실천할 수
있음이니, 암송하지 못하는 자는 실천
할 수 없음이니라.
20 뜻을 모르고 내용을 모르면서 어찌 그
리 실천하였다 하겠는가?
21 너희들이 수천 년 역사가 흐르는 동안
에 성서가 바로 그러니라. 그 내용을
모르고 있음이니라.
22 그 내용을 깨우쳐 그것의 깊은 뜻과
나의 뜻을 깨닫는 자만이 올바로 가르
칠 수 있음이니라.
23 너희들에게 나의 법전을 가슴에 안고
정독하라 함은 피보다 더 진한 마음으

로 읽으라 함이며, 땀이 나는 것보다
도 더 깊은 마음으로 읽으라 함이니,
24 그를 암송하고 그와 같은 정성을 들여
읽을 때 너희들은 그 속에 들어 있는
내용을 알며 그 뜻을 알게 되며, 그리
고 내가 너희들에게 명한 것을 알게
됨이니라.
25 이를 명심하여 시행하도록 그리하라,
선지자야!

1,478 번째 하나님 말씀

2001년 8월 7일 19시 20분

1 사랑하는 선지자야!
2 "네, 여호와 하나님! 말씀하옵소서."
3 너희들이 지능이 없다고 생각하며, 아
무런 사고의 판단력이 없다고 하는 동
물들을 데려다 훈련을 시키고 또 반복
훈련을 시킴으로 인하여 그들은 다른
동물들이 상상할 수 없는 지혜의 발달
에 따라 너희들 앞에서 갖가지 재롱을
부리며,
4 반복 훈련을 함으로 인하여 그들이 무
엇을 하여야 되며 어찌해야 되는지 알
게 됨이니라.
5 그와 같이 동물도 훈련을 시키고 또
단련을 시키면 남들이 보기에 경탄할
수 있는 깨달음이 있어서 시행함이니,
6 이를 거꾸로 말하면 지혜가 있고 생각
이 있는 너희 인간들이 훈련되고 살아
온 그 모든 습성을 버리기란 그 동물
들이 깨달아 배우며 고생하여 고된 훈
련 속에서 지혜를 얻는 것보다 열배
백배 더 힘든 것이니라.
7 그리하여 내가 너에게 이르기를, 하루
아침에 너희들이 완벽한 나의 백성이
되라 함이 아니니라.
8 나의 법전을 서서히 읽고 깨달아 하루
하루 전진함으로 인하여 너희들의 몸
에 배어 도저히 털어 버릴 수 없는 그
못된 습관과 습성을 다 버릴 수 있어
새로운 사람으로 태어날 수 있음이니
라.
9 그러나 나의 법전을 읽고 나의 선지자
앞에 와 제자라 하여 따르며, 무엇인
가를 깨우치고자 하여 선택되어 온 자
들이 오늘보다 내일에 깨달음이 없으
며 전진하는 깨달음이 없다 하면,
10 그들은 깨달음 속에서 더 사악한 것을
생각하게 되며 그들의 마음이야말로
가장 사악한 자들로 변할 수가 있음이
니라.
11 그리하여 너의 제자들에게 이르기를,
나의 법전을 가슴에 안고 정독하여 한
줄 한 줄을 읽어 저희 것으로 만들어
야 할 것이며,
12 그들이 나의 법전을 외우지 아니하고
저희들 기억 속에 다 생각할 수 있도
록 머릿속에 넣지 아니한다면 그들은
내가 원하는 것이 무엇인지 모르기 때
문에 행할 수 없음이니,
13 모든 나의 뜻을 머릿속에 암기하여,
동물이 고된 훈련을 받아 만인 앞에
묘기를 보이듯이 그들보다 더한 인내
와 노력으로써 나의 법전의 모든 구절
을 머릿속에 암송할 수 있도록 그리
깨우쳐,
14 그것을 하나하나 적용하여 변해 가는
삶을 살 때 하늘에 오르는 길을 볼 수
있을 것이라 하였느니라.

15 선지자 또한 네가 나를 통하여 나의
법전을 만들었으나, 이것이 다 너의
것이 아니므로 너도 역시 정독하여 나
의 이 열여섯 권의 법전을 네 머릿속
에 차곡차곡 정리 정돈하여,
16 네가 어떠한 장소에서 어떠한 사람들
과 대화를 하든 나의 법전에 있는 그
맞는 구절을 꺼내 대답할 수 있도록
그리 공부하지 아니하면 네가 실천할
수 없으며, 네가 나의 피조물 만백성
을 제대로 가르칠 수가 없음이니라.
17 1권서부터 16권까지의 페이지에 담
긴 내용을 보지 아니한다면 네가 대화
할 때 남들에게 그리 가르칠 수 없음
이니, 너부터 정독하여 모든 내용을
머릿속에 하나하나 암송할 수 있도록
그리 공부를 해야 할 것이니라, 선지
자야!
18 그리하여야 네가 나의 피조물 만백성
을 인도하는 데 한 점의 부끄러움이
없는 사람으로서 태어날 수 있음이니
라.
19 네가 나를 향하여 십계명을 외우고 나
를 향하여 열여섯 권의 법전의 내용을
지키려 하며 질서를 지키며 살고자 하
는 그 마음이 누구도 실행할 수 없는
경지에 이르렀음이니,
20 너는 여기서 주저하지 말고 더욱 정진
하여 내가 너에게 바라는 그 뜻을 깨
닫고 있는 그대로 실천하여야 할 것이
니라. 이것이 네가 가야 할 길이니라.
21 남들이 갑론을박하는 것을 너는 귀담
아듣지 말며 그들이 말하는 것에 개의
치 말라.
22 오로지 하늘을 향하여 부끄러움이 없
으며 나 여호와를 바라보기에 부끄러
움이 없는 삶을 살아가는 네가 정녕
되어야 할 것이니,
23 지금과 같은 깨달음으로써 계속 정진
하여 남들이 너를 우러러볼 수 있는
선지자로서 반듯이 서는 것이 네가 나
에게 올 수 있는 길임을 깨달아야 할
것이니라.
24 그리고 선지자야, 내가 너에게 일찍이
일러 말했듯이, 이 지구상에 수십억의
종파가 다 너를 향하여 사탄이라 말한
다 하면,
25 둘 중의 하나는 사탄이요, 하나는 진
정한 나의 뜻에 의하여 하늘에 오르는
길을 인도하는 자이니,
26 그것은 너희 자신이 스스로 판단해야
할 것이니라.
27 너희들이 남들에게 고통을 주면서 나
여호와를 찾게 하는 것도 아니고, 너
희들 앞에 재물을 쌓으라 하면서 나
여호와를 찾게 하는 것이 아니며, 너
희들이 지상의 낙원에 오를 수 있으니
재물을 갖다 바치라 함도 아니요,
28 하늘의 창고에 재물을 쌓음으로써 구
원을 받는다 하여 너희들이 힘들여 번
그 재물과 내가 너희들에게 내려 준
그 은혜의 재물을 갖다 바치라는 것도
아니니,
29 누가 정녕 나에게 오르는 길을 인도하
는 자인가를 너희 스스로 알아야 할
것이니,
30 나의 성령으로써 내려보낸 열여섯 권
을 진정 나의 뜻이라 깨닫고 너희들이
하나가 되어 매진할 때, 머지않아 모
두는 다 허상이며 그들은 잘못 가고

있었음을 깨달을 날이 있을 것이니라.
31 그러나 지금의 종교 지도자들이 저 자
신의 잘못을 깨우치기 전에, 나로부터
선택된 자라 할 때 그를 핍박하기를
예수보다 더할 것이니,
32 너는 항상 경거망동하지 말며, 조용히
나의 법전을 전하고 너의 제자들을 한
둘씩 모으는 데 전념하라.
33 그리하다 보면 나의 법전이 세상을 덮
는 날이 올 것이니, 그때를 위하여 자
중 자애하며 너 자신을 다스려 가는
선지자가 되어야 할 것이니,
34 네 마음이 다 비워졌을 때 이 세상에
다가오는, 변화되는 모든 섭리를 알게
될 것이니 그리 알라.

1,479 번째 하나님 말씀

2001년 8월 7일 19시 30분

1 사랑하는 선지자야!
2 "네, 여호와 하나님! 말씀하옵소서."
3 나의 아들 예수가 많은 기적을 보였으
나, 그가 나의 아들이라고 믿고 따르
던 그의 제자들도 그를 버렸음이니,
그리고 등을 돌렸음이니, 지금 너를
따르는 제자들의 믿음이 그때 예수의
제자들만큼 되더냐?
4 지금 너를 따르는 너의 제자들은 지난
날 예수를 따르던 그 제자들의 십 분
의 일, 백 분의 일만큼도 안 됨이니,
5 지금 너의 제자들보다 열배 백배 더한
자들도 예수를 배신하였음이니, 그보
다 못한 너의 제자들이 너에게 등 돌
리지 아니하고 너를 비방하지 아니하
며 네 등에 칼을 꽂는 자가 없다고 말
할 수 없음이니,
6 너는 저희들의 욕심이요, 질투요, 시
기요, 이러한 마음에서 변해져 가는
자들을 애석히 생각하지 말라.
7 다만, 그가 한 사람, 두 사람을 사탄의
구렁텅이로 인도하는 것은 각자 스스
로 막아야 할 것이며, 각자가 그와 같
은 자에게 현혹되지 아니하도록 하여
야 할 것이니라.
8 한 사람이 예수를 팔듯이, 그 열두 제
자가 한 사람의 뜻을 따랐더라면 어찌
되겠는가?
9 저희들이 사랑의 질투에서 변하는 자,
사탄의 심보를 버리지 못하는 자, 욕
심을 버리지 못하며 시기함을 버리지
못하는 자가 외치는 그 말을 너의 제
자들은 귀를 열고 들어서는 아니 됨이
니,
10 그와 같이 말하는 자 있거든 귀를 닫
고 그 장소를 떠나라 그리 일깨워 주
라.
11 그리하지 아니하면 그 또한 마귀의 심
성이 다시 살아남이니, 그는 영원히
구원받을 수 없는 자며,
12 나의 아들 예수를 배신하여 그를 그
고통으로 인도했듯이 나의 선지자를
배신하는 자는 두 번 다시 내가 그를
구원하지 아니할 것이니라.
13 선지자야, 이를 명심하여 그들에게 깨
우쳐 줘야 할 것이니라.

1,480 번째 예수님 말씀

2001년 8월 7일 19시 50분

1 선지자여, 들으시오.

2 나는 전지전능하신 여호와 하나님의
아들 예수요.
3 전지전능하신 아버지께서 당신에게
'아직은 인간을 믿을 때가 아니라'는
이 말씀을 전하고 싶으시나 그 말씀을
내리지 아니하심이니,
4 내가 인간사 인간의 형태로써 겪어 온
뼈아픈 생활의 느낌을 당신에게 전하
고자 함이오.
5 선지자여, 아직은 아무도 믿어서는 아
니 되오.
6 인간들의 마음은 천 길, 만 길 그 깊은
물 속보다도 더 변화무쌍하니, 이것이
인간의 심성임을 아셔야 할 것이오.
7 백 길, 천 길, 만 길의 깊이의 물속은
들여다볼 수 있다 하나, 인간의 심성
은 그보다도 더 깊고 더 변화무쌍하
니, 이를 항상 잊어서는 아니 되오.
8 내가 그 고통 속에 목숨을 바쳐 전지
전능하신 여호와 하나님의 피조물 만
백성을 구하고자 하였으나,
9 지금에 이 사탄의 사악한 세상이 되어
있음이니, 제대로 된 인간이 숨을 쉴
수 없는 그와 같은 세상이오.
10 다 잘못된 자들이기 때문에 잘못된 속
에서 숨을 쉬고 생활을 하며 살아가고
있음이니, 하얀 눈과 같은 자는 살아
갈 수 없음이오. 지금 지구의 형상이
그러하오, 선지자여!
11 이제 우리 전지전능하신 아버지께서
선지자 당신에게 열여섯 권의 법전을
내리며 그 주옥같은 말씀을 내려 당신
을 다스리고 제자를 다스리고 만백성
을 이끌어 가는 대명을 내렸음이니,
12 이 얼마나 소중하고 이 얼마나 귀한
일인가! 이것과는 바꿀 수 있는 것이
아무것도 없습니다.
13 선지자여, 자기 자신을 버리시고 자기
자신을 다스리고, 제자들에게 깨우침
이 높아 나에게 등 돌린 나의 제자와
같은 사람이 없도록 잘 다스려 이끌어
가셔야 할 것이오.
14 전지전능하신 우리 아버님의 법전이
세상에 나가며 선지자의 경지가 높아
질수록 시기하고 질투하는 자가 나올
것이며,
15 무엇인가 더 얻고 구원받고자 하여 저
희들의 손에 잡히지 않을 때 그들은
가차없이 화살을 쏠 것이니,
16 이것이 인간들의 심성이라는 것을 깊
이 깨달아 처신해야 될 것이오.
17 선지자는 눈물이 너무 많소.
18 선지자는 너무 마음이 약하오.
19 당신은 당신의 제자들에게 말하지 아
니하였소? 아무 때나 눈물을 흘리는
것이 아니며 아무 때나 무턱대고 베푸
는 것이 아니라고.
20 받을 준비가 되어 있는 자, 깨닫는 자
에게 베풀어야 되지 않겠는가?
21 추워서 떠는 자에게 주옥같은 말씀을
전한들, 전하는 자에게 고달픔 외에
무엇이 남겠습니까? 이 점을 깊이 깨
달으시오.
22 선지자여!
23 "네, 예수님!"
24 그대는 나의 형제요.
25 내가 다시 내려갈 수만 있다 해도 지
난날의 그 아픈 고통을 겪지 않고 그
와 같은 시련을 겪지 아니하며, 벌할
자와 벌하지 아니할 자를 한숨에 심판

하고 싶으나,
26 이 또한 전지전능하신 아버님의 뜻이
며, 그리할 수 없는 것이 전지전능하
신 하나님께서 만든 피조물 만백성입
니다.
27 이러지도 저러지도 못하는 알 수 없는
그 속에서, 버릴 수도 없고 취할 수도
없는 그 속에서 그들을 구원하여 하늘
에 오르는 길로 오르는 것은 전지전능
하신 아버님의 성령을 가슴을 태워 선
지자에게 내려보내 열여섯 권으로 만
든 그 법전만이 빛이 될 것이니,
28 이를 생명보다 더 소중히 보듬어 만백
성을 구하는 그 어렵고 힘든 길을 이
루고 전지전능하신 하나님 옆으로 올
라오는 그날을 위하여 그것만을 생각
하며 삶을 살아가도록 그리하시오, 선
지자여!

1,481 번째 하나님 말씀

2001년 8월 8일 07시

1 사랑하는 선지자야!
2 "네, 여호와 하나님! 말씀하옵소서."
3 멀고도 험난한 이 길을 가야 하는 너
는 무엇보다도 네 마음가짐이 중요하
니라.
4 네가 마음으로써 이루고자, 가고자 한
다 하면 아무리 험난하고 어려운 길도
즐거움으로 갈 수 있음이니,
5 마음으로 고통스럽다, 힘들다 생각하
고 간다 하면 그 고개의 벽을 넘기가
힘들고 어려움이니라.
6 너의 제자들에게 이르라. 병든 자를
고칠 때도 서서히 그 차도를 보아 가
며 고쳐 가는 것이 의사가 하는 일이
니라.
7 시들어 가는 나무에도 좋은 것이라 하
여 함부로 붓지 못함이니라.
8 서서히 그를 살려 가는 지혜가 필요하
며, 또한 그리 살아가야 함이니라.
9 내가 나의 선지자요, 나의 종을 완벽
한 선지자요, 나의 아들 예수와 같이
살아갈 수 있는 자로 만들기 위해 서
서히 고쳐 감이니,
10 인간인 너희들이 나 여호와의 존재함
을 믿고 나를 믿으며 내가 하는 걸 믿
으며 나의 선지자가 나의 진정한 선지
자요, 나의 만백성을 구하기 위하여
나를 대신하는 자라 믿는다면,
11 그를 너희들이 어떠한 눈으로 보아야
되겠느냐?
12 하얀 마음, 하얀 눈으로 보면 되거늘,
너희들이 붉은 눈, 파란 눈, 검정 눈으
로써 나의 선지자를 본다 하면 그리
비침이니라.
13 내가 너희들에게 말하였느니라. 그가
가는 길에 직언을 할 수 있으나 그를
탓할 수는 없다 말하였음이니, 이는
내가 주관하고 있기 때문이니라.
14 사랑하는 선지자야!
15 "네, 여호와 하나님! 말씀하옵소서."
16 오늘보다 내일에 더 변화되며 모레 또
변화되는 그와 같이 아름답고 선한 삶
으로 서서히 다스려 나가야 될 것이
며, 하늘을 향하여 한 점의 부끄러움
이 없는 네가 되어야 할 것이니라.
17 그리함만이 모든 사탄과 마귀가 다 너
의 말을 들을 것이며, 네 음성을 듣고
그들이 깨달음이 있을 것이니,

18 이 세상을 정화하여 아름다운 에덴동
산으로 만드는 것은 사람만을 깨우침
이 아니니라.
19 그 수천, 수억 가지의 생각을 가지고
있는 인간의 마음을 하나로 다스림도
중요하나,
20 그를 비방하고 반대하며 아름답고 선
한 것을 이루지 못하도록 하는 모든
마귀와 사탄들까지도 너의 그 선하고
아름다운 마음속에 네 마음의 진실을
알아 그들이 네 앞에 와 고개 숙여 인
간과 똑같이 변화되는 그와 같은 과정
을 겪어야 함이니,
21 그리하여 네가 앞과 뒤가 다른 행위를
해서는 아니 되며, 누가 보든 안 보든
네 행동이 발라야 하는 것이며,
22 그리고 네 마음속에서 새싹이 무럭무
럭 자라듯이 오늘보다 내일이 더 아름
다운 삶을 사는 그와 같은 생각을 하
며 살아야 함이니, 이를 명심하여 기
억하며 너의 제자들과 너를 따르는 나
의 피조물 만백성에게 일러 말하라.
23 너희들을 따르는 것은 인간만이 보고
깨우침이 아니요, 사탄이요, 마귀도
너희들이 살아가는 그 아름다운 마음
속에 동화되어 고개를 숙이도록 하여
야 할 것이니,
24 마음을 다 비우며 보이지 않는 곳과
보이는 곳에서의 행동이 다르면 아니
될 것이니, 이를 그들에게 먼저 깨우
치라.

1,482 번째 하나님 말씀

2001년 8월 8일 08시 45분

1 사랑하는 선지자야!
2 "네, 여호와 하나님! 말씀하옵소서."
3 내가 너를 사랑하나니, 네 마음속에
울고 있는 그 눈물을 거두라.
4 내가 네 마음으로 울고 있는 그 눈물
을 아느니, 그를 거둠이 네가 나를 믿
음이요, 내가 존재함을 알고 있음이니,
5 네가 눈물을 거두지 아니한다 하면 너
는 내가 존재함을 믿지 못함이니라.
6 마음속에 흐르는 눈물을 거두라. 너는
갈 수 있으며 행할 수 있느니라.
7 오늘과 같이 네가 전진하여 간다 하면
하늘을 향하여 부끄럼이 없는 삶을 살
수 있음이니, 눈물을 거두라.
8 아무리 좋은 씨앗을 좋은 밭에 뿌렸다
해도 그 씨앗은 싹이 트며 자라는 순
서가 있음이니,
9 아무리 좋은 밭에 씨앗을 뿌렸다 하여
도, 또 아무리 급하다 해도 그 나무는
시간과 세월이 흐름에 따라서 성장함
이니, 그가 잘 성장하여 큰 재목으로
쓸 수 있도록 다듬어 가꿔야만 그걸
쓸 수 있음이니라.
10 60평생에 나름대로 인생을 살아온 네
가 하나의 굴레를 씌워 그 굴레 안에
너를 묶어 둠이 그리 쉽지는 아니함이
니, 그러나 네가 잘 참고 잘 인내하고
있으며 잘 깨닫고 있음이니라.
11 마음속에 흐르는 눈물을 거두라. 이리
할 수도 없고 저리 할 수도 없는 너의
마음을 내가 아나니, 그러나 너는 나
의 뜻에 따라 잘 순종하고 실행하고

실천하고 가고 있음이니, 네 마음속에
다져진 그 빛을 보는 날이 머지않았을
것이니라.
12 온유한 마음, 온유한 모습, 자애로운
모습, 사랑하는 모습으로써 너를 다스
려 나가면 감히 누구도 너에게 사탄이
라, 이단이라 말할 자 없을 것이니,
13 이는 네 마음을 다스림이 네 얼굴로
보이며, 네 마음의 실천함과 시행함이
요, 순종함이 네 얼굴에 나타남이니,
이를 명심하여 실천하고 살아야 할 것
이니라.
14 모든 것을 다 비움이 사랑이니라.
15 모든 것을 비움이 그득히 채워짐이니
라. 그를 알고 시행하도록 하라.

1,483 번째 하나님 말씀

2001년 8월 8일 15시

1 사랑하는 선지자야!
2 **"네, 여호와 하나님! 말씀하옵소서."**
3 너희들이 수천 년 동안 성서에서 배워
이르기를, '오른뺨을 때리는 자 있거
든 왼뺨을 내밀라.' 하고 말하였음이
니,
4 너희들이 그를 부르짖으며 그리해야
된다 가르치고 그리할 것이라 소리 질
러 기도하며 하늘에 오르겠다 하는 자
중에 낯모르는 자가 너희 오른뺨을 때
렸다 할 때 아무런 반응 없이 왼뺨을
내놓을 수 있는 자가 있는가? 아무도
없음이니라.
5 말은 그렇게 수백 번 수천 번 듣고 그
리 행하라 하나, 막상 저희들이 그리
당하면 반사 신경에 의하여 공격하고
흥분하게 마련이니,
6 선지자 너는 그와 같이 하지 않는 것
이 네가 가는 길이니라.
7 오른뺨을 맞았을 때 웃으면서 왼뺨을
내놓을 수 있는, 그리고 반사 신경을
자극하지 아니하는 것이 네가 해야 할
길이며 네가 가야 할 길인 것이니라.
8 너는 지금 그리할 수 있음을 내가 아
느니라. 그러기에 네가 나로부터 선지
자로 선택된 자며, 만백성을 구하는
나의 성령을 불로 태우다시피 하여 가
슴 저리게 내려보내는 나의 성령을 받
아 열여섯 권의 법전을 만드는 선지자
로서 선택되었음이니라.
9 너는 너의 제자들에게 일러 물으라.
대를 위하여 소를 희생하는 것은 너희
인간사에도 있을 수 있는 일이며, 그
것은 대의명분이 선다 말하고 있음이
니,
10 너희들은 나의 선지자를 통하여 내리
는 이 중대한 나의 법전이요, 나의 성
령을 읽고 나의 목소리를 들으며 너희
들이 행하는 지표를 들어 만백성을 구
하는 첨병이 되라 말하였으니,
11 그와 같은 대명을 받은 너희들이 과연
대를 위하여 소를 얼마나 희생하는가?
12 너희들 앞의 작은 소를 웃으면서 던질
수 있고 대를 위하여 나의 법전을 전
하는 그 사업을 위하여, 선지자가 가
고자 하는 그 길을 위하여 너희들이
과연 무엇을 얼마나 버리고 던졌는가
너희들 자신이 생각해야 할 것이니라.
13 말로만 대를 위하여 소를 희생한다 하
는 것은 아무런 가치가 없음이니라.
14 '오른뺨을 때릴 때 왼뺨을 내밀라.' 하

고 말하면서 오른빰을 때릴 때 너희들
의 반사 신경을 움직이게 하는 것은,
이는 너희들이 천 날을 기도해도 아니
되며 천 날을 성전이라는 곳에 가서
하늘에 오르고자 해도 아니 됨이니라.
이를 실천해야 함이니라.
15 선지자야,
16 진실이라는 것은, 서로의 사랑하는 그
사람의 마음을 앎이 진실이라 말하였
음이니라.
17 너희들은 사랑하는 사람을 위하여 그
앞에서 말하기를, '너를 내 눈에 넣어
도 아프지 않다.' 그리 말할 것이니라.
18 그러면 그와 같은 선택을 받은 자는
무어라 말을 하여야 되겠는가?
19 '그는 나를 사랑하는구나, 그리고 나
를 위하며 나를 무척이나 사랑하는구
나.' 하고 생각하면서 행복에 젖어 있
는 것이 사랑을 받을 수 있는 사람의
자세이더냐?
20 아니니라, 선지자야!
21 앞에 있는 자가 말하기를, '너를 내 눈
에 넣어도 내 눈이 아프지 않다.' 하거
든, 그와 같은 말을 들은 사람은 행복
하고 즐거우며 기쁜 마음을 갖기 전에,
22 '네가 만일 나를 네 눈에 넣어도 네가
아프지 아니하다 하면, 네가 나를 네
눈에 넣었을 때 나는 나의 살과 뼈를
다 녹여 네 눈이 아프지 아니하도록
눈물로써 흘러내리고자 함이니, 그와
같은 것이 나의 마음이다.' 하며 그와
같은 생각을 가지고 있음이 서로 사랑
하는 마음이니라.
23 주는 자와 받는 자가 서로 다르면 이
는 말이 안 되며 이루어질 수 없고 뜻
이 하나가 될 수 없음이니라.
24 '너를 내 눈에 넣어도 아프지 않다.'
하고 말하면, 그와 같은 말과 사랑을
받을 수 있는 자는 기쁨이요, 행복이
라 생각하기 전에,
25 '네가 나를 네 눈에 넣는다 하면 나는
네 눈이 아프지 않도록 나의 살과 뼈
를 다 녹여 눈물이 되어 흘러내려 너
를 아프지 않도록 하겠다.'는 그와 같
은 더 깊은 마음을 갖고 있음이 서로
사랑함이며 소중함이니라. 그리고 그
는 다 같이 갈 수 있음이니라.
26 이것이 사랑하는 자의 마음이요, 사랑
하는 사람의 뜻이며, 받아들이는 자의
자세이니라.
27 너희들은 과연 어찌 사랑하는가?
28 받은 만큼 줄 수 있으며, 더 줄 수 있
는가?
29 내가 선지자 너에게 말하였느니라. 하
나를 받으면 둘을 주라 하였으니,
30 하나의 떡을 받으면 두 개의 떡을 주
는 것이 아니라, 그 떡을 주는 동기와
그 마음을 그를 받는 자는 알아야 될
것이며,
31 주는 자는 아무런 말없이 그 두 개를
줄 수 있는 사랑을 베푸는 그 마음이
먼저이어야 될 것이니라.
32 사랑하는 마음이요, 두 개를 줄 수 있
는 마음이 갖춰지지 아니한 그러한 자
세에서 하나님의 가르침이 하나를 받
으면 둘을 주라 하기에 그냥 둘을 전
하는 것으로써 자기의 임무를 다했다
는 것이 아니라,
33 두 개를 전해 주고도 아프지 아니하고
슬프지 아니하고 괴롭지 아니하고 아

쉽지 아니하며, 두 개를 자연적으로 줄 수 있는 즐거운 마음을 네가 먼저 갖고 사랑하는 마음을 충만히 한 다음에 두 개를 줄 때 그 두 개의 값은 빛을 발하게 됨이니라.
34 모두를 깊이 새겨들어 행하여야 될 것이니라.
35 그리하여 내가 너희들에게 말하였느니라.
36 너희들이 숯검정같이 검은 마음이 아니라 오디라는 그 열매와 같이 너희들의 마음이 검으며, 그 검은 마음이 남에게 전해져 오염될 수 있는 너희들이니,
37 자기 자신이 그 검음이 지나쳐 남에게까지 오염시키니, 너희들이 얼마만큼 마음을 비우지 못하였으며, 얼마나 부끄러운 자들인가를 알 것이니라.
38 너희들이 그와 같은 한계를 벗어났을 때 나의 법전을 받는 자가 너희 진실한 눈빛을 읽을 것이며,
39 그 진실한 눈빛과 그 아름답고 인자하고 부드러운 눈빛에 의하여 받은 법전을 거절하지 아니할 것이며, 그 법전의 소중함을 깨달아 그가 읽을 것이니,
40 너희들부터 먼저 그리 다스리는 것이 우선임을 너의 제자들에게 일깨워 줘야 할 것이니라, 선지자야!
41 내가 너에게 내리는 작고 큰 것은 다 소중하며 똑같으니, 명심하여 실행하고 실천하도록 그리 깨우쳐 주어야 할 것이니, 이를 잊지 말라, 선지자야!
42 너부터 작고 큰 것을 구분하지 말며, 하나도 흘려보냄이 없이 실천하고 실행하여야 될 것이니 이를 명심하라, 선지자야!

1,484 번째 하나님 말씀

2001년 8월 9일 05시 45분

1 사랑하는 선지자야!
2 "네, 여호와 하나님! 말씀하옵소서."
3 내가 가장 예쁘고 아름다운 모습으로 나의 피조물 만백성을 창조하여 대대손손 이리 이어 오고 있음이니,
4 내가 가장 아름답게 만든 나의 피조물들이 사는, 너희들이 말하는 이 지상이라는 곳을 낙원으로 만들지 아니하였더냐?
5 이 낙원이라는 곳에서 너희들이 내가 내려 준 모든 동식물과 내가 너희들에게 내려 준 모든 영광을 감사하며 아름다운 세상을 보며 착하고 아름답게 살면 되는 것을,
6 어찌하여 내가 너희들에게 내려 준 이 자연의 아름다움과 이 세상의 오묘함과 이 모두를 나 여호와가 사랑하는 나의 피조물 너희들을 위하여 내려보냈으며 내가 너희들에게 준 것이라 생각하지 아니하는가?
7 우선 그것부터 생각을 하여야 할 것이니라.
8 세상의 모든 나의 피조물들이 종파가 다르고 생각이 다르나 너희들이 자연의 위대함을 느끼는 것은 같을 것이니,
9 같이 느끼는 같은 마음이야말로 하나로 생각할 수 있는 것이 아니던가?
10 너희들이 이 자연의 위대함을 느끼며 나 여호와가 만들어 너희들에게 내린 가장 소중한 선물이라 생각한다 하면,

이를 창조하여 너희들에게 내린 나의
뜻에 따라 사는 것은 당연한 것이 아
니던가?
11 욕심이라는 것을 하나 버리고 이웃을
사랑하며 나누며 살며 그와 같이 살라
하는 것을, 그 욕심이라는 것을 버리
지 못하여 지금의 이 아수라장과 같고
지옥 불과 같은 속에서 너희들이 살아
가고 있음이니,
12 그 삶이 연장되어 너희들이 죽어서 왔
을 때, 진흙탕 속에, 지옥 불과 같은
속에 살아온 너희들이 무슨 재주로 구
원을 받아 나의 낙원에 오른다 말할
수 있느냐?
13 이제는 너희들이 지옥 불과 같은 속에
서 사는 죄를 지은 그 대가를 받을 날
이 머지않았음이니라.
14 그리하여 너희들을 구하기 위하여 내
가 선지자를 통하여 내린 나의 이 법
전을 손에 들고 깨우쳐 가슴으로 정독
하여 읽는 자 구원을 받는다 하였으
나, 이를 보고 읽고 깨우치려는 자가
없음이니,
15 내가 나의 법전을 세상에 봄바람이 불
듯이 전하여 나의 피조물 만백성을 구
하고자 함이니,
16 이를 뒷받침할 수 있는 너의 자세와
너의 몸가짐과 너의 제자들의 변해져
가는 그 참다운 모습이 우선 시행되고
선행되어야 함이니라.
17 너희들 자신도 마음을 비우지 못하며
나의 법전을 접하고 나의 법전을 읽고
나의 음성을 선지자를 통하여 직접 듣
는 너희들이 변화되지 아니한다 하면,
18 어느 누가 나의 법전을 보고 깨우쳐
천사와 같은, 예수의 삶과 같은 아름
다운 삶을 살 수 있으며 이웃을 깨우
쳐 하늘에 오르는 길이 무엇인가를 가
르칠 수 있는가? 이를 너의 제자들에
게 강조해야 될 것이니라.
19 그리하여 내가 너희들의 복음서를 펴
내라, 그리고 오늘보다 내일에 더 아
름다운 삶을 사는 모습으로 살아가라
하였으니,
20 이를 실천하는가 그들에게 물어봐, 지
옥 불에 가는 고통을 면하려거든 이와
같은 것을 철저히 지키라 이르라.
21 너희들이 구원을 받을 수 있는 것은
나의 메시지요, 내가 너희들에게 명하
는 뜻을 들어야 함이니,
22 세상에서 아무도 들을 수 없는 나 여
호와의 음성을 직접 듣는 너희들이 이
를 시행하지 아니할 때, 듣지 아니한
자보다 더 무서운 죄가 있음을 너희들
은 알아야 할 것이니라.

1,485 번째 하나님 말씀

2001년 8월 9일 08시 50분

1 사랑하는 선지자야!
2 "네, 여호와 하나님! 말씀하옵소서."
3 세상의 변화무쌍한 그 조화를 누가 그
리 통제하며, 그리도 정밀하게 이루어
지고 있는가를 너의 제자들이 먼저 깨
우쳐 하늘에 내가 있음이 무섭고 두려
운 줄 알아야 할 것이니,
4 그들에게 세상의 자연 이치를, 하나의
차질 없이 돌아가는 그 순리를 과연
어느 누가 그리 통제할 수 있는가 그
것을 먼저 들여다보는 지혜를 깨우쳐

주라.
5 그리하여 자연의 방대하고 위대함 속
에서 너희들의 존재 가치를 찾아야 될
것이며,
6 그 자연 속에서 착하고 아름답게 살라
하여 가장 예쁘고 아름다운 모습으로
써 세상에 내보낸 나의 백성들이 그
자연의 순리를 깨닫고 자연의 아름다
움과 그들의 법칙을 안다 하면,
7 오늘과 같이 사악한 나의 피조물 백성
들이 되지는 아니하였을 것이니라.
8 그 사악한 욕심이라는 뿌리를 버리지
못하여 가진 자가 더 거두고자 하며,
명예 있는 자 더 이루고자 하며, 쌓아
놓은 자 더 쌓아 놓고자 하여 그 욕심
에 의하여 상대방을 바라볼 수 없으
며, 사랑이라는 그 근본의 뿌리를 저
버림이니라.
9 나에게 오를 수 있는 것은 사랑이니
라. 내가 추구하는 것은 사랑이니라.
10 선지자야, 네가 많은 너의 제자들에게
말을 하느니라.
11 이 세상의 모든 종파는 나 여호와가
하늘에서 뿌려 놓은 씨앗이며, 그 씨
앗이 무엇을 추구하는지 너는 모른다
하였으니, 이는 사랑이니라.
12 내가 모든 종파를 세상에 뿌려 그들이
나 여호와가 존재함을 소리 지르도록
하며 전파하도록 하였으며, 선하고 착
하게 살라 말하는 모든 이들의 그 근
본의 뿌리는 사랑이니라.
13 내가 추구하고 이루고자 하는 것이 사
랑이니라, 선지자야!
14 그리하여 그들은 사랑이라는 것을 스
스로 가르쳐 주며 용서하는 것을 가르
쳐 줌이니라.
15 그러나 그를 들은 자, 가르치는 자가
몸소 시행함에 말과 행동이 일치하지
아니하기에 이와 같은 엄청난 사악한
시대를 이루었음이니라.
16 세상에 갓 태어난 아이를 부모가 정도
에 어긋나지 않게 한 점의 흐트러짐
없이 가르치고 그것을 보고 성장하게
한다면, 그 아이는 선하고 착한 것밖
에는 모르고 성장하게 되어 있음이니
라.
17 그러나 앞에서 살아가는 사람들, 먼저
나와 세상살이를 살아가는 자, 그리고
가르치는 지도자들, 또한 종교 지도
자, 모든 그들의 가르침이 말과 행동
이 일치하지 아니하기 때문에 그 아이
들이 성장하면서 그것을 그대로 본받
고 배우며,
18 거기에다 저희들이 배운 것에 저희 지
식과 저희 생각과 저희에게 부닥치는
것을 욕심이라는 굴레에 맞추어 세상
사를 살아가니,
19 어제 열 개의 거짓말을 하며 살다 죽
어 간 너희 조상의 그 후손이 스무 개
를 하며, 또 그 후손이 서른 개를 하
며, 점점 백 개, 천 개, 만 개의 수법으
로 늘어 가는 이와 같은 형국이 되어
있음이니,
20 그리하여 세월이 흐르고 흐름으로써
이 아름다운 지구는 사악한 무리의 뿌
리가 내려져 사탄이 세상을 지배하게
되는 그와 같은 형국이 이루게 되었음
이니라.
21 이를 더 이상 볼 수 없기에 너희들을
선하고 착한 원심의 마음으로 돌려보

낼 수 있는 나의 가슴을 태우는 성령
을 너를 통하여 열여섯 권의 법전으로
세상에 전하니,
22 이를 읽고 깨우치는 자는 몸소 그대로
시행을 해야 할 것이며, 그리고 그들
의 이웃에게 전하여 나의 피조물 만백
성을 구해야 할 것이니라.
23 이것이 오늘날 너희들이 시행할 대명
이니, 너희들은 그것 외에 어떠한 것
을 생각해서도 아니 되며,
24 그 일을 위하여 너희들이 어떠한 희생
이 따른다 하여도 이를 즐거움과 영광
과 축복으로 생각하고 행해야 할 것이
니라.
25 나의 법전을 전하되 저희들의 모든 재
산을 다 털어서 전하여 만백성을 구하
는 자 있던가? 그리 실천하는 자에게
내가 수많은 축복을 내려 줄 것이거늘
그 또한 먼저 행하는 자가 없으며,
26 그를 행하는 능력자가 없으며, 행하는
순종하는 자가 없음이니라.
27 이것이 바로 너희들의 욕심이니,
28 바로 나의 법전을 읽고 깨우친 너희들
이 시행할 수 없으니, 너희들이 남들
에게 오염됨을 보여 주는 그릇이 되고
있음이니라.
29 그와 같은 마음을 가지라, 모두를 다
비운 자의 마음이 되도록 그리 노력하
라 이르라.
30 네가 잠잘 곳, 먹을 것, 쉴 곳이 있으
면 그것 외에 무엇이 더 있기를 바라
겠는가?
31 나로부터 그를 받았으면 세상에 더 없
는 영광이라 생각하는 자, 내가 그들
을 기억함이니 그리 알라.

1,486 번째 하나님 말씀

2001년 8월 10일 07시

1 사랑하는 선지자야!
2 "네, 여호와 하나님! 말씀하옵소서."
3 나의 피조물 만백성을 구원하여야 할
너는 길이 아니면 생각도 하지 말아야
될 것이며, 길이 아니면 행해서는 아
니 됨이니라.
4 생각을 한다는 그 자체가 네 마음이
맑지 못하며 네 성령이 맑지 못함이
니, 그게 사악한 사탄의 심성이 움직
임이니라.
5 어떠한 고통과 어떠한 어려움이 있다
하여도 그 모두를 다 버려야 함이니,
그리고 그 모두를 다 버리고 정도가
아닌 것은 실행해서도 아니 되며 생각
해서도 아니 됨이니,
6 이것이 선지자가 가야 하는 길이며,
선지자가 나의 피조물 만백성과 다른
점이니라.
7 네가 그리 지키고 감으로 인하여 나의
피조물 만백성이 너를 거울삼아 그를
지키고 살아갈 것이니, 너 자신이 하
늘을 향하여 한 점의 부끄러움이 없는
삶을 살아야 할 것이니라.
8 "하나님 아버지!"
9 네가 아름답고 천사와 같이 깨끗이 변
해 감으로 인하여 욥보다 더 힘든 시
련을 겪으며, 그보다도 더 지독한 사
탄들이 너를 무너뜨리고자 할 것이니,
이를 이길 수 있는 것은 기도며 네 마
음의 깨끗함뿐이니라.
10 사랑하는 선지자야!
11 "네, 여호와 하나님!"

12 너는 해낼 수 있느니라. 그리고 갈 수 있느니라.
13 내가 너를 지켜보며 내가 너를 사랑함이니, 너는 잘하고 있음이니라.
14 너는 해낼 수 있음이니라.
15 지금부터 너를 공격하고자 하는 화살이 수없이 너를 향하여 날아갈 것이니, 오로지 이를 다 이길 수 있는 것은 지금보다 더 굳은 마음, 더 견고한 너의 마음가짐이니,
16 두 주먹을 불끈 쥐고 하늘을 향하여 '여호와 하나님! 저에게 힘을 주옵소서.' 하며 기도하라.
17 그리고 '제가 어찌해야 하오리까?' 하고 나에게 물으라.
18 그러면 내가 답을 줄 것이니, 그 길만이 네가 지금 싸워서 이길 수 있는 길인 것이니라.
19 지금부터 전쟁이 시작됨이니라.
20 모든 사탄들이 아비규환같이 너를 향하여 돌진함이니, 인간의 돌진이요, 사탄의 돌진이요,
21 내가 너희들이 인간을 구원하며 사탄까지도 구해야 한다 하였으니, 너희들을 보고 감화를 받아야 한다 하였으니,
22 선지자야, 꼭 이겨야 함이니라. 꼭 이겨야 함이니라.

1,487 번째 하나님 말씀

2001년 8월 10일 09시 40분

1 사랑하는 선지자야!
2 "네, 여호와 하나님! 말씀하옵소서."
3 길고도 긴 길을 가야 하는 것이 너이니라.
4 첫 순갈에 배부를 수가 없으며, 네가 가야 할 길을 성급히 달려간다 하여 그 길을 바로 갈 수도 없음이니라.
5 서서히 가야 함이니라. 서서히 하나씩 다스려 나가야 함이니,
6 그중에서 오늘보다 내일에 더 깨달음이 높아야 하는 것이 가장 중요함이니라.
7 네 가슴에 끓는 것처럼 무엇인가를 빨리 이루고자 하며 빨리 가고자 하여서는 아니 됩이니라.
8 너의 제자들에게도 이르라.
9 마음을 다스려 가며, 마음을 다스려 감에 있어서 서서히 가라 이르라.
10 서서히 법전의 한 권을 읽고 깨우치고, 두 권을 읽고 또 깨우치며, 두 번 세 번 반복하여 읽으면서 그 속에서 너희들의 마음이 굳어져 가게 되어 있음이니라.
11 그와 같이 굳어져 가지 아니하는 자는 영원히 구원을 받는 나의 나라에 오를 수 있다고 장담할 수 없음이니,
12 서서히, 서서히 다스려 나가도록 그리 일깨워 줘야 할 것이니라.
13 이제는 나의 법전이 나가며, 세상사 사람들이 나의 법전의 울리는 소리를 듣기 시작할 것이니라.
14 그동안에 많은 법전이 나가 있으며, 또 더욱 많은 법전이 나갈 것이며, 너를 따르는 제자들이 하나 둘 더 늘어남에 의하여 이제는 세상에 소리가 멀리 울려 퍼져 가기 시작할 것이니,
15 이는 너희들이 얼마만큼 깨달으며 얼마만큼 달구어져 있느냐에 따라서 그 뜻을 이루고 이루지 못함이 있느니라.

16 내가 너희들의 양손에 큰 떡을 준다
하여도 너희들이 다 들을 수 없음이
니, 밑에서부터 기초부터 단단히 다져
가는 그와 같은 믿음의 길을 너희들이
가야 함이니라.
17 기초가 단단해지면 아무리 무거운 것
을 놓는다 하여도 흔들리지 아니하며,
18 아무리 방대하게 자리 잡은 것 같아도
기초가 단단하지 못하면 조그마한 무
게를 올려놓아도 그것이 다 흔들리며
파괴됨이니라.
19 우선 기초를 단단히 다짐에 열과 성의
를 다하라.
20 단단하게 기초를 다지라고 너의 제자
들에게 이르라.

1,488 번째 하나님 말씀

2001년 8월 11일 08시 10분

1 사랑하는 선지자야!
2 "네, 여호와 하나님! 말씀하옵소서."
3 너는 나에게 기도하며 경배하여 그를
실천하고 따르고자 함이니, 또한 너의
몸을 다스림에 있어서 너 스스로 절
제를 할 줄 알아야 할 것이니라.
4 너는 나의 법전을 들어서 그대로 시행
하고 나의 피조물 만백성에게 전하는
것도 중요하며, 그를 전하기 위해서는
너 스스로 나의 법전을 어찌 전할 것
이며 어찌 만백성을 깨우쳐야 할 것인
가를 생각하고 노력함이 매우 중요함
이니라.
5 나의 아들 예수가 세상에 태어나 인간
의 형태로써 살다 너희들을 구원하고
자 하늘에 올랐듯이,
6 너 또한 인간의 형태로써 나의 성령을
받아 열여섯 권의 법전을 인간들이 원
하는 책으로 만들어 그들의 생활 속에
서 그를 전하고자 함이니,
7 너희 인간사의 흐름의 생활 속에서 나
의 법전을 어찌 전할 것이며 나의 피
조물 만백성을 어찌 깨우치고 이끌어
야 할 것인가를 네가 항상 생각하고
노력하여야 함이니라.
8 그리고 너의 제자들에게 이르라.
9 내가 너에게 명한 작은 뜻을 그들이
얼마만큼 깊이 받아들이며 노력하느
냐에 따라서 나의 법전이 세상에 전해
지고 안 전해지니, 너희들의 노력에
달렸음이니라.
10 내가 너에게 이르기를, 한 사람이 한
사람씩 전하여 한 사람씩을 구원하라
하였으니, 과연 그들이 그와 같은 것
을 실행하고 실천하고 있는가?
11 내가 너희들에게 명한 것은 그리하여
야만 할 이유가 있고 또 그리 이루어
야 할 의무가 있으며 그리 이루어야
만 되기 때문이니,
12 이를 엄격히 지켜 실행하는 자만이 나
의 피조물 만백성을 구하는 대열에 서
는 것이니라.
13 내가 직접 너희들에게 명하는 것도 너
희들이 지키지 아니하고 따르지 아니
한다면 너희들이 생각하고 추구하는
것은 이루어짐이 없음이니라.
14 내가 너희들에게 계명을 내리고 그리
지켜야 하늘에 오른다 말하였듯이, 너
희들에게 내가 내림은 곧 나의 계명과
같으며 나의 뜻이거늘,
15 이를 소홀히 시행하고 소홀히 들어서

는 아니 됨을 너의 제자들에게 일러야
할 것이니라.
16 너는 오늘부터 나의 법전을 어찌 전할
것인가를 연구하여, 네가 기도로써 나
의 성령을 들어 기록하듯이 그에 대한
노력을 해야만 할 것이며, 너의 제자
들 또한 그리 노력해야 할 것이니라.
17 항상 너희들의 노력이 있어야 함이니,
그 위에 내가 너희들에게 내려 줌이니
라. 이를 잊지 말고 시행할 것이며,
18 나의 작은 메시지를 너희들의 생명을
바쳐 실행하는 각오가 이루어진 다음
에 너희들의 머리에 나의 은총이 있음
을 그리 알려 주라.

1,489 번째 하나님 말씀

2001년 8월 11일 22시 25분

1 사랑하는 선지자야!
2 "네, 여호와 하나님! 말씀하옵소서."
3 나의 성령이 네 가슴에 임하여 나의
뜻을 전하고 받아 기록하는 너를 말하
기를, 네 생각과 너 스스로 하는 자작
극이라 말하는 자 있을 것이니라.
4 내가 너에게 말하여 일렀으니, 열여섯
권의 법전의 뚜껑도 열어 보지 아니한
자가 사탄이라 말한다면 그를 용서하
지 않을 것이라 하였으니,
5 나의 법전이 사탄의 장난이라 하는 자
는 용서할 수 없음이니,
6 내가 성령으로 임하여 너에게 지시하
는 이 모든 나의 소중한 뜻을 너 자신
의 인간의 자작극이며 네가 만든 연극
이라 말하는 자,
7 그는 끓는 기름 가마 속을 거쳐 불바
다 속에 저 자신을 던져야 하는 죄를
면치 못할 것이니,
8 너를 시기하고 질투하며 저 자신이 받
지 아니하고 남이 받은 것을 용납하지
못하는 자, 저희들이 믿는 그 믿음만
이 정녕 하늘에 오르는 길이라 믿고
있는 자,
9 그 어리석은 자의 그 죄의 대가를 죽
어 내 앞에 왔을 때 그가 알 것이니,
그는 돌이킬 수 없는 죄의 대가를 받
아야 할 것이니라.
10 너는 누가 뭐라 말하거든, 열여섯 권
의 법전을 다 읽고 네 앞에 와 너의 강
론을 듣고도 깨달음이 없으면 그때 말
하라 하라.
11 네 앞에 와 내가 너에게 내리는 메시
지의 강론을 듣지도 아니하며 나의 법
전을 읽지도 아니한 자가 너를 핍박
하는 그 어리석음에 대한 죄의 대가가
얼마나 무서운가를 그 자신이 스스로
알 것이니라.
12 너는 이제 나로부터 메시지를 받아 기
록하는 대업에, 나의 법전을 만백성에
게 전하는 일에 네 모두를 다 바치라
하였으니, 한 치의 게으름이 있어서도
아니 될 것이니라.
13 내가 너에게 이르기를, 태산을 태우는
그 불씨도 지피는 자가 있어야 할 것
이라 하며, 불씨를 붙이는 자가 있어
야 한다 하였음이니라.
14 모든 시작은 너희들이 함이며, 모든
시초의 발판은 너희들이 다짐이니라.
15 너희들이 시작하는 속에서, 너희들이
노력하는 그 속에서 내가 너희들에게
은혜를 내릴 것이니,

16 모든 것을 게으름이 없이 계획하며 실
천하도록 먼저 네가 노력함을 보여야
할 것이니 그리 알라.

1,490 번째 하나님 말씀

2001년 8월 12일 06시 25분

1 사랑하는 선지자야!
2 "네, 여호와 하나님! 말씀하옵소서."
3 내가 만들어 세상에 내보낸 나의 피조
물 만백성이 나 여호와가 존재함을 믿
지 아니한다면 이 얼마나 무서운 결과
를 초래하게 되는 것이더냐?
4 그러기에 너희들은 나의 피조물 만백
성을 구원하는 입장에서 '나 여호와가
존재함을 믿는 그 자체가 구원의 기본
이요, 근본에 들어선다.' 함을 나의 피
조물 만백성에게 먼저 심어 줘야 될
것이며,
5 정녕 어떠한 길이 하늘에 오르는 진정
한 길이라 생각하는가 그들에게 물어
보라.
6 지금의 모든 종파들이 가는 길이 하늘
에 오르는 진정한 깨우침인가?
7 그것이 아니라 말할 때, 정녕 이것이
답이 아니면 진정한 답이 따로 있을
것이 아니더냐?
8 바로 너희는 그 정답을 찾아야 함이
니, 그 정답은 나 여호와로부터 직접
나의 선지자를 통하여 세상에 내려보
내는 나의 메시지이니,
9 나의 열여섯 권의 책을 읽고 깨우치는
길만이 하늘에 오르는 길이라 그리 깨
우쳐 그들을 인도해야 할 것이니라.
10 지금 세상에 나의 피조물 만백성의 마
음은 사악하기 이를 데 없으며,
11 그들의 마음이 사악하고 거친 것처럼
그들은 진실하며 진정하며 아름다운
것을 보고자 하는 마음이 스스로 없음
이니라.
12 나의 피조물 만백성의 마음이 너무나
거칠고 사악하여졌으며 육신을 위한
욕심이 그득히 차 있으니, 그들은 지
금 다 지쳐 있음이니라.
13 그리하여 저희들이 남을 비방하고 욕
하며 시기하며 질투하는 소리는 저희
들 귀에 아름다운 멜로디처럼 들리나,
14 사악한 자들 속에 나의 법전의 아름다
운 구절의 내용은 그들의 마음을 뒤틀
리게 함이니, 그들이 그를 듣고 따르
고 깨우치고자 함이 아니니라.
15 이러한 나의 피조물 만백성이 지옥으
로 가는 것을 구원하여 하늘에 오르는
길로 역행하게 해야 함이니,
16 너희들이 맡은 대명이 얼마나 힘들고
어려운가를 내가 알고 있으며, 너희들
또한 알아야 할 것이니라.
17 그리하여 내가 너희들에게 말하였느
니라.
18 인간을 구원하고 인간 이상의 사탄이
라는 자들과 모든 사악한 무리들이 너
희들의 행동을 보고 구원을 받도록 너
희들이 그리해야 한다 하였음이니,
19 이는 지금 인간의 마음들이 사탄의 머
리와 같음이니라.
20 이들을 너희들이 구원해야 함이니, 이
는 너희들이 뼈를 깎고 살을 찢어 내
는 그 노력보다도 더 진하고 무서운
노력을 해야만 그들을 구원할 수 있음
이니,

21 바로 이것이 너희들을 다스려 나가는
그와 같은 고통을 겪고 그 고통을 이
겨야만 됨이니, 너희들의 자신을 다스
려 나가는 데 냉혹해야만 될 것이니라.
22 그리고 너희 자신들을 한 치의 용서를
해서도 아니 됨이니, 너희들에게 용서
라는 단어는 없어야 할 것이며,
23 오로지 너희들에게는 어려운 매질과
무서운 채찍질만이 나의 피조물 만백
성을 구하는 길이니, 이를 깊이 깨우
쳐 시행하도록 하여야 할 것이니라.

1,491 번째 하나님 말씀

2001년 8월 12일

(강론을 마치며)

1 사랑하는 선지자야!
2 "네, 여호와 하나님! 말씀하옵소서."
3 백사장에 모래를 한 주먹 쥐었다 뿌리
면 그 모래알을 다시 찾을 수가 없음
이니라.
4 그와 같이 나의 피조물 만백성 중에서
나로 하여금 선택되어 나의 메시지를
나의 성령의 가슴을 다 태워 너를 통
하여 내려 열여섯 권의 법전을 세상에
내보냈으며,
5 너를 통하여 지금 강론하여 그 강론을
귀 기울여 듣는 너의 제자들을 이 세
상 나의 피조물 만백성 속에 뿌린다
하여도 그들의 흔적을 찾을 수 없는
그와 같은 숫자들이니라.
6 그러나 그 적은 숫자의 너희들을 만백
성 속에 뿌렸을 때 어찌하여야만 너희
들을 찾아낼 수 있으며 너희들을 다시
골라 모을 수 있다 생각하느냐?
7 지금 나의 선지자 네가 십계명을 외웠
으며 내가 너에게 명한 것을 또 외워
열두 계명을 너의 제자들 앞에서 암송
하였으니,
8 너의 제자들이 깨우쳤으며, 깨달음이
있으며, 나 여호와가 존재함을 믿으
며, 선하고 착한 마음을 갖고 아름답
게 살고자 그들이 여기에 모였으나,
9 그들에게 물어보라, 열두 가지 계명
중에서 한 가지라도 그들에게 걸리지
않는 것이 있는 자 있는가.
10 너희들은 이것이 아니면 저것이 걸리
며, 저것이 아니면 이것이 걸리니, 1
번이 아니면 5번이 걸리고, 5번이 아
니면 11계명이 걸릴 것이며,
11 그리하여 너희들이 완벽하게 지키고
가는 자들이 아님을 알아야 할 것이니
라.
12 백사장에서 한 줌의 모래를 뿌렸을 때
황금빛의 찬란한 빛을 낼 수 있는 그
모래만을 너희들이 다시 추릴 수 있듯
이,
13 수십억 인구 중에 너희들을 뿌렸을 때
내가 너희들을 다시 모으며 내 성전에
너희들을 골라 이곳에 모여 만백성을
구하는 지표가 될 수 있도록 할 수 있
음은 너희들 몸에서 황금빛이 나야만
됨이니, 이는 바로 무엇이더냐?
14 나의 계명 중에서 하나라도 지키지 못
하는 것이 있는 너희들이라면 너희들
을 찾을 수 없고 구원할 수 없으며 너
희를 다시 이 성스러운 장소에 불러모
을 수가 없음이니라.
15 나는 너희들의 마음을 알고 있느니라.
16 그 털지 못하는 한두 가지 계명을 위

해서 너희들이 노력하고 있음을 아느니라.
17 내 성령으로써 그득히 채워 그를 몰아
내는 방법이 있으나, 이는 너희들이
어렵고 힘들 때 다시 넘어짐이니라.
18 그러하기에 너희들이 너희 마음속에
있는 잘못된 사악한 마음을, 너희들이
지키지 못하는 한두 가지 계명을 너희
들 가슴속에서 다 털어 내보냈을 때
나의 성령을 너희들 가슴에 부어 줄
수 있음이니,
19 그리하여 너희 가슴에 나의 성령으로
충만했을 때 너희들은 어떠한 역경과
고통 속에서도 쓰러짐이 없으며, 변함
이 없으며,
20 예수의 열두 제자들 중에서 배신하고,
그에게 등을 돌리며, 그를 저주하며,
그를 부인하며, 그를 피하고자 도망했
던 자들이 생기지 아니할 것이니라.
21 너희들의 세 가지, 네 가지 마음을 비
우지 않은 곳에 내가 성령으로써 임하
여 그를 몰아낸다 하면 너희들은 인내
함이 부족함이니,
22 어렵고 힘들 때 예수의 제자들이 등을
돌렸듯이 너희들은 열 번, 백 번, 천
번을 등 돌릴 수 있는 것이니라.
23 그리하여 너희들의 마음속에 있는 모
든 사악한 근원을 털고 스스로 나의
성령이 너희 몸에 충만했을 때 너희들
은 영원히 하늘나라에 오를 수 있으며,
24 지옥 불에 가는 우를 범하지 아니하고
나의 왕국에 와 살 수 있는 그 길을 인
내를 갖고 올 수 있으며,
25 또한 너희들의 양손에 그늘져 있는 나
의 피조물 만백성을 이끌어 같이 올
수 있는 힘이 있음이니라.
26 그리하여 내가 너희들에게 오늘의 시
련과 내일의 시련을 겪고 이기라 함이
니, 이 뜻을 너희들이 깊이 깨우쳐 실
행해야 할 것이니라.
27 오늘 이후부터 너희들은 계명을 하나
하나 짚어 가 보라.
28 어떠한 역경과 어떠한 환경이라도 그
계명에 위배되는 것을 너희들 가슴속
에서 털어 내야만 할 것이니,
29 그것을 털어 내지 아니한다면 너희들
이 천날 만날 내 앞에 와 기도한다 해
도 그 기도 소리를 내가 들을 수 없음
이니라.
30 너희들이 그 모두를 다 지워 버렸을
때 내 성령이 너희들에게 임하게 되면
내가 너희들을 주관함이니,
31 너희가 나의 음성을 듣고 나를 볼 것
이며 선지자를 대신하여 나의 피조물
만백성을 구하는 전사로 앞에 설 것이
니 그리 알라.
32 선지자는 들으라.
33 "네, 여호와 하나님! 말씀하옵소서."
34 너는 365일 동안 이곳에 자리하며 너
의 제자들이 수시로 이곳에 와 나의
법전을 놓고 공부하며 깨달을 수 있는
자유로운 시간으로써 공부를 하라.
35 오늘의 이와 같이 모이는 시간은 너희
들이 나의 기도를 들으며 너희 마음을
정립하고 너희들의 친목을 다지고 너
희들의 믿음에 대한 뜻을 깨우치며,
너희들이 일주일 동안 배우고 느꼈던
것을 서로 교환하며 나누는 시간으로
가져야 할 것이며,
36 수시로 너를 찾아오는 제자들에게 너

는 이곳에 앉아 나의 법전을 가르치며
같이 읽고 정독하여 먼저 갈 수 있는
자들은 먼저 가도록 그리 인도하여야
할 것이니 그리 알라.
37 먼저 나가 나의 피조물 만백성을 구할
자가 있으며 늦게 나갈 자가 있으니,
먼저 나가야 할 자를 막지 말아야 될
것이며 그들을 인도해야 할 것이니,
38 수시로 너는 이곳을 지키며 너를 찾아
와 나의 법전을 공부하고자 하는 자에
게 미리 깨우쳐 앞에 나가도록 하여,
39 먼저 깨우친 자가 먼저 나가 나의 피
조물 만백성을 구하는 대업을 이룰 수
있도록 그리 시행해야 할 것이니 그리
알라.
40 365일 이곳을 지키고 항상 문을 열어
놓으며, 너를 찾아오는 제자들과 이
법전에 대하여 끝없는 공부를 하여 그
들을 깨우쳐 밖으로 나갈 수 있도록
지금부터 해야 할 것이니 그리 알라.

1,492 번째 하나님 말씀

2001년 8월 13일 07시 55분

1 사랑하는 선지자야!
2 "네, 여호와 하나님! 말씀하옵소서."
3 네가 너의 제자들과 나의 피조물 만백
성을 깨우침에 있어서 수요일이라 하
는 날과 금요일이라 하는 날을 너희들
이 집중적으로 공부하고 나의 법전을
연구하는 날로 잡아야 할 것이며,
4 그리고 주일에는 총체적인 가르침과
너희들의 만남의 시간으로 행하도록
하라.
5 그리하여 나의 법전을 공부하는 자들
이 불과 같이 일어나도록 해야 할 것
이니, 이날을 지켜 나의 백성들을 깨
우치는 데 최선을 다해야 할 것이니라.
6 집중적으로 나의 법전을 연구하고 탐
구하여 공부하는 시간으로 가지라.
7 "네, 여호와 하나님! 알겠사옵나이
다."
8 그리하여 그들로 하여금 지금의 너희
들의 어려운 성서의 가르침과 내가 너
희들에게 가르치고자 하는 나의 성령
의 뜻이 일치함과,
9 그리고 또 행함에 있어서 차이점과,
어떠한 것이 진정 나에게 오르는 길인
가를 나의 피조물 만백성에게 말할 수
있는 지도자를 육성하는 시간으로 가
져야 할 것이니라.
10 그리고 너는 너에게 강론을 원하는 자
있으면 두려워하지 말고 나가 단상에
서 그들에게 네가 알고 있는 나의 모
든 성령의 뜻을 전하며 그들을 깨우치
는 데 주저하지 말라.
11 그리고 네가 움직여 너의 제자들이 있
는 곳에 찾아가 주변 사람들과 대화하
며, 그들이 너에게 올 수 있는 나의 피
조물 만백성을 구하는 데 힘이 되도록
그리해야 할 것이니라.
12 이를 그리 시행하도록 하라.

1,493 번째 하나님 말씀

2001년 8월 14일 06시 50분

1 사랑하는 선지자야!
2 "네, 여호와 하나님! 말씀하옵소서."
3 너희 인간사에 있어서 자기의 직분을
소홀히 하며 제대로 지키지 아니하는

자, 그리고 자신의 능력의 모두를 다
바쳐 그 직분에 열과 성의를 다하지
아니하는 자는 그 자리에 없느니만 못
함이니, 그 자리를 그저 비워 둠만도
못함이니라.
4 비워 둔다 하면 일을 저지르지는 아니
하며 훼손되게도 하지 아니하고 일들
을 헝클어 놓지도 아니하기 때문에,
5 차라리 게으르고 노력하지 않는 자가
그 자리에 있는 것보다는 그 자리를
비워 둠이 더 낫다는 것을 너희들이
알고 있을 것이니라.
6 지금 나의 피조물 만백성을 하늘로 인
도하여 나에게 오를 수 있다 하는 종
교 지도자들과 각종 종파의 지도하는
자들이 바르고 옳게 가르치지 아니한
다 하면 그들이 차라리 없느니만 못함
이니라.
7 있어서는 아니 될 자들이 자리를 지키
고 있으며 가르쳐서는 안 되고 자격이
없는 자들이 그 자리에 앉아 선생이라
있다 하면,
8 그것은 차라리 가르치지 아니함과 그
자리를 지키지 아니함이 더 나은 것이
니라.
9 지금 나의 피조물 만백성이 어머니로
부터 세상에 나올 때는 착하고 아름다
운 마음을 갖고 나오지만,
10 그들이 자라 가면서 욕심이라는 것을
버리지 못하며 자기 자신만을 위하는
사악한 마음으로 변하고 욕심이라는
그 굴레에 살아가는 것은 그들을 낳은
부모요, 그들을 가르치는 선생들이 잘
못되었기 때문이니,
11 지금 이 세상이 다 험악하며 험악하게
이루어진 것은, 하늘에 오르는 길을
인도하며 착하고 아름답게 사랑을 베
풀며 사랑을 나누며 살라 가르치는 종
교 지도자들이,
12 자질이 없는 자요, 자격이 없는 자요,
그 자리에 서서는 아니 되는 자들이
우후죽순처럼 세상에 나와 장삿속이
요, 상술로써, 저희들이 살아가고자
하는 하나의 삶의 방법으로써 이를 이
용하고 나의 이름을 팔아먹고 있기 때
문이니,
13 나 여호와가 하늘에서 내려다보기에
얼마나 가슴이 아프며 통탄할 일이라
너는 생각하느냐, 선지자야!
14 그것을 바로잡기 위하여 너희들이 보
고 읽고 쓸 수 있는 책이라는 것을 나
의 법전이라 명하여 열여섯 권을 세상
에 내보냈으며, 그를 보고 깨우쳐 하
늘에 오르도록 하고자 함이니,
15 아비규환 같은 속에서 나의 피조물 만
백성을 지옥 불로 이끌어 가는 그들의
형태와 형국을 더 이상 볼 수 없어서,
16 그들의 잔인한 행동과 그를 따르는 우
매한 나의 피조물 만백성이 하늘에 오
르는 길이 아닌 지옥 불로 가는 길을
가고 있으며 그 길이 옳다 부르짖으며
아우성을 치고 있으며,
17 저희들이 관리하고 써야 할 내가 내린
재물이라는 것까지 바쳐 가면서 그들
이 육신의 갖은 고통과 그 고통 속에
서 영혼의 고통으로 연결되는 그 비참
하고 참혹한 모습을 볼 수 없어서,
18 내가 자리에 서서는 안 되는 종교 지
도자들을 단죄함이요, 나의 피조물 만
백성이 눈을 떠 가던 길을 멈추고 하

늘에 오르는 길을 볼 수 있도록 하기
위하여 열여섯 권의 법전을 내려보냈
으니,
19 이를 받아쓰고 기록한 너와 이를 보고
깨우쳐 네 앞에 모이는 제자들이 어찌
살아가야 되며 어찌 행해야 되는가를
너는 깊이 깨우쳐 행하여야 될 것이니
라, 선지자야!

1,494 번째 하나님 말씀

2001년 8월 15일 0시 40분

1 사랑하는 선지자야!
2 "네, 여호와 하나님! 말씀하옵소서."
3 너희들이 하루를 살아가면서 예수의
행적을 따라 그와 같이 살겠다 생각하
며 말하나니, 과연 너희들의 행동이
그와 같이 실천하고 있는가를 다시 한
번 각자가 뒤돌아보라 이르라.
4 말로써 너희들이 세상 것을 다 얻는
것같이, 말로써 너희들이 다 나의 율
법에 따라, 나의 법전에 따라 살아가
는 것같이 하고 착각을 하나, 너희들
의 실생활이 어떠하더냐?
5 너희들이 하늘에 오를 수 있는 길이며
나의 피조물 만백성을 구원하는 것은
너희들의 말과 행동이 일치해야 됨이
니,
6 말보다 행동이 더 완벽하여야 하며 말
보다 행동이 더 한 치의 오차도 없이
행하여야 됨이니라.
7 너희들처럼 나에게 선택된 자들이며,
나의 열여섯 권을 만지고 처음으로 듣
고 새겨 가며 또 법전에 따라 살겠다
고 공부하며 연구하는 너희들이 말과
행동이 일치하지 아니한다 하면,
8 세상에 어떠한 나의 백성, 나의 피조
물도 하늘에 오르는 자 한 사람도 없
을 것이니라.
9 이는 곧, 그들이 지킬 수 없음이라 말
함이니라.
10 너희들이 나의 계명을 지키지 못하고
나의 법전의 내용대로 살지 아니하고
살지 못한다면 이 세상 그 누구도 지
킬 수 없다는 이야기이니라.
11 너희들이 많은 깨우침과 깨달음을 얻
고 있으며, 하늘에 오르는 길이 무엇
인지 알고, 나의 열여섯 권의 법전이
나의 성령을 태워 세상에 내려보낸 것
임을 알고,
12 나의 선지자가 너희들에게 전하는 그
모든 말을 들으며 이는 정녕 나의 뜻
이 아니면 할 수 없고 전할 수 없는 내
용이라는 것을 알고 있음이니,
13 그를 알고 깨우친 자들이 한 점의 부
끄러움이 있는 행위를 한다 하면 나의
피조물 수십억 인구 중에서 나의 계명
과 율법에 따라 하늘에 오를 자 한 명
도 없음이니,
14 너희들은 말에 따라 한 치의 착오도
없는 행동을 지키며 생활을 그리 해
가야 될 것이니, 말보다 행동이 더 진
실해야 될 것이니,
15 이를 깊이 깨우쳐 정녕 하늘에 올라
나에게 영광을 돌리는 나의 백성이 되
어 너희들의 영혼을 구원할 수 있도록
그리 가라 이르라, 선지자야!

1,495 번째 하나님 말씀

2001년 8월 15일 07시

1 사랑하는 선지자야!
2 "네, 여호와 하나님! 말씀하옵소서."
3 나의 아들 예수의 삶과 같이 살며 천
사와 같이 아름답게 살아가고자 함이
얼마나 어렵고 힘든 길이더냐?
4 내가 하늘에서 너를 내려다보기를 내
마음이 때로는 아프며 때로는 답답함
이니,
5 내가 너를 사랑함이니라.
6 나의 아들 선지자야, 가야 할 길을 가
야 함이니라.
7 예수가 나의 만백성을 구하고자 그와
같은 고통으로써 그 어렵고 험난한 길
을 갔으나 오늘의 나의 피조물 만백성
이 이와 같은 고통의 세상에 살고 있
음이니,
8 이제 이들을 구하고자 마지막 나의 성
령을 너의 가슴에 내려 그를 받아쓰는
너는 네가 얼마나 소중하며 소중한 나
의 아들이요, 자식인가를 알아야 하지
않겠느냐?
9 이제는 예수의 시대가 가서 다시 돌아
올 수 없음이니, 마지막 내린 나의 성
령을 받아 열여섯 권으로 쓴 네가, 나
의 피조물 만백성을 구하는 이게 마지
막의 길이라 하면,
10 나의 사랑하는 아들아, 네가 어떠한
고통과 시련이 있다 하여도 그를 극복
하며 인내해야 하지 않겠느냐?
11 너마저 실패하며 네가 실수를 한다 하
면 그 많은 나의 피조물 만백성을 영
원히 구원할 수 없음이니,
12 너희들의 대대손손 그 많은 생명들이
죄를 받아 지옥 불에 허덕이는 그 시
련을 겪도록 하며, 너의 형제요, 너의
부모요, 너와 같은 동족이 그와 같은
길을 가도록 할 수는 없지 않더냐?
13 좌절하지 말라. 나 여호와가 있음을
너는 믿을 것이니, 좌절하지 말라.
14 나의 아들 예수가 그와 같은 시련과
시련 속에서 생명을 바쳐 그 고통의
길을 갔음이니,
15 내가 또다시 너에게 그 고통의 길을
가도록 하지는 아니할 것이거늘,
16 너는 내가 있음을 알며 한 점의 부끄
러움이 없는 너 자신의 삶을 살아가야
할 것이니,
17 너의 제자들과 너를 따르는 백성들에
게 나의 이 뜻을 전하여 만백성을 구
하는 데 너희들이 촛불이 되어야 할
것이니라.
18 사랑하는 나의 딸과 아들들아!
19 너희들이 다 효성이 지극한 효자가 되
어야 할 것이니, 어버이의 뜻을 따르
는 효자가 되라 함이니, 나의 이 뜻을
버리지 말라.

1,496 번째 하나님 말씀

2001년 8월 15일

(강론을 마치며)

1 사랑하는 선지자야!
2 "네, 여호와 하나님! 말씀하옵소서."
3 네가 지금 너의 제자들과 앉아 나의
성전에서 암송하는 것은 무엇이더냐?
4 머리 좋은 작가가 써 놓은 한 수의 시
구절을 암송함도 아니요, 너희들이 무

엇을 터득하고자 남들이 지어 놓은 문
학이라는 것의 한 구절을 읽는 것도
아님이니라.
5 이 세상 만물을 창조한 나 여호와가
나의 피조물 만백성을 구하기 위하여
내 손끝의 불로써 바위에 쓴 나의 계
명이니,
6 구약과 신약의 성서를 통틀어서 가르
치고 깨우치는 것이 바로 이 십계명이
니라.
7 그 나의 계명을 네가 조용히 앉아 암
송하고 있음이니, 나의 십계명을 암송
하는 너의 음성 앞에 어찌 사탄이요,
마귀가 감히 고개 들 수 있으며, 거기
에 저희들이 감히 근접할 수 있다 말
하느냐?
8 사랑하는 나의 선지자의 제자요, 나의
피조물 만백성 너희들은 알아야 할 것
이니라.
9 너희들이 지금 앉아 숨쉬고 있는 이
공기의 소중함과 귀함을 모르듯이,
10 내가 수천 년 역사가 흐른 다음에 너
희들이 지금 들었듯이 우매하고 고집
스러운 나의 선지자를 선택하여 나의
가슴을 태워 내려보내는 주옥같은 나
의 성령을 너희들이 들으면서도 너희
들이 그 소중함을 모름이니,
11 이를 듣는 너희들의 책임과 너희들의
직분에 대하여 너희들이 얼마만큼 마
음의 각오를 다지고 있는가를 생각하
여야 할 것이니라.
12 나의 피조물 만백성을 이끌어 가고자
하는 수많은 종교의 종파요, 모든 지
도자들이 나의 음성이요, 나의 메시지
를 받기를 갈구하는 마음을 너희들은
모를 것이니라.
13 그들이 뼈를 깎는 고통과 뼈를 깎는
시련 속에서 기도하고 찬송 부르며 나
를 부르짖는 것이 무엇이더냐?
14 나의 음성을 듣고자 함이며, 나를 보
고자 함이요, 내가 저희들을 인도해
주기를 바라며, 내가 저희들에게 임하
기를 원하는 것이니,
15 수십억의 지도자들이 그와 같이 울부
짖고 있느니라.
16 그러나 그들은 듣지 못하며 보지 못함
이니라.
17 오로지 세상사 나의 피조물 만백성을
구하고자 하는 나의 메시지를 전함은
나의 선지자를 통함이요,
18 나의 선지자의 음성을 듣는 너희들은
바로 선지자 못지않은 소중한 나에게
선택된 나의 백성들이니, 이 소중함을
너희들이 먼저 깊이 깨우쳐야 할 것이
니라.
19 너희들이 지금 앉아 있는 이 성전이
초라하고 보잘것없으며, 너희들 자신
이 내놓을 것이 없고 너희들 자신이
'나를 따르라!' 하며 소리 지를 것이
없으나,
20 너희들이 나의 열여섯 권의 법전을 정
독하며 내가 선지자에게 내리는 주옥
같은 나의 메시지를 듣고 나서 너희
손에 법전을 들고 '나를 따르라!' 하고
외칠 때 많은 이들이 너희를 따를 것
이며,
21 너희들의 그 깨달음을 누구도 따르지
못하며 이해할 수 없을 것이니라.
22 너희들은 보배보다도 소중하고 진주
보다도 더 귀중하며 너희들의 생명보

다도 더 소중한 나의 법전 열여섯 권
을 정독하고 공부하고 읽고 있음이니,
23 너희들이 그를 높이 들고 '나를 따르
라!' 하고 외칠 날이 머지않았음이니
라. 너희들은 이를 대비하여야 됨이니,
24 너희들은 선지자를 가르치는 스승이
라 말하였으니, 너희들이 오른손에 채
를 들고 선지자를 후리는 너희들의 자
세가 발라야 할 것이며, 그와 같은 자
격이 있는 자가 되어야 한다 하였음이
니라.
25 너희들이 나의 법전을 들고 '나를 따
르라!' 외쳐 만백성을 인도할 때, 한
점의 흠이 없어야 하며, 한 점의 오점
이 없어야 되며, 한 점의 부끄러움이
없어야 되며,
26 먼지 하나, 모래 하나, 흙 한 점이 묻
어 있는 너희들이 되어서는 아니 됨이
니라.
27 오로지 너희들은 그 길을 위하여 오늘
의 삶을 살고 있으며 너희들이 존재하
고 숨을 쉬고 있음을 알아야 될 것이
며,
28 오로지 나의 법전을 들고 '나를 따르
라!' 하고 외쳐 나의 피조물 만백성을
구할 때, 한 점의 부끄러움이 없는 너
희로 다스려 나가는 데 너희들의 오늘
의 모두를 다 바쳐야 될 것을 깊이 깨
달아야 할 것이니라.
29 첫째는 너희들이 하늘에 오르는 길이
요, 나 여호와가 있으며 나의 성령을
듣는 것으로써 이 세상의 무엇과도 바
꿀 수 없는 고귀한 은혜를 입었음이요,
30 너희 마음의 깨달음에 따라 내가 너희
들의 육신의 고달프고 힘든 길을 인도
할 것이니, 너희들은 이를 먼저 알아
야 될 것이니라.
31 너희들이 나의 열여섯 권의 법전을 탐
독하고 정독하여 남들 앞에 서서 나의
법전의 뚜껑을 열지 않고 설명할 수
있는 실력을 갖추고 그와 같이 노력했
을 때,
32 너희들이 세상사 모든 것을 볼 것이
며, 나의 음성을 들을 것이며, 나를 보
게 되는 영광을 얻을 것이며,
33 너희들의 이름 석 자가 에덴의 동산에
기록되는 것을 볼 수 있음이니라.
34 너희들은 얼마 남지 않은 너희 육신의
행복을 위하여, 영원히 살 수 있고 내
옆에 오를 수 있는, 나의 소왕국에 와
영원히 살 수 있는 그 영광을 헛되이
버리는 어리석음을 행하지 않도록 하
여야 할 것이니라.

1,497 번째 하나님 말씀

2001년 8월 16일 08시 45분

1 사랑하는 선지자야!
2 "네, 여호와 하나님! 말씀하옵소서."
3 너의 제자들과 너를 따르는 나의 피조
물 만백성에게 마음을 다 비우고 날려
보내라 말하라.
4 너희들이 마음을 비우고 마음을 날려
보내지 아니하면 하늘에 오르는 그 진
정한 깨달음을 얻을 수 없음이니, 너
희가 나의 음성을 들을 수도 없으며
나를 볼 수도 없음이라 일깨워 주라.
5 나의 성전에 모이는 너희들은 이방의
세계이며 천사들이 모이는 곳이지, 인
간이 모여서 나의 인간들을 깨우친다

할 수 없음이니라.
6 나의 성전에 와 나의 메시지를 너를
통하여 듣는 나의 백성들과 나의 법전
을 공부하며 나의 법전을 가슴에 안고
정독하여 깨우치는 자는 인간이 아닌
천사들의 모임이니라.
7 인간이 아닌 하늘에 오를 수 있는 천
사들이 모이는 나의 성전에 모여 있는
너희들의 마음이 비어 있지 아니하고
천사와 같지 아니하다 하면 너희들은
나의 피조물 만백성을 구원할 수가 없
음이니라.
8 너희들이 인간이 아니기에, 나에게 너
희들이 높이 올라와 있기에 나의 피조
물 만백성을 구할 수 있는 자들이니라.
9 그러니 마음가짐과 행동을 그리하라
이르라.
10 이것만이 너희들이 나의 음성을 들으
며, 나를 볼 수 있으며, 나의 법전을
들고 '나를 따르라!' 하여 나의 피조물
만백성을 구하여 하늘에 오르는 길에
인도할 수 있는 것이니, 이를 명심하
여 지키라 이르도록 하라.

1,498 번째 하나님 말씀

2001년 8월 16일 22시 40분

1 사랑하는 선지자야!
2 "네, 여호와 하나님! 말씀하옵소서."
3 이 세상 수십억 나의 피조물 만백성
중에 나름대로 나에게 터치를 받아 한
두 개를 알고 있으며 한두 가지의 세
상의 이치와 하늘의 이치를 깨닫고 있
는 자들이 수없이 있음이니라.
4 지금의 기독교라는 것이요, 너희들 종
파와 모든 종파의 그 속에서 그들이
잘못 가고 있음을 거부하도록 내가 터
치해 놓았으며,
5 그들을 눈여겨볼 수 있고 너를 대신하
여 나의 법전에 기록된 내용들을 말할
수 있는 자들을 수없이 세상에 뿌려
놓았음이니라.
6 그러나 그들 또한 너처럼 나의 법전의
열여섯 권과 같은 내용을 받은 자 없
으며 그와 같이 깨달은 자 없으니,
7 열여섯 권 중에 한 권의 법전만큼 깨
달은 자가 너를 능가한다 말하고 있음
이니, 너와 너의 제자들은 이에 개의
치 말아야 할 것이며,
8 다만, 한 권의 법전을 읽고 세상을 깨
우친 것처럼 말하는 그들이 선행을 하
고 악과 싸우며 나의 뜻을 전하고자
노력하는 것보다,
9 너희들은 열여섯 권의 법전을 읽고 깨
달으니 그보다 열여섯 배 이상 아름답
고 깨끗하게 살아야 할 것이니, 이를
너의 제자들에게 가르쳐야 할 것이니
라.
10 한 페이지의 내용을 들은 자들이 세상
을 다 얻은 것같이 말하며 한 권의 법
전의 내용을 깨달은 자들이 세상을 다
깨달은 것처럼 말함이니,
11 너희들은 열여섯 권의 법전을 다 읽고
깨우쳐 가고 있음이니 그들보다 열여
섯 배 더 아름답고 선한 행위를 하여
살 것이며,
12 너희들이 그와 같이 높이 와 있음을
너희들은 알아야 될 것이니, 모든 너
의 제자들이 행동함에 있어서 이와 같
은 너희들의 위치와 뜻을 깨우쳐 행하

도록 그리 가르쳐야 할 것이니 그리
알라.

1,499 번째 하나님 말씀

2001년 8월 17일 08시 35분

1 내 사랑하는 선지자야,
2 내가 너를 사랑함에 있어서 무엇과도
바꿀 수 없음이니, 이는 네가 나의 피
조물 만백성을 구하는 대명을 받은 자
이며 그를 실천하여야 하기 때문이니
라.
3 이제는 너 스스로 예수의 간 그 길을
갈 수 있음이 아니더냐?
4 한 점의 부끄러움이 없는 삶을 살아,
나의 피조물 만백성이 네 생활을 거울
처럼 들여다봤을 때 그들에게 네가 기
본이요, 근본이 되며,
5 유리로 너를 비추어 봤을 때 너 자신
이 한 점의 부끄러운 점이 있어서는
아니 될 것이며,
6 그것이 네가 살아야 할 길이며, 네가
가야 할 길이며, 그것만이 네가 하늘
에 오를 수 있는 길이며, 너를 따르는
많은 제자들을 구원할 수 있는 길이니
라.
7 오늘부터 이 점을 명심하여 하나의 실
수도 없을 때 내가 너에게 은혜와 권
능을 내릴 것이니,
8 말 한마디 할 때, 걸음 한 자욱을 디딜
때, 나에게 묵상을 받아 움직이며, 함
부로 움직이지 말지니라.

1,500 번째 하나님 말씀

2001년 8월 17일

(강론을 마치며)

1 사랑하는 선지자야!
2 "네, 여호와 하나님! 말씀하옵소서."
3 너를 따르는 너의 제자와 나의 피조물
백성들이 이제는 가야 할 길이 무엇인
지, 그리고 하늘에 내가 존재함을 깨
닫고 있으며, 그들 나름대로 마음속에
다져 감이 있느니라.
4 너는 그들에게 이리 전하라. 오른손을
펴고 왼손을 펴서 손을 마주 대면서
오른손이 과연 왼손에게 부끄러움이
없는가, 그리고 왼손이 오른손에게 부
끄러움이 없는가,
5 그와 같이 너희들이 부끄러움이 없이
살아가고 행동하는가를 그들에게 물
어보라.
6 오른손이 왼손에게 부끄러움이 없어
야 하며, 왼손이 오른손에게 부끄럼이
없는 그와 같은 삶을 너희들은 살아가
야 한다는 것을 깊이 깨우쳐 주도록
하라.
7 저 자신의 육신에게 스스로 부끄러움
이 있다 하면 이는 작은 것 같으나, 그
것이 남과 부딪쳤을 때 그곳에 이루어
지는 잘못된 사악한 마음은 다스릴 수
가 없음이니라.
8 내가 너희들에게 말하여 이르기를, 한
점의 작은 마음으로 너희들 마음을 모
으라 하였음이니라.
9 너희 마음을 좁쌀알처럼 작게 굳게 다
모으라 함은 그 속에 사악한 뜻이 없
게 하고자 함이니라.

10 나의 성령이 너희들 몸에 임하여 있으
며, 너희들이 선하고 착하게 살아가고
자 하는 마음이 이 지구를 다 덮는다
하여도,
11 좁쌀만 한 사악한 마음이 너희 속에
있다 하면 너희들의 그 아름다운 마음
은 제 기능을 발휘할 수 없음이니라.
12 그리하여 내가 너희들에게 말하기를,
예수의 삶과 같은 완벽한 삶을 사는
자가 되라 함이니라.
13 너희들이 나의 법전을 선지자와 읽어
가고 공부하며 깨달으면서 너희들 마
음속에 무서움을 느끼지 못한다 하면,
너희들은 나의 뜻을 깨닫지 못함이니
라.
14 구구절절이 나의 성령을 태워 나의 선
지자를 통하여 내려보낸 열여섯 권의
그 내용에 너희들의 머리가 쭈뼛쭈뼛
서는 그와 같은 무서움을 느껴야 할
것이니,
15 이는 너희들이 마음을 비우지 아니하
였기 때문에 그를 느끼지 못함이니라.
16 너희들이 마음을 비우고 나의 법전을
정독할 때, 그때만이 너희들이 나의
뜻을 받아들일 수 있음이니라.
17 수십억 나의 피조물 만백성이 잘못 가
고 있다 하면 그를 누가 구원하여야
되겠는가?
18 지금의 많은 종파들이, 하늘을 향하여
부르짖는 그들이 잘못 가르치며 잘못
깨닫고 있다 하면, 그들을 누군가는
구원해야 되지 않겠는가?
19 너희들은 들어야 할 것이니라.
20 물속에 빠져 있는 자를 구원하고자 할
때, 제 목숨을 버리고자 하는 마음이
없으면 그를 구원할 수 없음이니라.
21 물속에 허덕이는 자를 위하여 뛰어드
는 자는 자기 목숨을 생각지 아니하며
자기 목숨을 초개같이 버리는 그와 같
은 자신도 모르는 마음에서 뛰어듦이
니,
22 그 위험 부담을 안고 그는 한 생명을
구하고자 하니, 잘못하면 자기 자신의
생명을 잃을 수도 있음이니라. 바로
너희들이 그런 자들이 되어야 하느니
라.
23 물속에 빠져 허덕이는 자는 물속에서
발이 닿으며 물에서만 나오면 구원할
수 있으나, 지금의 이 지상은 사악한
무리들이 덮고 있으며,
24 내가 만든 이 낙원에 그 사악한 무리
들이 물고 잡아당기며, 너희들이 세상
에 나왔을 때 너희들을 송두리째 집어
삼키고자 하는 그 사악한 이빨과 손을
벌리고 너희들을 기다리고 바라보고
있는 그 형국과 같음이니라.
25 아비규환의 지옥에 있는 그들이 그 길
고 긴 이빨과 팔로써 너희들을 송두리
째 물어뜯을 것과 같은 그 준비를 하
고 있음이니, 그들을 너희들이 구원하
여야 함이니라.
26 물속에 뛰어드는 자는 깊은 물 속에
허덕이는 저희 동료요, 저희 사람이
요, 친구를 위해서 뛰어드나,
27 너희들은 보지 못하나 너희들이 뛰어
들어 나의 피조물 만백성을 구하는 것
은 뿔 달린 짐승과 같은 형국의 속을
들어가야 됨이니,
28 그 사악한 것을 보면서 너희들이 들어
가 그들을 구한다는 것이 얼마나 무섭

고 두려운 일인가?
29 그러나 너희들은 그를 이루어야 될 것
이니라.
30 그 사악한 무리들이 너희들을 보고 깨
달아 하늘에 오르는 나의 빛을 볼 수
있으며 그들도 구원을 받을 수 있다
너희들이 그들에게 외쳐 부르짖어야
할 것이니,
31 너희들은 구원을 받을 수 없는 사악한
그들에게 구원받을 수 있다 소리 질러
그들을 구원할 자들이니, 너희들이 바
로 그와 같은 대명을 가진 자이니라.
32 그와 같은 대명을 갖고 나의 선지자를
따라 나의 피조물 만백성을 구하는 자
들은 발끝서부터 머리끝까지 나의 법
전으로써 너희들의 모두가 충만히 차
있어야 될 것이니라.
33 내가 내린 이 주옥같은 법전의 내용과
나를 향하여 너희들의 목숨을 내놓고
나 여호와를 경배하며 나의 뜻을 따르
겠다는 그와 같은 마음의 자세가 아닐
때, 너희들은 한 명도 구원할 수가 없
음이니라.
34 이는 균형을 잃은 자가 지탱할 수가
없음이니라.
35 균형을 잃은 것은 지탱할 수 없으며,
제자리에 설 수가 없으며, 사용할 수
없음이니라.
36 너희는 할 수 있음이니라. 너희들은
할 수 있음이니라.
37 너희들이 곧 천사요, 너희들이 곧 나
에게 선택된 나의 백성이며, 너희들이
바로 나를 대신하여 이 세상의 내가
만든 많은 피조물 만백성을 구할 자들
이기 때문이니라.
38 너희들이 나의 손끝이요, 나의 손이
요, 나의 몸체로서, 나를 대신하여 그
어렵고 무섭고 험난한 길을 가야 할
자들이니라.
39 너희들은 오늘서부터 기도하는 시간
을 많이 가지라.
40 '이 모두는 여호와 하나님의 은혜와
은총이며, 여호와 하나님께서 그 수십
억 인구 중에 이름 석 자 내놓을 수 없
는 저를 구원하시며, 저를 기억하시
며, 저를 쓰시고자 하매 당신께서 저
의 생명을 주셨으니, 저의 생명을 쓰
신다 하니, 이 생명을 고이 바치겠나
이다.' 하는 그와 같은 애절한 마음으
로써 나에게 기도를 드리라.
41 그와 같은 마음으로 너희들이 수시로
기도를 드리라. 그것만이 너희들이 이
길 수 있는 길이니라.
42 너희들은 들어야 할 것이니라.
43 한 발을 딛고 서 있는 나의 피조물 만
백성에게 바로 걸을 수 있도록 한 다
리가 되어 주어야 될 것이며,
44 하나의 눈밖에 없는 자들에게 두 눈을
뜨게 해 줘야 할 것이며, 한쪽 귀밖에
듣지 못하는 자들에게 두 귀로 듣게
해 줘야 할 것이며,
45 구름에 가리어 하늘에 오르는 빛을 못
보는 자들에게 너희들이 힘을 합쳐 구
름을 걷어 줘야 할 것이니,
46 너희들이 나의 첨병이니라. 파수꾼이
니라. 십사만 명의 전사들로서 기록된
자들일 것이니,
47 열여섯 권의 법전을 너희들이 공부하
고 나면 너희들과 같이 갈 자와 같이
가지 아니할 자가 구분될 것이니,

48 그때 내가 구원할 자 이름을 낙원에
올릴 것이며, 구원하지 아니할 자 도
태시킬 것이니라.
49 너희는 한 형제임을 알라.
50 너희들의 입속에 있는, 너희들의 마음
속에 있는 것을 전해 주고 나눠 줄 수
있는 한 형제임을 잊지 말라.
51 육신의 인간관계의 맺음을 생각하지
말라.
52 너희들은 보이지 않는 나의 성령으로
써 맺어진 자니, 나의 자식이요, 너희
는 한 형제이니라.
53 너희들이 나의 성령으로 맺어진 형제
라 생각하여야만 너희 앞에 앉아 있는
너희들의 형제를 보는 마음이 그 마음
속의 아름다움을 알 것이니,
54 그 아름다운 마음이 교차되는 그 순간
에만이 너희들은 하나가 될 수 있음이
니라.
55 각자가 아님을 알라.

1,501 번째 하나님 말씀

2001년 8월 18일 06시 30분

1 사랑하는 선지자야!
2 "네, 여호와 하나님! 말씀하옵소서."
3 너희 인간들은 자기 자신이 오늘에 만
족하지 못하며, 오늘에 제가 쥐고 제
가 갖고 있음에 나 여호와에게 감사하
며 만족하질 못함이니,
4 하나를 더 갖고자 하며, 무엇을 더 얻
고자 하며, 너희 육신들의 편안함과
안일을 위하여 끝없는 욕망을 불태우
고 채우고자 함이니,
5 그 욕심이라는 것을 버릴 수가 없어
구원의 길을 보지 못함이니라.
6 너희들이 말하기를, 욕심과 욕망이 없
으면 발전이 없으며 노력하는 의미가
없다 하나,
7 나의 피조물 만백성을 위하며 나 여호
와에게 기도하고 경배하며 나의 뜻에
따라 노력하고자 하는 그 순수한 마음
의 노력과,
8 자신의 안일을 위하여 노력하며 자신
이 무엇을 더 갖고자, 육신의 편안함
을 위하여 갖고자 노력하는 것과는 엄
연히 구분됨이 있으니,
9 나 여호와가 존재하며, 나 여호와의
뜻에 따라 살고자 먼저 생각하며 이를
위하여 노력한다면 그는 순수하고 아
름다운 마음에서 노력함이니 그가 또
한 얻음의 기쁨도 큰 것이니라.
10 그리하여 얻는 기쁨이 있거늘 너희들
은 이 기쁨을 모르며 육신의 욕심만을
위하여 얻어지는 것이 기쁨이요, 행복
이라 생각함이니,
11 이 엄연한 사실을 너의 제자들에게 일
깨워 줘야 될 것이며, 이 차이에 대하
여 또 네가 가르쳐야 될 것이니라.
12 그리하여 너희들의 욕구와 욕심을 위
하여 노력하는 것과 나 여호와의 뜻에
의하여 살아가고자 하여 노력하며 그
속에서 얻는 영광의 기쁨이 엄연히 구
분되어 있음을 알아야 할 것이니라.
13 나의 성령을 가슴과 너희 마음에 그득
히 채웠을 때, 너희들은 중압감을 알
게 될 것이며,
14 너희들의 무게를 알게 될 것이며, 너
희들이 자리하고 앉아 있는 곳의 위대
함을 알게 될 것이니라.

15 모든 것을 다 버리고 나의 성령으로써
너희 가슴에 그득히 채웠을 때,
16 그곳에서 나오는 너희들의 생각과 너
희들의 말과 행동은 인간으로서는 너
희들을 따라올 수 없는 그와 같은 경
지에서 깨닫고 생활하게 됨을 너를 따
르는 제자들에게 일러 가르쳐야 할 것
이니라.

1,502 번째 하나님 말씀

2001년 8월 19일 06시 15분

1 사랑하는 선지자야!
2 "네, 여호와 하나님! 말씀하옵소서."
3 내가 나의 피조물 만백성을 구원하기
위하여 많은 자들에게 베풀 수 있는
능력을 주었으며, 내가 은혜를 내린
자들이 수없이 많이 있음이니라.
4 그러나 나의 능력과 은혜를 받은 자가
그를 어찌 쓰며 어찌 행동하느냐에 따
라서 바로 너희들이 말하는 나에게 오
르는 길이 아닌 틀린 길을 가게 됨이
니라.
5 내가 그들에게 내린 능력에 의하여 재
물을 모으고자 하는 자, 권좌를 얻고
자 하는 자, 그들이 재물이요, 권좌요,
인간의 욕심이라는 그 틀을 벗어나지
못하고 바로 그와 같은 길을 선택하며
살아가고 있음이니라.
6 또한 그들은 저희들의 뜻이 아니라 나
의 주관에 의하여 저희들이 대명이요,
소명을 받았다 하며 잘못된 길을 가고
있음이니라.
7 이를 바로잡고 내가 만백성을 구하고
자 이 길을 감이니, 너희들이 하늘의
뜻이 무엇인지 알고 바른길을 선택하
도록 하기 위하여 너를 통하여 나의
성령을 내려보내 법전이라 명하여 전
함이니라.
8 내가 만백성을 구원하고자 하는 뜻을
아는 너와 너의 제자들은 어떻게 해야
하는 것인가부터 깨달아야 할 것이니
라.
9 그리하여 지금부터 너희들만이 나의
백성을 구원할 자임을 깊이 가슴에 새
겨야 할 것이니라.
10 나의 피조물 만백성 그들을 깨우치고
하늘에 오르는 길을 봐 나에게 경배할
수 있도록 나의 법전 열여섯 권을 내
려보내니, 얼마나 이가 위대하며 얼마
나 소중한 것인가,
11 이를 시행하고 지키고자 노력하는 너
희들이 얼마나 소중한 나의 백성들인
가를 깨우쳐야 할 것이니라.
12 귀중한 이 법전이 나오면 모든 종파들
을 다 가슴에 안으며, 방대한 세력과
방대한 조직을 가지고 세상을 덮고 있
는 모든 종파들의 그 직분을 다 거두
어들이며, 이제는 나의 법전이 온 세
상을 덮게 됨이니,
13 이를 반대하고 핍박하는 무리들이 수
없이 많이 있을 것이니, 그 수많은 무
리들 속에 나의 법전을 깨우쳐 하늘에
오르는 길을 보도록 인도하는 그 짐을
지고 가는 너의 제자들에게 동요치 말
라 이르라.
14 너희들의 세상 삶을 마치고 흙으로 돌
아가기 전에 이 영광을 너희들이 보게
될 것이니라.
15 너희들 스스로 하늘에 오르는 진정한

길이 이 길이었다는 것을 알게 될 것임을 알라.

1,503 번째 하나님 말씀

2001년 8월 19일

(강론을 마치며)

1 사랑하는 선지자야!
2 "네, 여호와 하나님! 말씀하옵소서."
3 나의 성전에 지금 와 앉아 있는 나의
피조물 만백성 너희가 보기는 너희 인
간들이 다 똑같은 형태로써 만들어졌
으며, 눈이 둘이요, 입이 있고 코가 있
으며 또 귀가 있고 가슴에 심장이 있
음이니 똑같아 보일 것이니라.
4 그러나 너희들의 귀가 다 같은 귀가
아님이니, 듣는 자에 따라서 그 귀에
들리는 음성이 다르고, 보는 자의 눈
빛에 따라 그 보이는 형태가 다르며,
숨을 쉬는 자 또한 그 형태에 따라 다
르니,
5 더욱이 보이지도 않으며 너희들이 생
각하며 만질 수도 없는 나의 성령을,
너희들의 생각이요, 너희들을 지배하
고 있는 모든 나의 성령을 너희들은
볼 수 없음이니,
6 그 성령을 기대하고 생각하는 마음이
천태만상이니, 너희들 각자가 나의 성
령을 너희 가슴속에 받아들이는 그 차
이 또한 천태만상인 것이니라.
7 마음을 비우고 나의 법전이요, 나의
이 메시지가 정녕 나의 뜻이라 생각하
는 자는 가슴이 비어 있어 성령이 충
만되어 있으며,
8 그렇지 아니하는 자는 그 가슴에 나의
성령이 충만되지 아니하여 생각하는
것과 보는 것이 틀림이니,
9 천 마디 만 마디 네가 열변을 토한다
하여도 네 앞에 듣는 너의 제자와 나
의 피조물 만백성이 행하고 생각함이
다 다름이니라.
10 이는 그들의 생각과 뜻에 차이가 다
있기 때문이니라.
11 너는 이와 같은 너를 따르는 너의 제
자와 나의 모든 백성을 한마음 한뜻으
로 한 길로써 같이 가고자 하는 생각
을 해서는 아니 될 것이니라,
12 이 세상의 종파들이 모두 다 오로지
저희들만이 하늘에 오르는 길이라 말
하며 저희들을 따르는 자만이 횃불을
봐 하늘에 오를 수 있다 말하듯이.
13 그들의 그 종파는 다 나의 뜻에 의하
여 세상에 퍼져 있으며, 그들이 그늘
진 곳과 밝은 곳과 많은 사람들과 적
은 사람들 속에서 나의 사랑이요, 자
비요, 남에게 베푸는 그 모두를 실천
하고 있음은 그게 다 나의 주관이요,
나의 뜻에 이루어졌듯이,
14 네 앞에 와 앉아 있는 너의 제자들과
너를 따르는 나의 피조물 만백성의 생
각이 하나와 같지 아니하더라도 그들
이 또한 다 선택된 자며 그들이 가야
할 길이 있고 행하여야 할 길이 있느
니라.
15 이곳에 와 너희들에게 돌을 던지며 나
가는 자, 너희들에게 욕설을 하며 나
가는 자, 너희들을 웃음으로써 반기며
가슴으로 끌어안는 자,
16 그들이 다 나의 주관이며 나의 뜻에
이루어지며, 그들에게서 너희들이 깨

닫고 또한 배울 것이 있음이니,
17 너희들은 그 모두를 한마음으로 받아
들일 수 있는 너희 자신들의 마음부터
다스려야 할 것이니라.
18 세상사에 고운 것을 곱다 말하며 슬픈
것을 슬프다 말하며 가슴 아픈 것을
가슴 아프다 말하는 자가 있는가 하면,
19 사랑하는 자식을 잃고도 말하지 아니
하며 울지 아니하며, 마음속으로 우는
부모가 있듯이, 그 아픔은 너희들이
겪어 봐야만 알 것이라.
20 그리하여 너희들에게 와서 말하는 자,
강론하는 자, 너희들에게 언성 높이는
자, 너희들에게 돌을 던지는 자,
21 너희들을 사랑하는 자, 너희들과 같이
가고자 하는 자, 그 모두가 다 나의 주
관하에 이루어지며, 너희들의 스승이
요, 필요하여 그들을 세워 놓았음이니,
22 너희들은 그들부터 가슴에 안는 너희
들의 비운 마음부터 다스림이 나를 볼
수 있는 길임을 알아야 할 것이니라.
23 이 세상의 모두는 너희들 뜻에 의하여
이루어짐이 아니니라.
24 모두는 나의 주관하에 이루어지며, 내
가 주관하며 내가 그려 놓은 그 그림
속에서 너희들이 존재하며 너희들의
임무를 수행하고 있음이니,
25 너희들이 맡은바 그 현실에 최선을 다
함이 나에게 오를 수 있는 빛을 보게
됨이니 그리 알아야 할 것이니라.
26 그리하여 너를 따르는 제자와 나의 성
전에 모인 모두를 한마음 한뜻으로 한
방향으로써 네가 이끌어 가고자 하지
말라 함이니라.
27 너희와 생각하는 것이 다르며 가는 길
이 다르며 하고자 하는 것이 다르다
하여 그들이 너희들에게서 떠나는 자
가 아니며, 나의 명에 의하여 움직이
지 않는 자가 아니므로,
28 너희들은 그 모두를 다 너희 자식처럼
안고 사랑하는 너그러운 마음이 있어
야 될 것이니,
29 너희들이 이 세상에서 가장 낮은 자며
너희보다 낮은 자 없다는 것을 가슴
깊이 새겨야 할 것이니라.
30 오늘 내가 너희들에게 깨우치고 가르
치고자 함은,
31 너희들이 나의 성전을 나가면서 너희
들이 세상을 바라보고 생각하는 것은
너희들 가슴에 손을 얹고 '이 세상에
어느 것도 나보다 더 낮은 것은 없다.'
생각하라 함이니라.
32 네 발밑에 기어가는 벌레까지도 너의
스승이요, 너보다 낮은 것이 아니라는
그와 같은 진정한 마음을 갖고 생활할
때,
33 너희들이 사랑이 무엇이며, 살아가는
의미가 무엇이며, 하늘에 오르는 것이
무엇이며, 너희들이 수없이 말하는 이
웃을 사랑하는 마음이 어떤 것이며,
34 오른빰을 때렸을 때 왼빰을 댈 수 있
는 그 실천함이 어떤 것인가를 여기서
부터 깨닫게 됨이니,
35 오늘은 이 뜻을 깊이 새겨야 할 것이
니 그리 알라.

1,504 번째 하나님 말씀

2001년 8월 19일

(강론을 마치며)

1 사랑하는 선지자야!
2 "네, 여호와 하나님! 말씀하옵소서."
3 내가 너희들에게 이르기를 너를 따르
는 자 세상에 다시없는 귀중한 보배라
말하였음이니라.
4 지금 하늘에 올라 영원히 사는 구원의
길에 오르고자 생각하며, 또한 나 여
호와가 존재함을 깨닫고 그 뜻에 따라
서 살아가고자 하는 너희들은 여기서
하나 알아야 할 것이 있느니라.
5 기록이라는 것을 갱신하기 위하여 달
리는 선수가 있으니, 그 선수보다 더
잘 뛸 수 있는 사람은 어떠한 사람이
라 말할 수 있겠느냐?
6 너희들의 생명을 노리는 적이 너희 뒤
에서 총을 쏜다 하면, 그 총을 의식하
고 뛰는 자는 어떻게 뛰겠는가?
7 적으로부터 총탄을 맞으며 뛰는, 그
도망가는 자의 마음과 같은 자세로써
너희들이 나를 경배하고 하늘에 오르
고자 하여야 할 것이니,
8 그보다 더 긴박한 상황에서, 그보다도
더 다급한 상황에서, 그보다도 더 험
난하고 어려운 생각에서 너희들의 마
음을 다스리며 나에게 기도해야만 됨
을 너희들이 만백성에게 전하여야 할
것이니라.
9 지금 수천 년의 역사를 흘러오는 속에
서 아비규환과 같은 이 속에서 너희들
은 구원의 길에 올랐다, 구원을 받았
다 말하나, 나로 하여금 구원을 받은
자 한 명도 없음이니,
10 그리하여 너희들이 나에게 구원을 받
는 자로서 선택된 자들이니,
11 나의 선지자를 따라 나의 성전에 와
나의 성령을 공부하고 있는 너희들은
나가 나의 피조물 만백성에게 전하여
야 될 것이니라.
12 제일 빠른 기록을 세우기 위하여 달리
는 그 선수보다도, 적탄 앞에 자기 생
명을 보호하기 위하여 달리는 그 사람
보다도 더 긴박하고 더 당황스럽고 더
긴장된 상태에서 나 여호와를 찾으며
나에게 기도하는 자만이 반석 위에 서
하늘에 오르는 그 찬란한 빛을 볼 수
있음이라 그리 깨우쳐 전해야 할 것이
니라.
13 수십억 인구 중에서 나로부터 선택된
너희들은 오늘부터 깊이 깨우쳐 실행
해야 할 것이 있음을 깨달아야 할 것
이니,
14 나의 성령으로써 내 가슴의 모두를 다
태워 나의 선지자, 나의 종에게 전하
는 나의 이 메시지를 듣고 깨달으며
공부하는 너희들은 나 여호와가 성령
으로써 나의 선지자에게 수없이 메시
지를 내리며 묵상으로써 그를 다스리
고자 하나,
15 그 또한 수십 년 살아온 인간의 그 속
성과 삶에 의하여 벗어남이 늦으니,
16 같은 형체의 육신을 가진 너희들이 선
지자를 달구고, 용서하지 아니하며,
그의 일거수일투족을 헤치고 밝혀
17 그가 이 세상에 한 점의 부끄럼이 없
는 선지자로서 나의 음성을 들어 메시
지를 전할 수 있으며,

18 만백성을 구하는 나의 열여섯 권의 법
전을 기록한 사람으로서 어느 곳에 내
놓아도 부끄러움이 없는 그의 형체를
만들어야 하는 것이 너희들의 중요한
책무 중의 하나인 것이니라.
19 너희들이 깨달아서 나의 법전을 만백
성에게 전하며 이웃에게 손을 내밀어
그들을 구원하는 것도 좋으나,
20 너희들이 천 명, 만 명, 수십억 인구를
구원했다 하여도, 나의 성령을 받아
세상에 열여섯 권의 법전을 기록하여
만드는 나의 선지자의 자세와 살아가
는 그 모두가 만백성이 보기에 한 점
의 의혹이 있으며 한 점의 부끄러움이
있다 하면 나의 법전은 하루아침에 재
가 되는 형국이 될 것이며,
21 너희들을 핍박하고자 하는 자, 너희들
을 공격하고자 하는 자, 공격할 수 없
는 그들에게 공격할 기회를 만들어 주
며 그들로 하여금 너희들을 핍박할 기
회를 만들어 줌이니,
22 너희들은 이웃에 있는 너희 친지요,
가족을 구원하기 전에 나의 종, 선지
자가 살아가는 그 생활의 24시간을
기록하여 각자가 그 생활의 형태를 읽
고 있어야 할 것이니,
23 이것이 너희들이 먼저 받은 가장 큰
책무이니라. 그리하여 너희들이 여기
에 선택되어 있음을 알아야 할 것이니
라.
24 너희들이 나의 선지자에게 재물이요,
금화요, 명예를 갖다 주는 것이 아니
라, 24시간 선지자가 숨 쉬고 자는 것
까지 너희들이 기록하고 보며 살아가
야 할 것이니, 이것이 지금 너희들이
먼저 실행해야 할 책무이니라.
25 육신의 같은 형태로써, 같은 형제로
서, 같은 나의 피조물 백성으로서 선
지자에게 매질을 할 수 있으며 가시
방석에 앉힐 수도 있으며 가죽채로 후
릴 수 있는 것은 너희들뿐이니,
26 모든 권한을 너희들에게 내리니, 나
여호와를 대신하여 너희들이 나의 선
지자가 바로 서 누가 보든 그의 눈에
서 나오는 빛이 진정한 사랑이요, 진
실된 모습으로써 비추어질 수 있도록
그리하는 것이 너희들 각자의 소임인
것이니라.
27 이것이 이루어진 다음에 너희들에게
은혜가 있을 것이며, 너희들이 그와
같이 행할 때 너희들이 원하는 하나의
빛을 내가 상으로 내릴 것이니,
28 선지자의 24시간의 모든 생활을 너희
손바닥에 기록하여 한 점의 부끄러움
이 있음을 용서치 말아야 할 것이며,
한마디의 말까지도 너희들이 용서해
서는 아니 될 것이니라.
29 이것이 너희들이 하늘에 오르는 가장
큰 근본이며, 너희들이 지금 해야 할
책무이니라.
30 이를 게을리하는 자 용서하지 아니할
것이며, 이를 태만히 하는 자 용서하
지 아니할 것이며,
31 나의 선지자에게 가장 크게 시련과 고
통과 아픔을 명하는 자, 그자가 나에
게 왔을 때 일등의 상을 받을 것이니
이를 명심하여 시행하도록 그리할 것
이며,
32 선지자가 너희에게 전하는 그 뜻을 작
든 크든 너희들은 또한 한 마디도 어

겨서는 아니 되며,
33 너희들이 살아가고 시행함에 있어서
한 점의 부끄러운이 있어서는 아니 될
것이며,
34 너희들 자신을 다스리지 못하면서 선
지자를 책망하는 우를 범하지 말아야
할 것이며,
35 어미와 부모 같은 마음으로써 너희 자
신을 다스리며 그와 같은 마음으로써
선지자에게 반듯이 설 수 있는 매를
들 수 있는 너희들이 되어야 될 것이
며,
36 선지자의 몸에 매를 대는 자, 내가 가
장 사랑함이니 그리 알라.

1,505 번째 하나님 말씀

2001년 8월 20일 08시

1 사랑하는 선지자야!
2 "네, 여호와 하나님! 말씀하옵소서."
3 내가 너에게 일러 말하기를 가장 작은
것도 네가 나의 뜻을 소홀히 생각하여
행하지 않는 일이 없도록 하라 하였음
이니라.
4 너는 나의 열여섯 권의 법전을 다시
정독하여 그 속에 기록되어 네가 지켜
야 할 사항을 하나하나 메모하여 철저
히 지켜야 할 것이니라.
5 그 뜻이 있고 거기에 대한 생각이 있
듯이 또한 네가 그를 실천해야 할 의
미가 있음이니, 그 모두를 하나하나
정독하여 네 것으로 만들어 기록하여
실천하도록 하라.
6 네가 살아가면서 한 점의 부끄러움이
없이 살며 만백성이 너를 비추어 봐
한 점의 의혹함이 없이 네가 산다 하
나,
7 네가 나의 법전에 기록된 내용들을 그
대로 실행하지 아니하면 곧 나의 뜻을
네가 실천하지 못함이니,
8 내가 너에게 실천할 수 있는 것을 명
하였으며, 실천해야만 되기 때문에 내
가 너에게 명한 것이니,
9 열여섯 권의 법전을 공부하고 정독하
면서 네가 지켜야 할 것을 찾아 그대
로 실행해야 할 것이니라.
10 내가 너에게 명하여 열여섯 권의 법전
에 기록된 모든 작고 큰 것들에 대하
여 네가 실행하는 것이 중요함이니,
너는 그를 기억하여 실행하는 네가 되
도록 하라.

1,506 번째 하나님 말씀

2001년 8월 20일 22시 40분

1 사랑하는 선지자야!
2 "네, 여호와 하나님! 말씀하옵소서."
3 너는 너의 제자들과 너를 따르는 내
사랑하는 피조물 만백성에게 이 뜻을
전해야 할 것이니라.
4 너희들이 지금까지 세상사 살아온 것
은 너희들의 육신의 욕심이요, 육신의
생활의 그 하나의 인간의 목표를 위하
여 살아왔으니,
5 그 속에서 너희들이 구원을 받고자 너
희들 인간이 만든 그 성전에 가 너희
모두를 다 바치는 마음으로써 너희들
은 하늘에 오르고자 설교와 가르침을
듣고 살아왔느니라.
6 너희들이 그리도 갈망하고 원하던 것

이 정녕 하늘에 오를 수 있는 길이 아
니며, 나의 뜻에 의하여 가는 길이 아
닌 삶을 너희들이 살아왔다 하면,
7 하늘에 오르는 길이 아니요, 내 앞에
오는 길이 아니요, 창조주 나 여호와
가 원하는 길의 그 삶을 살지 아니하
고 너희들이 잘못 살아온 인생을 지금
까지 살아왔다 하면,
8 얼마나 그것이 허무하고 얼마나 무서
운 현실이더냐?
9 그리하여 너희들이 지금의 나이를 생
각하며 보통 너희들이 살아 나에게 죽
어 오는 연령을 비교할 때,
10 너희들이 과연 앞으로 살아갈 시간이
얼마나 남아 있다 말할 수 있겠는가?
11 너희들의 그 생명의 시간이 얼마나 남
아 있다 생각하는가?
12 너희들이 지금까지 깨우침을 얻지 못
하며 너희들이 얼마 남지 않은 삶을
살다 나에게 와 심판을 받을 때, 돌이
킬 수 없으며 돌아갈 수도 없는 너희
들의 운명이라면 얼마나 슬프고 괴로
우며 고통스러운 길이겠는가?
13 그러나 너희들은 지금까지 잘못 살아
온 그 삶에서, 인생이 얼마 남지 않은
이 시점에서 나의 선지자요, 나의 종
을 만나
14 하늘에 오르는 길을 알며, 하늘에 기
도하는 것을 알며, 나의 피조물 만백
성을 구원하는 나의 메시지를, 나의
선지자를 통하여 전하는 이것을 접하
여 너희들이 깨우쳐 하늘에 오르는 그
길을 보고 있으며,
15 내가 나의 피조물 만백성을 구하는 주
옥같은 나의 그 뜻을 나의 선지자를
통하여 듣고 깨우친다면 너희들은 얼
마나 선택된 백성이더냐,
16 그리고 나의 선지자가 너희들에게 가
르침이 얼마나 소중하고 고마운 가르
침이던가?
17 너희들은 너희 모든 재산을 다 바쳐
선지자에게 배워 그 살아온 과거의 삶
을 깨닫고 하늘에 오를 수 있는 길을
보며 너희들이 하늘에 오르는 구원을
받는다 하면,
18 너희들은 이것 하나로써 너희들의 몸
과 마음 모두를 다 바쳐 선지자를 따
르며 나의 법전을 세상에 전한다 하여
도 하나도 억울한 것이 없으며 하나도
분한 것이 없으며 하나도 허전한 게
없으며,
19 남들이 살 수 없는 가장 값지고 고귀
한 것을 너희들이 사는 것과 같음이니,
20 너희들이 나의 선지자로부터 배우는
그 모든 것은 너희 모두를 다 바쳐서
도 바꿀 수 없는 고귀함을 배우고 가
르침을 받고 있는 것이니,
21 너희들이 나로부터 선택된 것이 얼마
나 위대하며 고귀한 것이며 행복한 것
인가를 너희 스스로 깨달아 행해야 할
것이니,
22 나의 이 뜻을 깊이 깨달아 너희들이
각자 해야 할 일을 알아야 할 것이니,
나의 법전을 세상에 전하는 데 너희들
이 인색하지 말며 주저하지 말며,
23 등 돌려 뒤돌아서는 우를 범하지 말아
야 할 것이니라.

1,507 번째 하나님 말씀

2001년 8월 21일 07시 40분

1 사랑하는 선지자야!

2 "네, 여호와 하나님! 말씀하옵소서."

3 너의 제자들에게 이르라.

4 너희들이 믿음이라는 속에서 살아가면서 나의 음성을 듣고 나를 보고자 하며 평생을 눈물의 기도를 드린다 하여도 그 음성 한 번 듣지 못하며 나의 형상을 보지 못함이니,

5 이곳 성전에 와 나의 음성을 들으며 나의 메시지를 들어 기록한 나의 열여섯 권의 법전을 너희들이 눈으로 보고 귀로 들어 공부함이니,

6 그리고 선지자를 통하여 너희들에게 내리는 이 메시지와 너희들에게 내리는 깨우침을 들으니,

7 이것이 얼마나 위대하며 소중한 것인가, 그리고 너희들이 얼마나 축복을 받은 자들인가 그것부터 먼저 깨우치도록 가르쳐야 할 것이니라.

8 이 소중함과 이 위대함과 이 감사함을 너희들이 먼저 뼛속 깊이 새길 때,

9 너희들은 세상사 모든 인연을 다 정리할 수 있으며, 부질없는 욕심이라는 그 끈을 끊을 수 있음이니라.

10 이제 너의 제자들에게 이르라.

11 나의 음성을 들을 수 있음이 얼마나 소중하고 얼마나 고귀하며, 얼마나 너희들이 귀한 사람으로서 나에게 선택되어 있는가를,

12 그 선택되었음에 이 세상 무엇을 주고도 바꿀 수 없는 그 은혜와 감사함을 너희들이 먼저 깊이 깨달을 때,

13 너희들이 천사가 될 수 있는 길을 볼 것이며 하늘에 오르는 길의 행함을 너희 스스로 행할 수 있음이니라.

14 그리하여 너희들이 성령이 임한 자만이 악과 싸워 이길 수 있다 말하듯이,

15 바로 너희가 나의 음성을 들을 수 있는 것이 너희 생명을 바꾸는 것보다도 더 소중하다는 것을 깨달을 때, 이는 나의 성령이 너희에게 임하여 너희들이 하늘에 오르는 길을 볼 수 있음이니, 그 길을 향하여 너희들이 무엇을 못 하겠는가?

16 그 길을 위하여 너희들이 너희 자신을 불태운다 할 때, 나의 성전에 나의 피조물 많은 백성들이 와 나의 음성을 직접 듣게 하는 것과 나의 법전을 들고 세상에 전하는 일에 주저함이 있어서는 아니 될 것이니,

17 내가 너희들을 선택한 그 은혜에 보답하는 길은 첫째는 나의 메시지요, 나의 음성을 정확히 정독하고 똑바로 들어 깨우치는 것이 가장 소중한 것이며,

18 두 번째는 이웃의 손을 잡고 나의 성전에 많은 백성들이 모일 수 있도록 하는 것이 너희들의 책무요,

19 또한, 세 번째는 너희들이 나의 법전을 들고 만백성에게 전하면서, '이는 여호와 하나님께서 나를 선택하신 것에 내가 보답하는 길이라' 생각하며 법전을 전하는 것이 너희들의 책무며 너희들이 감사할 줄 아는 것이니,

20 이를 먼저 너의 제자들에게 깨우쳐, 나의 성전에 찾아오는 많은 백성들이 그것부터 깨우치도록 그리하라.

21 그것이 너희들이 하늘에 오름을 보고

깨우치며, 내가 있음을 믿게 되는 것
이며, 나의 형체를 보며 나의 음성을
들으며 나의 손을 만질 수 있음이니,
22 바로 그 근본임을 깨우쳐 주어 그들의
마음을 다스려 주도록 그리하라, 선지
자야!

1,508 번째 하나님 말씀

2001년 8월 21일 08시 40분

1 사랑하는 선지자야!
2 "네, 여호와 하나님! 말씀하옵소서."
3 나의 피조물 만백성 중에 나의 성전에
모여 나의 메시지가 기록된 열여섯 권
의 법전을 공부하며, 너를 통해 나의
음성을 들으며 너를 통하여 나의 뜻을
듣는 백성들 그들이 곧 나에게 선택된
자들이니,
4 그들이 또한 나에게 선택된 은혜에 그
생명을 다 바쳐도 부족함이 없다 내가
말하였으며,
5 또한, 내가 그들을 사랑하기를 세상에
무엇과도 바꿀 수 없는 소중한 나의
선택된 백성들이니라.
6 천 년을 기도해도 나의 음성을 들을
수 없는 너희들이니, 이는 내가 임하
지 아니하면 너희들이 들을 수 없으며
볼 수 없음이니라.
7 그와 같은 속에서 나의 메시지를 들으
며, 선지자를 통하여 나의 음성을 들
으며 나의 뜻을 듣는 너희들이 얼마나
나에게 소중한 백성인가를 알아야 할
것이니,
8 수천 년의 역사가 흘러오는 동안에 나
에게 오르고자 나의 성서를 공부하며,
나의 아들 예수가 피로써 너희들에게
죄를 사해 주는 그와 같은 이룰 수 없
는 역사를 이루어 온 지금에 와 그 길
이 잘못 가고 있으며 잘못 갔다 하면,
9 얼마나 그 방대한 조직들이 지금 잘못
흘러가고 있느냐?
10 그 잘못 흘러가는 누구도 막을 수 없
는 방대한 조직을 돌리려 함이니,
11 너희들로 하여금 그 배를 돌리고자 함
이니 얼마나 너희들이 고귀하며 소중
한 나의 백성들인가를 너희 스스로 깨
우쳐 알아야 할 것이니라.
12 수천 년 역사의 그 방대한 조직 속에
하나의 겨자씨를 뿌려서 그 나무의 가
지가 되고 잎이 되는 너희들이 얼마나
소중한 나의 백성인가?
13 너희들이 목숨을 바쳐 나로부터 선택
된 그 은혜에 보답하는 그것도 너희들
이 다 보답하지 못하는 것이라 내가
말하였듯이,
14 나 또한 너희들을 사랑하기를 그보다
더 사랑함이니,
15 나의 선지자를 따르는 나의 백성들은
내가 그리 사랑하는 소중한 자들임을
알아야 할 것이니라.
16 지구를 다 덮는 감자가 다 썩어 새순
이 날 수 없을 때, 그 가운데 한 알의
감자가 새싹을 틔울 수 있는 싱싱한
자세로 있다면 그것이 얼마나 소중하
더냐?
17 그 하나의 감자는 씨를 뿌리고 가꾸고
또 가꿔서 지구만큼 쌓였던 그 감자들
을 대항해야 할 것이니,
18 그리하여 그 썩은 감자들을 쌩쌩한
감자로 바꿔야 할 것이니,

19 그들이 소중하고 귀하며 없어서는 아
니 될 것이라는 것을 너희들은 알아야
될 것이니라.
20 그 감자의 싹마저 문드러진다 하면 썩
은 감자로써 새로운 감자를 생산할 수
없음이니,
21 그 하나의 새순을 틔우는 감자가 얼마
나 소중하고 귀한 것인가를 너희들이
알아야 할 것이니라.
22 그는 만백성의 양식이기 때문이니라.
23 바로 썩어져 가는 그 속에서 나의 피
조물 만백성이 먹고살아 가야 하는 그
양식이, 다 썩은 그 속에서 한 알의 감
자가 살아 있음이니,
24 그를 싹 틔우는 임무를 맡은 자가 얼
마나 소중하다 너희들은 생각하느냐?
25 나의 성령을 잘못 깨닫고 잘못 배워
하늘에 오르는 길이 아닌 사탄으로 가
는 그 길에서 썩어져 있는 나의 피조
물 만백성 속에 내가 나의 성령을 태
워 썩지 않는 겨자씨를 하나 뿌렸으니,
26 그 겨자씨를 뿌리고 가꾸는 것이 너희
들의 임무니, 얼마나 너희가 소중하더
냐?
27 나의 선지자에게 가죽채를 대라 함은,
나의 선지자에게 모진 매를 대어 그가
바로 설 수 있도록 하라 함은, 모든 새
들이요, 날짐승들과 벌레들이 그 겨자
씨를 먹지 못하도록 보호하고 관리하
라 함이니,
28 나의 이 뜻을 너희들이 깊이 깨우쳐
알아야 할 것이니라.
29 이를 나의 백성들에게 전하라. 이를
나의 백성들에게 네가 전해야 할 것이
니 그리 알라.

1,509 번째 하나님 말씀

2001년 8월 22일 06시 20분

1 사랑하는 선지자야!
2 "네, 여호와 하나님! 말씀하옵소서."
3 구약의 시대에 너희들이 죄를 짓고 잘
못하여 하늘에 오를 수 없는 오점을
만들었을 때, 피로써 너희들이 용서를
빌었으며,
4 잘못된 행위는 너희들 자신이 하고 너
희들의 생명과는 관계없는 짐승들의
그 생명의 피로써 너희들의 죄와 너희
들의 잘못됨과 너희들의 오점이 발생
한 것을 용서를 빌었으니,
5 어찌 보면 고통스럽고 힘든 용서의 방
법이라 하나 이는 가장 편리한 방법으
로서, 너희들이 제삼자인 동물의 피로
써 그 죄를 용서받는 여유가 있으며,
6 너희들이 고통을 겪지 아니하고 너희
들의 잘못됨을 빌 수 있었던 시대가
있었으며,
7 그리하여도 너희들이 깨닫지 못하여
너희들의 형체와 같은 인간의 모습으
로써 세상에 내려간 나의 아들 예수가
인간의 피로써 너희들의 죄를 대신 지
고자 하였으니,
8 그리하여 그가 피로써 너희들의 죄를
대신하여 가면서 너희들에게 인간의
도리를 다하여 살아 하늘을 향하여 한
점의 부끄러움이 없는 삶을 살아가도
록 그리 원하고 바랐으며,
9 그리하여 너희들이 지켜야 될 모든 계
명과 살아가는 방법을 좀 더 강도 높
게 너희들이 실행하도록 하였음이니,
10 이는 구약 시대의 나의 피조물 만백성

보다 신약 시대의 나의 피조물 만백성
이 더 사악하였기에 그리 어렵고 힘든
삶을 너희들이 지켜 가야 했던 것이니
라.
11 그러나 너희들은 깨닫고 바르고 옳은
길로 살아가는 것이 아니라 더 사악해
졌으며, 너희들의 마음을 건잡을 수
없는 그와 같은 형태에 이르렀으니,
12 구약의 시대와 예수의 그 시대를 능가
하여 지금의 시대가 더 사악해졌으며
더 혼란해졌으니,
13 너희들이 병든 자를 치료할 때, 초창
기에는 약한 약으로 치료할 수 있으나
그 병이 깊으면 깊을수록 약의 강도를
더 깊이 쓰듯이,
14 지금의 시대는 나의 성령으로 태워 내
려보내 세상에 전하여 너희들을 구하
고자 하는 열여섯 권의 법전의 내용에
들어 있는 것처럼 강하고 강하게 다스
리지 아니하면, 숨을 쉴 수 없는 그와
같은 압박과 고통을 주지 아니하면 너
희들을 구할 수 없게 되었으니,
15 육신으로써 인내할 수 없는, 육신의
삶의 모두를 다 저버릴 수 있는, 그리
고 너희들이 터득하여 시행하여야 하
는 강하고도 압박적인 나의 성령을 직
접 내려보내 너희들을 강도 높게 다스
리고자 하니,
16 그 시점이 지금이며 그 뜻이 나의 법
전인 것이니라.
17 이제는 너희들을 더 깨우치고자 나의
법전보다 더 어렵고 힘든 삶을 살라
할 수 있는 길이 없음이니라.
18 그리하여 너희들이 나의 법전을 읽고
깨우치지 못한다 하면 몇천 년 후에는
더 강도 높은 나의 메시지가 세상에
내려가야 할 것이나,
19 그러나 더 이상 강도 높은 메시지와
너희들이 살아가는 모습을 조이고 조
이는 그와 같은 나의 뜻을 전할 것이
더 없음이니라.
20 지금 내려보낸 나의 법전을 읽고 너희
들이 깨우치지 못한다 하면 너희들을
구제할 길이 없기에, 이것이 나의 마
지막 성령이요, 나의 뜻이라 말하였음
이니라.
21 그리하여 나의 법전을 읽고 무서워,
나의 법전을 접하고 두려워 이 책을
던지는 자는 영원히 구원을 받을 수
없음이며,
22 구약과 신약의 시대보다도 더 강도 높
고 더 무섭게 너희들을 다스리고 매질
하고자 하는 나의 성령을 읽고 깨닫고
실행하는 자, 마지막 구원을 받을 수
있는 나의 피조물 만백성이 되는 것이
니,
23 이를 너의 제자들에게 깨우쳐 줘야 할
것이니라.

1,510 번째 하나님 말씀

2001년 8월 22일 21시 35분

(강론을 마치며)

1 사랑하는 선지자야!
2 "네, 여호와 하나님! 말씀하옵소서."
3 나의 피조물 만백성이 나로부터 생명
을 받아 세상에 나갈 때 내가 이리 명
하느니라.
4 '네가 너희 육신의 부모의 몸을 빌어
세상에 태어나거든, 너는 세상에 나가

나의 계명과 나의 율법에 따라 살다가
내가 너를 보낸 이곳에 다시 돌아오
라.' 하고 그들에게 명하여 세상에 내
보내니,
5 갓 태어나 두 주먹을 쥐고 있는 그 아
이는 그것을 기억하고 있음이니라.
6 그러나 그를 기르고 가르치는 부모요,
그 선배들의 삶을 보고 그가 그것을
점점 잊게 되며,
7 그가 어머니라는 모체의 젖을 먹으며
제가 갖고자 하는 것을 취하고자 하는
그 순간부터 나로부터 받아 나간 그
대명을 잊어버리고 삶이니, 그때부터
죄를 짓고 사는 인생의 삶이 시작됨이
니라.
8 내가 세상에 갓 태어난 아기에게 이르
기를, '네가 세상에 나가면 나의 계명
이 있으며, 나의 뜻이 있으며, 내가 지
키고 살다 이곳에 오라고 명한 것이
있으니 그를 지키고 살고 오라.' 하였
으나,
9 그가 욕심이라는 것을 갖기 시작하면
서부터 그를 잊어버리고 너희들이 지
금의 날까지 살아온 것이 또한 그러하
였음이니라.
10 여기에 앉은 나의 백성 너희도 세상에
나갈 때 내가 너희들에게 그리 명하였
으니, 너희 또한 나의 그 명을 다 잊어
버리고 지금까지 살아왔음이니라.
11 내가 내린 그 명을 잊어버리고 지키지
아니하며 지금까지 살아오는 동안에
너희들이 짊어지고 있는 그 죄가 얼마
나 많던가?
12 내가 선지자를 통하여 말하였느니라.
13 너희들이 먹고살아야 할 양식이 감자
라 하면, 너희들이 먹고살아 지키고
올 것이 나의 성령이며 나의 율법이니
라.
14 나의 율법이, 내가 가르치고자 하는
나의 뜻이, 너희들이 세상에 나갈 때
내가 너희들의 머릿속에 심어 주어 내
보냈던 그 아름다운 삶이 지금에 와
사탄의 죄악으로써 이루어져 있음이
니,
15 바로 이게 너희들이 먹고사는 양식이
썩어져 있는 형국이니라.
16 그리하여 나의 성령을 따르고 지키고
하늘에 오르고자 기도하고 가르치는
자들이 잘못 가르치고 잘못 배우고 따
라감으로 인하여 너희들이 먹고사는
양식인 감자가 썩어진 것처럼 하늘에
오를 수 있는 나의 성령의 뜻이 다 썩
어 없어졌음이니,
17 그 속에 내가 선택하여 너희들을 이곳
에 모이게 하였음이니, 남들은 아기로
서 태어나 세상에 나오면서 내가 명하
여 살고 돌아오라 했던 그 명을 잊어
버렸으며,
18 그들이 죽어서 나에게 올 때까지 다시
그들에게 지키고 살라는 명을 받지 못
하고 죽어 하늘에 와 그 무서운 벌을
받음이니,
19 너희들도 나로부터 아기로서 나가 자
라 평생 살아온 지금 이 나이에서 그
대로 죽어 나에게 왔을 때 그 벌을 면
치 못함이니,
20 내가 나의 성전에 너희들을 선택하여
나의 선지자 앞에 너희들을 앉혀 놓고
명하기를, 너희들은 나의 법전을 접하
는 순간부터 세 살 먹은 아기와 같이

살라 명하였으니,
21 너희들의 생명이 다시 한 번 태어났으
며, 아기에게 세상에 태어나서 나의
법을 지키고 나의 율법을 지키라 하는
그 명령을 지금 내가 너희들에게 명하
여,
22 너희들은 어린아이로 다시 한 번 살
수 있는, 하늘에 오를 수 있는 기회를
다시 얻은 자들이니,
23 그리하여 내가 너희들에게 명하여 이
르기를, 너희들의 생명이나 너희가 가
지고 있는 피까지도 모두 나를 위하여
바쳐도 하나도 억울함이 없고 부족함
이 없는 그와 같은 마음으로 살아가라
하였음이니라.
24 한 번 세상에 아기로 태어나 살다 죄
를 짓고 나에게 와 벌을 받는 그들과
다르게 너희들은 내가 선택하여 다시
아기로서 태어나도록 하였음이니,
25 내가 그리하여 너희들에게 세 살 먹은
아기처럼 살라 하였음이니라.
26 이와 같은 나의 뜻을 안다 하면 너희
들의 만남이 얼마나 소중한가?
27 너희들은 한 형제며, 나의 자식으로서
선택된 자들이니라.
28 너희들은 썩어져 가는 곡식을 다시 재
생시키면서 만백성을 살리도록 해야
할 것이며,
29 하늘에 오르는 성령을 따라서 산다는
그들의 형태가 지금 악취가 나고 썩어
져 가는 아비규환의 사악한 무리 속에
있음이니, 그들을 정화해야 할 자들이
거늘,
30 내가 너희들을 선택하여 그들을 구원
하여 하늘에 오르는 길로 인도하라 하
였으니,
31 너희들이 과연 어떠한 마음과 어떠한
자세로 있는가 가슴에 손을 얹고 이
밤을 지새워 너희들 자신부터 먼저 깨
우쳐야 할 것이니라.
32 너희들이 어찌 살아야 할 것이며, 너
희들이 마음을 어찌 비워야 할 것이
며, 너희들이 어찌 행동해야 할 것인
가, 너희들이 지금 생각하고 말하고
있는 것은 어떤 취지에서 하는가,
33 백지 위에 수없이 번호를 매겨 기록하
여 너희들의 위치를 깨닫고 파악하여
너희 자신을 분석하도록 해야 할 것이
니라.
34 그리하여 너희들이 잘못 살아오고 잘
못 생각한 것, 지금 생각하고 있는 것
을 적어 기록하고 내려갈 때, 너희들
이 왜 나로부터 선택되었나 하는 것을
알게 될 것이니라.
35 이유가 없이 선택됨이 아니니라.
36 너희들이 선택되어 나에게 왔으면 그
이유가 다 있음이니,
37 너희들의 마음가짐을 하나하나 백지
장 위에 기록하며 반성하고 스스로 회
개할 때 그 속에서 너희들이 선택된
이유를 알게 될 것이니라.
38 다시 오늘 너희들에게 이르노니, 한
번 세상에 태어난 너희들에게 다시 한
번 태어나는 기회를 내가 주었음이니,
39 아름답게 나의 계명을 지키며, 내가
하늘에서 너희들이 내려갈 때 명했던
아기와 같은 그 아름다운 삶을, 나의
계명에 따라서 살아가고 지키라는 것
을 너희들에게 다시 한 번 명하여 기
회를 주었음이니, 이 기회를 무엇과

바꾸겠는가?
40 이 나의 사랑하는 뜻을 너희들이 저버
리지 않는 나의 백성이 되어 선지자와
손을 잡고 같이 나의 낙원에 오를 수
있도록 그리하라.
41 그 이상 더 큰 것이 너희들에게 없음
을 알라.
42 마음을 비우라.
43 너희들의 마음은 하나도 비워짐이 없
느니라.
44 너희들은 마음을 다 비웠다고 이야기
하나, 내가 너희들의 마음을 바라보기
에 하나도 비움이 없으며 깨달음이 없
느니라.
45 지금의 너희들의 깨달음은 그저 방석
위에 앉아 있는 그 형태이니라.
46 일어서야 될 것이니라.
47 그리고 세상을 다 보지 못하는 아이처
럼 세상을 보지 않으며 듣지 않는 그
마음부터 길러야 할 것이며,
48 내가 오늘 너희들의 마음 하나하나를
말하나니, 너희들은 하나도 깨우침이
없는 자들이니라.
49 내가 너희들에게 말하여 사람이 할 수
있는 것을 하는 것은 선한 것이 아니
라 하였으니,
50 너희들이 깨닫고 지키는 것은 누구나
지키고 깨달을 수 있는 것을 깨달았다
함이니, 너희들은 하나도 깨달음이 없
는 자들이니라.
51 그리하여 내가 너희들에게 며칠 전에
말하였느니라.
52 너희는 남에게 오염시킬 수 있는 오디
라는 그 식물의 열매와 같다 하였음을
부끄러운 줄 알아야 할 것이니라.

1,511 번째 하나님 말씀

2001년 8월 23일 06시 30분

1 사랑하는 선지자야!
2 "네, 여호와 하나님! 말씀하옵소서."
3 너를 따르는 제자들에게 이르라.
4 하늘이 있으며, 나 여호와가 있으며,
너희들이 죽어 와 나에게 심판받음을
벗어날 수 없으며 그를 거치지 아니할
수 없으며,
5 그 심판에 따라 너희들이 살아온 길에
잘못과 잘한 부분에 대하여 벌과 상을
받게 됨이니, 이를 너의 제자들에게
이르라.
6 너희들은 비켜 갈 수 없으며 벗어날
수도 없음이니라.
7 이것을 깊이 깨우쳐야 할 것이니라.
8 그를 깊이 깨우쳐 마음속에 새기지 아
니하는 자, 마음을 비울 수가 없음이
니라.
9 사랑하는 선지자야!
10 "네, 여호와 하나님! 말씀하옵소서."
11 다 병들고 쓰러져 죽은 이 세상에 나
의 피조물 만백성을 구하는 하나의 빛
을 내렸음이니,
12 그 빛 속에 있는 자 얼마나 소중하며
귀한 자인가를 깨닫고 또 깨달아야 할
것이니라.
13 "여호와 하나님!
14 저의 죄를 벌하여 주옵시고, 저를 거
두어 주옵소서.
15 구약의 시대와 신약의 시대에 여호와
하나님의 사랑하는 아들인 예수님의
그 피 흘리고 고통스런 삶으로써,
16 그의 피로써 모두를 다 바쳐 구하고자

하였으나 실패하였음이니,
17 저희 피조물 만백성을 위하여 사랑하
는 자식의 목숨을 거둬야 했던 여호와
하나님!
18 그리하였으나 그를 실패함을 깨닫기
전에 저희 피조물 만백성이 아직도 제
갈 길을 가지 못하고 방황하고 있으며,
19 그를 위하여 마지막 여호와 하나님의
가슴과 성령의 모두를 다 태워 세상에
내려보내 열여섯 권의 법전을 만들어
만백성을 구하고자 하시며 그 대명을
저에게 내리셨으니,
20 바람결에 날려 가는 낙엽만도 못한 저
를 어찌하여 선택하셨나이까?
21 그 귀하고 귀한 대명을 받은 자, 시행
하며 살아감에 있어서 천사와 같이 아
름답지 못하오니,
22 이 썩어져 흙으로 돌아가는 육신의 욕
심 때문에 그 끈을 버리지를 못하며
방황하고 갈 길을 모르고 있는 저를
벌하여 주옵소서, 여호와 하나님!
23 정녕 저는 어찌해야 하오리까?"
24 너의 제자에게 물으라.
25 너의 제자는 알고 있음이니라, 네가
변하고자 하며, 네가 변하고자 노력하
는 것을.
26 그리 변하여 가면 될 것이니, 노력 또
노력을 했을 때 너의 갈 길이 정해져
있음이니라.
27 너무 괴로워하지 말라.
28 다 네가 갈 수 있는 길이 정해져 있음
이니 그리 알라.

1,512 번째 하나님 말씀

2001년 8월 24일 06시 20분

1 사랑하는 선지자야!
2 "네, 여호와 하나님! 말씀하옵소서."
3 내가 너에게 일러 말하였느니라.
4 너는 죽은 자라 말하였으며 죽은 자가
되어야 한다 말하였느니라.
5 그리고 생명이 다 된 너를 내가 연장
을 하여 주었음이니, 너는 정녕 죽은
자이며, 정녕 죽은 자를 연장하여 네
가 부활하였음이니,
6 그리하여 내가 세상사 모든 인연과 인
간관계를 정리하기 어렵거든 네가 죽
은 자라 생각하라 말하였느니라.
7 이제 너는 죽은 자의 뜻이 무엇인지
알겠는가, 선지자야!
8 "네, 여호와 하나님!
9 이제 전지전능하신 여호와 하나님께
서 말씀하신 죽은 자요, 죽음이 무엇
인가를 알았나이다."
10 네가 깨우친 것을 너의 제자들에게 일
러 가르쳐야 할 것이니라.
11 "손이 가서 도둑질을 하거든 그 손이
썩었다 생각하며,
12 발이 걸어가서 나쁜 짓 하며 도둑질하
고자 하며 남을 기만 하고자 하면 그
발이 썩어 문드러졌다 생각하며,
13 남을 욕하며 남을 미워하며 음해하는
말을 하고자 하면 제 몸에 있는 혀가
썩어 문드러져 도저히 말을 할 수 없
다고 생각하고,
14 그와 같은 이치를 깨달음이 죽음의 뜻
이라는 것을 이제야 깨달았사옵나이
다.

15 주먹이 나가 남을 한 번 때리고 싶을
때 제 주먹과 팔이 썩어서 쓸 수 없는
그 상태가 되었으며,
16 그 썩은 팔과 주먹이 나가 사람을 가
해할 수 없으며 때릴 수 없다는 것을,
아버지께서 저에게 벌을 내리시고 제
가 체험할 수 있는 그 깨달음을 이제
야 깨달았사옵나이다.
17 질서를 파괴하며 여호와 하나님의 뜻
에 의하여 행하지 아니하는 제 모든
몸의 부분이 다 썩었다고 생각하며,
18 전체의 죽은 자가 무엇인가를 알겠사
오며 죽은 자가 행해야 할 행동을 알
겠사옵나이다.
19 하나님께서 술을 마시지 말라고 말씀
하신다 하면 제 목이 썩고 부어서 술
이 넘어가지 않는 형태이며,
20 고기를 먹지 말라고 하신다면 제 목줄
이 썩어 그 고기를 넘길 수 없는 그와
같은 형국이라 생각할 때,
21 그 모두를 하나하나 짚고 지키고 넘어
갈 수 있는 이치를 깨달았사옵나이다.
22 이제 하나님의 뜻을, 죽은 자라 하심
을 알겠사옵나이다,
23 여호와 하나님! 우매하고 둔한 저의
죄를 용서하여 주옵소서."

1,513 번째 하나님 말씀

2001년 8월 24일 22시 10분

(강론을 마치며

1 사랑하는 선지자야!
2 "네, 여호와 하나님! 말씀하옵소서."
3 너의 제자들에게 일러 이리 말하라.
4 너희들의 손가락을 칼이라는 것으로
베었을 때, 거기서 나오는 것은 붉은
피니라.
5 그러나 손가락을 베었을 때 나오는 것
은 피라는 것을 아는 것을 피가 나오
지 아니한다 믿는 자가 있다 하면, 피
가 나오지 않는다 생각하는 자가 있다
하면, 그를 어떻게 깨우쳐야 되며 그
에게 어찌 깨달음을 보여야 되겠는가?
6 엄연히 피가 나온다는 것을 알고 있는
그 상황에서 피가 나오지 않는다 부르
짖는 자, 피가 나오지 아니한다 고집
피우는 자,
7 그자들을 구원하기 위해서는 어찌해
야 되겠는가?
8 너희들의 손가락을 베어서 피가 나오
는 것을 보여 줘야만 그가 믿지 아니
하겠는가?
9 나의 법전을 읽고 깨우쳐 너희들이 이
것이 하늘에 오르는 길이며 이건 하나
님의 뜻이라 믿으나,
10 너희 주변에 있는 자, 너희 친지, 너희
들과 생사고락을 같이하며 살아가는
이웃에게,
11 이 법전이 하늘에 오르는 길이며, 너
희들이 성전이라는 곳에 나가 금화와
은화를 바치지 아니하고 이 법전만을
읽으며 시간 나는 그 속에서 하늘에
기도하면 구원을 받는다고 아무리 일
깨워 줘도 그들이 그를 믿지 아니함이
니,
12 그들을 돌이켜 나의 법전을 깨달으며
하늘에 오르는 길로 인도하는 것은 어
떠한 것이더냐?
13 너희들이 손가락을 베었을 때 그곳에
서 나오는 것은 피라는 것을 믿지 않

는 자에게 너희들이 그들을 깨우치기 위하여 어찌하여야 된다 하였더냐?
14 바로 너희들이 손을 스스로 절단해야 한다 하였음이니라.
15 나의 법전을 보고 이것이 하늘에 오르는 길이 아니고 이단이요, 사탄이요, 인간사의 말장난으로써 쓴 책이라 말한다면 너희들은 어찌하여야 되겠는가?
16 너희들의 몸에서 나오는 피는 잘라서 보여 줄 수 있으나, 나의 법전 속에 들어 있는 이 내용은 너희들이 보여 줄 수가 없음이니,
17 오로지 이것은 너희들이 정독하여 나의 이 중요한 뜻을 너희들의 머릿속에 기억하여,
18 그들 앞에 너희들이 나의 법전을 보지 않고도 전해 주며 설명하고 이해시킬 수 있는 그와 같은 너희들의 피나는 노력 외에는 아무것도 이루어질 수가 없음이니라.
19 선지자는 너의 제자들에게 이르라.
20 나의 열여섯 권을 읽고 정독하는 그 자체가 너희들의 이름이 낙원에 기억되는 것이며,
21 너희들이 수많은 나의 피조물을 구원하는 것보다도 더 그 공이 크며 위대함을 알아야 할 것이니라.
22 나의 법전에 기록되어 있는 내용들을 꿀만 보지 말며, 쓰고 매서움을 너희들이 봐야 될 것이니라.
23 쓰고 매서운 것만을 너희 것으로 만들어야 할 것이니, 꿀과 같은 내용을 너희 것으로 보며 너희 것으로 만들지 말라.
24 나는 오늘 너희들에게 반드시 명하여 일렀느니라.
25 너희들의 손을 잘랐을 때 나오는 것은 피가 아니라 우기는 자에게 너희들이 그를 이길 수 있는 것은 손가락을 절단하여 흐르는 피를 그에게 보여 주는 것이며,
26 그리고 그 피로써 하얀 종이에 이것이 진실이라 쓸 수 있는 그것만이 그들을 믿게 함이니,
27 나의 법전을 가지고 너희들이 나의 피조물 만백성을 구하는 데에는 나의 열여섯 권의 법전에 있는 그 내용을 너희들이 암송하며 그 내용을 깨우치는 것이 너희들의 손을 잘라 피가 흐름을 보여 주는 것과 같음이니라.
28 너희들은 두려워하지 말라. 너희들은 할 수 있음이니라.
29 너희들은 하나를 보면 둘을 깨우치며, 너희들이 열을 읽으면 내가 백을 깨우쳐 줄 것이니, 너희들은 두려워하지 말며 시행하라.
30 그것만이 너희들이 하늘에 오를 수 있는 길이니라.
31 너희들이 할 수 있는 대명이니라.
32 무서워하지 말며 두려워하지 말라.
33 정녕 하늘에 오르는 길이 그리 어렵고 힘들기에 아무도 내 옆에 와 있는 자 없다 말하였음이니라.
34 너희는 할 수 있음이니라.
35 너희들이 나의 뜻을 이루어 피조물 만백성을 구하는 것은 마음이 하나가 되어야 함이니라.
36 너희들 자신의 마음부터 하나가 되어야 함을 너희는 잊어서는 아니 될 것

이니라.
37 이 이치를 깨우쳐 시행하도록 그리하라.

1,514 번째 하나님 말씀

2001년 8월 26일 06시 30분

1 사랑하는 선지자야!
2 "네, 여호와 하나님! 말씀하여 주옵소서."
3 나의 피조물 만백성이 하루아침에 모두가 변하여 갈 수는 없느니라.
4 살아가면서 오늘보다 내일에 더 아름다운 삶을 살아가도록 노력하는 그게 바로 구원의 길에 들어선 것이요, 구원을 받는 기본임을 알아야 할 것이니라.
5 네가 나의 피조물 만백성의 마음을 보며 그들의 마음을 읽고 볼 수 있는 경지에 올랐으니,
6 네가 사람을 보고 사람과 대화함에 있어서 너 자신이 감내하지 못할 만큼 고통스러우며 외로움을 내가 아느니라.
7 그러나 너는 사람들의 마음을 보는 눈을 떠야만 하며, 그들이 가지고 있는 심성을 바로 읽어 하늘에 오르고 못 오르는 자들을 알아야 할 것이니라.
8 하늘에 오를 수 있는 나의 피조물 만백성은 나의 법전을 많이 읽고 깨우쳐 그 뜻의 흐름을 알아야 할 것이며, 내가 원하고자 하는 것이 무엇인가를 알아야 할 것이니라.
9 사랑하는 선지자야,
10 너의 제자들에게 이리 가르치라.
11 '여호와 하나님! 저의 죄를 용서하여 주옵시고, 여호와 하나님의 율법과 여호와 하나님의 뜻대로 살아가겠사옵나이다.'
12 그리고 한 구절을 더 가르치라.
13 '하나님께서 원하는 행동만을, 하나님께서 원하는 일들만 할 수 있고 살아갈 수 있도록 은총과 은혜를 주옵소서.
14 여호와 하나님의 뜻과 여호와 하나님이 원하는 일만 하며 살아가는 백성이 될 수 있도록 은혜를 주옵소서.' 그리 기도하는 마음을 갖도록 깨우쳐 주라.
15 그 한 구절을 너의 제자들에게 일깨워 주도록 그리하라.
16 '저의 죄를 용서하여 주옵소서. 율법과 하나님의 뜻에 따라 살아가겠사옵나이다.
17 하나님의 뜻에 따라 살아갈 수 있도록 저에게 은혜와 은총을 주옵소서.' 그리 기도하는 법을 가르쳐 주라.

1,515 번째 하나님 말씀

2001년 8월 26일 12시 15분

(강론을 마치며)

1 사랑하는 선지자야!
2 "네, 여호와 하나님! 말씀하옵소서."
3 내가 오늘 너희들에게 이리 일렀느니라.
4 세상에 하나의 씨를 심어 그 싹이 일어나 만백성을 구하게 하기 위하여 호박이라는 것의 씨를 하나 심었다 말하였음이니라.
5 세상이 혼탁해졌으며, 나를 믿음이요, 하늘에 오르겠다고 나 여호와의 이름

과 나의 아들 예수 이름을 빙자하여
지금의 믿음을 이끌고 가는 자들이 무
엇을 알고 있는가?
6 내가 그들에게 가르쳐 나에게 오르는
길이 무엇인지, 나에게 오르기 위하여
너희들이 넘어야 할 길과, 넘어야 할
산과, 너희들이 건너야 할 다리와, 건
너야 할 강과, 너희들이 건너야 할 길
과 험악한 그 바다를 지금 가르치는
종교 지도자들이 과연 얼마나 알고 있
으며,
7 어떠한 과정을 거쳐서 하늘에 오르는
것인가를 알고 있으며, 오는 길이 어
떠한 길인가를 그들이 알면서 하늘에
오를 수 있다 가르치는가?
8 하늘에 오르는 길과 하늘에 오르는 길
의 험난하고 평탄하며 그 오묘하고 방
대한 길을 모르면서 하늘에 오르는 인
도자요, 하늘에 오르는 것을 깨우치는
자라 소리 지르는 그 종교 지도자들이
과연 진정한 종교 지도자들이며 진정
한 하늘에 오르는 길을 인도하는 자라
너희들은 말할 수 있겠는가?
9 충분히 가르칠 수 있는 지식을 가지고
있지 않은 자가 어찌 남을 가르칠 수
있다 말할 수 있는가?
10 그것을 아는 자만이 가르칠 수 있음이
니라.
11 기계를 다룰 줄 모르는 자가 어찌하여
제가 기계를 다룰 수 있다며 만인들
앞에 서서 기계를 가르치고 다룰 줄
아는 양 그 흉내를 낼 수 있단 말이더
냐?
12 이는 정녕 할 수 없으며 그는 가르칠
수가 없음이니라.
13 지금 하늘에 오르는 길이며 하늘에 오
를 수 있는 그 길과 방법은 나의 열여
섯 권의 법전과 나의 사랑하는 종, 선
지자를 통하여 너희들에게 전하는 그
메시지, 그 뜻밖에는 없음이니라.
14 세상의 많은 피조물 만백성 중에서 지
금 나의 성전에 앉아 있는 너희만이
하늘에 오르는 길을 배우며,
15 하늘에 오르는 길을 알고 있으며, 하
늘에 오르는 길이 무엇이며 어떠한 길
을 거쳐야 하는 것인지 그 길을 아는
목자가 이끌고 있다 하면, 이 세상에
너희만큼 소중한 자가 없음이니,
16 나 여호와가 바로 이곳에 지금 와 상
주하여 앉아 있다 하면 너희들은 어찌
하겠는가?
17 많은 종교들과 많은 집단의 수십억의
사람들이 하늘에 가는 길이 어떠한 길
인지를 모르면서 그들이 나의 피조물
만백성을 인도한다 부르짖으니, 내가
그곳에 갈 수 없으며,
18 그들이 바로 이단이요, 사탄이요, 너
희들이 말하는 그와 같은 형국에서 허
덕이고 있음이니라.
19 나의 피조물 만백성은 이단이요, 사탄
이 없음이니라.
20 그는 다 나의 자식이기 때문에, 그들
이 눈물을 흘리고 회개하고 왔을 때,
내 품에 있던 자식보다 그들을 더 사
랑함이 나이니라.
21 성서에 말하기를, 하나의 잃은 양을
더 소중히 한다는 뜻이 여기에 있음이
니라.
22 버려진 자식들이, 내 품을 떠난 자식
들이 눈물로써 회개하고 내 품에 오고

자 절실히 느낄 때, 그는 두 번 다시
사탄의 길에 가지 아니하며 오로지 내
뜻에 따라 나에게 열과 성의를 다하며
내 길을 오고자 하나,
23 내 품에 있는 자는 잘못하여 사탄의
길에 또 갈 수도 있음이니,
24 그리하여 잃어버린 양 한 마리가 더
소중하다는 뜻이 여기에 있음이니,
25 이 뜻을 목자들에게, 또는 종교 지도
자들에게 너희들은 가르쳐야 될 것이
니라.
26 이 세상에 하늘에 오르는 길을 모르고
소리 지르며 강론하는 자들이 있는가
하면,
27 이 나의 성전에 앉은 너희들만이 바다
를 건너 강을 건너고 산을 건너서 하
늘에 오르는 길을 알고 있으니,
28 그 길을 아는 나의 선지자가 너희들을
인도하고 있음이니, 오늘 바로 너희들
이 앉아 있는 이 성전에 나 여호와가
내려와 앉아 있다 하면 너희들은 어찌
생각하겠는가?
29 너희들이 그 소중함을 알아야 될 것이
니라.
30 그리고 너희들이 해야 할 일이 얼마나
중대한 것인가를 알아야 될 것이니라.
31 너희들이 타고 가며 편하게 운전하는
차라는 것이 있느니라.
32 그것을 운전하는 능력이 있는 자에게
맡겼을 때 너희들은 편안하게 목적지
에 갈 수 있으나,
33 그 기계를 다뤄 보지 아니한 자에게
그 차를 몰게 한다면 그것은 바로 무
엇이더냐?
34 그는 생명을 앗아 갈 것이며 낭떠러지
로 떨어질 것이니라.
35 지금 나에게 오를 수 있는 진정한 길
을 모르고 나에게 오르고자 울부짖으
며, 나의 길로 인도할 자격이 없는 자
가 인도하는 그 성전에 가 고개 숙여
기도하며 통곡하며 눈물지으며 무엇
인가를 얻고자 소리 지르는 자들이 바
로 몰 자격이 없는 자가 차를 몰아 그
차가 벼랑에 떨어지는 길로 가고 있음
이니,
36 그것은 바로 그들이 죽어서 내 앞에
왔을 때 한탄하고 통곡하는 그 절규가
될 것이니라.
37 너희들은 이 이치를 깨달아야 될 것이
니라.
38 지금 적은 나의 피조물 만백성 너희들
이 수십억의 인구를 깨우치고 가르치
고자 이곳에 모여 있음이니,
39 나는 지금 이 세상에 존재하는 나의
피조물 만백성을 구하고자 하는 뜻이
아니니라.
40 너희들의 대대손손, 이 세상을 지배하
며 살아가는 나의 그 백성들을 구하고
자 함이니,
41 다만 너희들이 지금 나의 법전을 열심
히 읽고 깨우쳐 나의 뜻을 알며 하늘
에 오르는 길을 선지자가 알듯이 너희
들이 깨우친다면 지금의 구원을 받지
못하는 나의 피조물 만백성을 구할 수
있음이니,
42 너희들의 믿음이 강하며 너희들이 하
늘에 오르고자 하는 나의 뜻을 볼 때
그들을 지배하고 그들을 끌어안고 있
는 사탄이나 마귀들이 서서히 약해질
것이며,

43 너희들이 오늘에 백 명이요, 2백 명,
천 명이 생기면 사탄이 그 수만큼 죽
어 감이니,
44 그들 밑에서 아우성치며 구원을 받고
자 소리치는 그 숫자만큼 너희들이 구
원할 수 있는 영광이 있음이며 그들을
구원할 수 있는 기회가 있음이니라.
45 하늘에 오르는 길을 보고 실천하는
자, 너희들은 남들이 깨닫고 실천할
수 없는 어렵고 험난한 길을 실천함이
니라.
46 남의 손을 잘라서 피가 날 때 너희들
의 손을 잘라서 대신 피를 낼 수 있는
그러한 자만이 하늘에 오를 수 있는
나의 빛을 볼 수 있음이니라.
47 지금 이 시대가 그것이 필요하니라.
48 이 시대에 그와 같은 자가 나와야만
할 것이니라.
49 그것이 너희들이 가야 할 길이니라.

1,516 번째 하나님 말씀

2001년 8월 27일 08시 10분

1 사랑하는 선지자야!
2 "네, 여호와 하나님! 말씀하옵소서."
3 너희들이 주식으로 다루고 있는 '벼'
라 하는 것은 세월이 지나며 시간이
지나고 열매가 열어 익어 가면서 서서
히 고개를 숙임이니라.
4 인간인 너희들에게 가장 많이 주식으
로써 제 몫을 다하며 양식을 전해 주
는 그 곡식이 시간이 지나면서 알이
차고 속이 차 익어지면서 고개를 숙임
이니,
5 네가 나의 뜻에 따라 깨우침도 그와
같이 시간이 흐르고 세월의 흐름에 의
하여 누렇게 익은 그 벼 이삭이 고개
를 숙이듯이 스스로 숙여지는 때가 있
음이니,
6 다만, 오늘보다 내일에 더 깨우침이
있어야 되는 것이며, 내일에 더 아름
다움이 있어야 함이니라.
7 오늘보다 내일에 기도를 더 열심히 하
며, 오늘보다 내일에 너의 제자들을
가르치는 데 더 열과 성의를 다하여야
할 것이니라.
8 어떠한 상황에서도 네가 마음의 파장
을 이뤄서는 아니 되며,
9 어떠한 사람도 다 너의 육신의 자식보
다 더 소중히 사랑하는 너그러운 마음
을 가져야 함이니라.
10 작은 파장의 원성이 세월이 지나 너에
게 돌아서서 화살을 쏜다 하면 그 화
살은 감내할 수가 없느니라.
11 그 모두는 다 너의 탓이라 생각하며,
모두는 다 네가 원인을 제공하였다 생
각하며,
12 네가 한 것이 아니며 네가 말한 진실
이 아니라 하더라도 남들이 너를 원망
하고 그리 지목하거든 조용히 그저 받
아들이고 그를 용서하는 마음을 가져
야 함이 선지자의 도리이니라.
13 알찬 곡식이 세상 이치를 다 깨달아
저를 거두어 많이 즐기는 식량으로써
다시 거듭 태어나기를 바라고 기다리
는 것처럼,
14 세상사 모든 것을 가슴에 안고 있는
너는 누가 뭐라 해도 알찬 벼 이삭이
고개를 숙이듯이 고개를 숙여 그들의
모두를 다 받아들여야 하며, 그것이

오로지 선지자가 해야 할 길이며 가야
할 길이니라.
15 남들처럼 시시비비하며, 옳고 그름을
따지며, 네가 하지 아니한 일이라 하
여 변명함이 있으며, 원인을 규명하
며, 흑과 백을 가리고자 하는 것은 네
가 깨달음이 없는 것이며, 선지자로서
할 행동이 아니니라.
16 남들이 너에게 뭐라 하거든 '그랬었느
냐?' 하고 대답하면 될 것을,
17 내가 말하지 않더냐? 날아오는 독화
살도 '허허' 웃으면 네 앞에서 떨어진
다 하였으니, 네 얼굴에는 항상 웃음
만이 깃들어 있어야 할 것이니라.
18 그것이 인내하기 힘들고 어렵다 하나
그것이 네 마음속에 있는 욕심을 덜어
내는 것이며, 네 마음속에 도사리고
있는 모든 악의 근원을 제거하는 길이
니,
19 오로지 너는 그저 '허허' 웃어야 되는
것이니라.
20 남들이 창끝을 댈 때 그를 방어하며
피하려 함이 아니라, 그저 그 창끝을
조용히 받아들임이 네가 해야 할 길이
니라.
21 찌르고자 하는 자, 너를 찔러 그가 편
안하고 그게 소위 목적을 달성하는 것
이라 하면 그 목표물이 되어 주고 그
의 이용물이 되어 주는 것이 네가 할
수 있는 길이니라, 선지자야!
22 나의 사랑하는 선지자야, 그리고 나의
불쌍한 종아, 그리고 내가 세상에 무
엇과도 더 이상 바꿀 수 없는 소중한
나의 아들아!
23 모두를 다 눈물로써 거둬들여야 할 것
이니라.
24 네가 용서할 수 없고 이해할 수 없는
아픔이 있거든, 너 혼자 하늘을 향하
여 나 여호와 아버지를 찾으며 눈물로
써 그를 다 삭이고 이해해야 함이니라.
25 그것만이 네가 해야 할 길이니, 너의
제자들에게 또한 그리 말하며 오늘의
이 기도 대목을 그들에게 들려주도록
하라.

1,517 번째 하나님 말씀

2001년 8월 28일 06시 30분

1 사랑하는 선지자야!
2 "네, 여호와 하나님! 말씀하옵소서."
3 나의 법전이 세상에 나가며 너를 따르
는 제자들이 이제 모여들기 시작함이
니, 이제는 바르고 곧은 행함만이 네
가 할 수 있는 길인 것이니라.
4 너의 어렵고 힘든 그 길을 나 여호와
가 알고 있음이니, 너는 염려치 말라.
5 다 가야 할 길이 있고 치러야 할 길이
있으며, 네가 건너야 할 강이 있음이
니라.
6 네가 거칠 것을 거치며 넘을 강을 넘
어야 함이니, 그것이 오늘의 너희들이
가고 있음이니라.
7 나의 성전에 와 나의 법전을 가슴에
안고 정독하는 자, 그 또한 너를 따를
자와 따르지 못할 자가 구분되어야 함
이며,
8 나의 법전을 가슴에 안고 정독하며 모
두를 다 바쳐 읽는 자가 깨닫고자 하
는 자와 그러하지 못한 자가 있음이
니, 이를 구분하여야 함이니라.

9 너는 너무 개의치 말라.
10 내가 너를 지켜 줌이며, 너를 바로 서
게 하고자 함이니, 너의 제자들 또한
바로 서고자 함이며, 오늘의 너의 제
자들의 마음을 네가 읽어야 할 것이니
라.
11 내가 지금 너에게 명하는 대로 너는
실행하면 될 것이니라.

1,518 번째 하나님 말씀

2001년 8월 28일 08시 35분

1 사랑하는 선지자야!
2 "네, 여호와 하나님! 말씀하여 주옵소
서."
3 '박판수'라 이르는 제자에게 300만 원
을 지원하라 하며, '문장석'이라는 그
제자에게 300만 원을 지원하라 이르
라.
4 그리하여 어젯밤에 천사가 너에게 전
해 줬던 그 600만 원의 통장을 만들어
성전을 정리하라. 그리하면 너희들에
게 길이 있을 것이니라.
5 이는 나의 뜻이니 네가 주저하지 말며
그리 명하여 시행하도록 하라.
6 그들에게 반드시 증서를 써 주라.
7 나를 대신하여 증표를 기록하여 그들
에게 많은 은혜를 내릴 수 있도록 할
것이며,
8 그가 시행하기 전에 그에게 알려 주지
말며, 그가 만일 시행을 하거든 오늘
아침 그의 이름을 하늘에 기록함이라
알려 주라.
9 모난 성격을 죽이라 하라.
10 로마의 병정들이 사람을 쳐 죽였던 그
봉과 같은 날카로운 마음을 다 지우라
하라.
11 그는 그를 지워야 하느니라.
12 그의 이름을 내가 오늘 거둬들임이니,
마음의 흔들림이 없어야 할 것이며,
오로지 기도와 묵상에 전념하도록 하
라 이르라.
13 부모를 죽인 원수도 철천지원수라 하
나 본인의 생명을 끊도록 한 원한이
얼마나 뼈에 사무치겠는가? 삼천 배
의 절을 하는 마음으로 그 아내에게
다가가 용서를 빌라 이르라.
14 그리 실행하여 이 성전을 편안히 만들
라.

1,519 번째 하나님 말씀

2001년 8월 29일 08시 50분

1 사랑하는 선지자야!
2 "네, 여호와 하나님! 말씀하옵소서."
3 사막의 삶의 생활과 고통을 겪어 가며
저희 백성을 인도하고 안내하였으며,
나로부터 불로 쓴 십계명을 직접 보고
받은 모세도 그가 원하는 가나안 땅으
로 갈 수 없었음이니,
4 이는 나의 뜻을 거역하였으니 하늘에
오를 수 없음이니라.
5 너와 너의 제자들의 이름을 내가 하늘
에 걸어 명패로 표시하며 너희들에게
나를 믿고 나의 법전에 따라 행동하고
생활하며 하늘에 오르라 하였으나,
6 너희들은 대대손손 나의 피조물 만백
성을 인도하며 너희 자손들에 대한 하
늘에 오르는 길의 빛이 될 수는 있어
도, 너희들이 하늘의 구원을 받을 수

없음을 너와 너의 제자들이 반드시 깨
우쳐야 할 것이니라.
7 오늘보다 내일의 삶이 아름다우며, 내
일보다 모레의 삶이 더 아름답고 욕심
을 비우며 천사와 같이 곱고 아름다운
삶을 살지 아니한다면 너희들은 나에
게 구원을 받을 수 없음이니,
8 내 앞에 와 심판을 받을 때 너희들은
남들보다 더 고통스러움과 아픔을 느
낄 것이니라.
9 너는 말하라. 모든 마음과 욕심의 근
원의 뿌리를 버리지 못하였으며, 내가
추구하는 것이 무엇이며 나를 믿고 따
르는 자가 어찌 행해야 하는가를 모르
는 그들은 나의 성전에 나오지 말라
이르라.
10 내가 원하는 것이 무엇이며 내가 추구
하는 것이 무엇이며 내가 이루고자 하
는 것이 무엇인가를 모르는 자는 나의
성전에 와 나의 법전의 책장을 넘기지
말라 이르라.
11 내 사랑하는 선지자의 마음에 파장을
이루는 자, 선지자의 눈에서 눈물이
나게 하는 자, 선지자의 가슴을 아프
게 하는 자,
12 그 모두를 다 내가 용서할 수 없음이
니라.
13 저희가 선지자의 마음과 가는 길을 모
르며, 그가 가고자 하며 나의 뜻에 따
라 예수의 삶의 길을 가고자 하는 그
마음에 파장을 이루는 자, 용서할 수
없음이니,
14 이를 그들에게 깨우쳐 전해야 할 것이
니라.

1,520 번째 하나님 말씀

2001년 8월 29일 21시

(강론을 마치며)

1 사랑하는 선지자야!
2 "네, 여호와 하나님! 말씀하옵소서."
3 너의 제자들과 너를 따르는 나의 피조
물 백성들에게 이를 일깨워 주도록 하
라.
4 어린아이 마음을 여든 살 먹은 사람이
모르며, 젊은이 마음을 나이 먹은 사
람이 모르니,
5 열 살 먹은 사람을 스무 살 먹은 자가
모르며, 스무 살 먹은 자가 서른 살 먹
은 사람의 마음과 생각을 모르며, 서
른 살 먹은 자의 마음을 마흔 살 먹은
자가 모르고, 마흔 살 먹은 자의 마음
을 쉰 살 먹은 자가 모름이니,
6 너희는 이 한 가지 이치도 깨우치지
못하고 세상을 살아감이니라.
7 인간이라는 나의 피조물 너희들은 나
로부터 생명을 받아 세상에 태어나 어
린 시절부터 너희들이 죽을 때까지 그
나이를 살고 나에게 옴이니,
8 그 역사를 겪고 개인의 삶을 살아온
자가 여든 살로써 나에게 불려 올 때
그가 죽을 때까지 살아온 열 살, 스무
살 젊은 세대의 마음을 알지 못하며
이해하지 아니하려 하며 이해하지 못
함이니,
9 이리하여 이 세상에 아름다움과 평화
가 깨지는 것이며 나의 에덴동산이 이
루어지지 아니함이니라.
10 오늘 너의 제자들과 너를 따르는 나의
피조물 만백성은 이와 같은 것이 아래

위가 없이 이해하고 사랑하는 마음을
갖는 것부터 먼저 깨우쳐야 될 것이니
라.
11 나이 든 자는 젊은이를 이해하며, 젊
은이는 나이 든 자를 이해하는 이와
같은 심성을 갖고 세상을 살아갈 때
세상의 이치를 다 깨닫고 알게 됨이니,
12 이 이치부터 먼저 깨달을 것이며, 이
이치부터 깨닫고 노력할 수 있도록 그
리 너의 제자들에게 전해야 할 것이니
라.
13 세상의 수십억 인구들 속에서 너희들
이 선택되어 이 성전에 모여 있음은,
이곳에는 악이 없으며, 사탄이 없으
며, 어린아이가 어머니의 젖을 먹는
그 평온함이 이 안에 가득하게 차 있
음이니라.
14 오로지 사랑과 평화와 평온만이 이곳
에 있으니, 이곳에 있는 공기는 세상
의 어떤 공기와도 바꿀 수 없으며, 너
희들이 앉아 있는 이 순간, 이 속의 아
름다움은 세상 어느 집단도 이와 같이
아름다운 마음이 없음이니라.
15 너희들은 각자 나의 성령인 나의 메시
지를 들어 열여섯 권의 책 속에 들어
있는 나의 뜻을 깨우치고자 하며, 나
의 사랑하는 선지자가 전하는 그 뜻을
깨우쳐 곧고 바르게 살고자 하며, 오
늘보다 내일을 더 아름답게 살고자 하
며 반성하고 회개하는 너희들의 똑같
은 마음을 갖고 있음이니,
16 이 성전이 세상에서 가장 아름답고 신
선한 곳이니 이곳의 공기가 밖의 공기
와 다름이니,
17 이는 곧 내가 너희들이 인간이 아니
요, 너희가 몇 단계 올라와 있는 나의
백성이라 하여 내가 너희들이 소중하
다 말하였느니라.
18 나의 성령이 그득히 차 있는 이 성전
에서 나의 뜻을 들으며, 나의 메시지
를 들으며, 누구도 깨닫고 이해할 수
없는 하늘에 오르는 길과 너희들이 영
원히 살 수 있는 그 구원의 가르침을
듣는 이 전당에 모여 있는 너희들의
모습이 너무나도 아름답고 갸륵하니,
19 나 여호와의 마음이 형용할 수 없는
진정한 기쁨을 얻음이니,
20 너희들의 힘이 모여 하나의 마음으로
됨으로 인하여 너희들이 상상할 수 없
는 파괴력의 마음의 뜻을 이룰 것이며
그와 같은 힘을 발휘할 것이니, 그리
알아야 될 것이니라.
21 내가 선지자를 통하여 너희들에게 미
리 일깨워 주었음이니라.
22 높은 빌딩을 지으며 태산을 옮기는 그
모든 힘보다도 너희 마음 하나를 연필
로 찍는 작은 마음에서 순종하고 아름
다운 마음으로 모으는 그 힘이야말로
핵폭탄이 폭발하는 것보다도 더 위대
한 힘을 발휘할 수 있다 하였음이니라.
23 나 여호와의 뜻이 여기 있으며, 나의
성령이 여기 있으며,
24 너희들이 내가 있는 여기에 모여서 너
희들의 마음이 하나가 될 때 그 마음
이 세상을 지배할 수 있는 길이 될 것
이며 힘이 될 것이며,
25 너희들만이 대대손손 나의 피조물 만
백성을 일깨워 하늘에 오르는 길의 안
내자가 될 것이니,
26 너희들은 이 중대함을 깨우쳐 하나의

마음이 되어야 할 것이니라.
27 너희들의 마음속에 가지고 있는 그 구
슬을 꺼내서 너희들의 발 앞에 놓을
때,
28 너의 제자들이 앞에 있는 구슬을 주울
때, 그 모든 구슬이 다 하얘야만 될 것
이니라.
29 너희들은 눈과 같이 하얀 구슬만을 가
슴에서 꺼내 놓아야 될 것이니라.
30 거기에 검은 점이 있으며 검은 반점이
있는 검은 구슬을 꺼내 놓는 자가 있
어서는 아니 될 것이니라.
31 나 여호와가 너희들의 가슴에 있는 성
령의 구슬을 꺼내 선지자 앞에 놓을
때, 너희들의 마음이 다 흰 눈과 같이
하얀 구슬만이 나올 수 있도록 너희들
이 그리 다스리고 나가야 할 것이니
라, 나의 사랑하는 백성들아!
32 너희들이 지금 수십억 인구를 구원함
이 아니요, 대대손손 나의 법전을 읽
고 수십억 인구들이 깨우쳐 나가는 곳
에 너희들의 이름이 다 기록될 것이며,
33 너희들이 복음서를 만들어 너희들의
그 복음서를 읽고 깨우치는 나의 피조
물 만백성이 대대손손 이루어질 것이
니,
34 그들은 너희들을 천사와 같이 볼 것이
니라.
35 너희들을 천사와 같이 볼진대, 너희들
의 오늘의 삶이 혼탁하며 앞과 뒤가
다르며, 남들이 보지 않는 데에서는
사악한 마음을 가지며 남들 앞에서는
환한 웃음을 웃는 이중의 잣대를 가지
고 세상을 재고 살아간다 하면,
36 너희들은 나의 피조물 만백성을 구할
수 있는 전도사가 아니니라.
37 그 전도사의 생활을 잘못 지켰으며,
전도사의 갈 길을 지키지 못한 너희들
이 나에게 왔을 때는 얼마나 가혹하고
무서운 심판을 받는지 너희들 스스로
깨우쳐 행하여야 할 것이니라.
38 하나의 썩지 않은 감자를 내렸음이니,
그 감자를 너희들이 잘 관리하고 다듬
어 열매를 맺게 할 것이며,
39 그 열매 맺은 감자가 다시 크고 또 씨
앗을 뿌려 나가는 이와 같은 형국에
너희들이 있음을 잊어서는 아니 될 것
이니라.

1,521 번째 하나님 말씀

2001년 8월 30일 06시 40분

1 사랑하는 선지자야!
2 "네, 여호와 하나님! 말씀하옵소서."
3 '세 살 버릇이 여든까지 간다.'는 말을
내가 너에게 했듯이, 살아오면서 네가
익히고 몸에 밴 모든 행동을 하루아침
에 덜어 내기 힘드나니,
4 그러나 네가 그 모두를 지워 버리며
너 스스로 달래며 살아가고자 하는 모
습을, 그 갸륵한 마음을 내가 아느니
라.
5 이 세상을 창조하고 너희들이 나로부
터 세상에 나갔다가 다시 돌아와 심판
을 받으며 이 세상의 모두가 다 나의
주관하에 움직이는 나 여호와의 성령
을 받아 나의 피조물 만백성을 구원하
는 대명을 받은 너는,
6 너 하나 희생하여 만백성을 구하는 길
이 있다면 그것을 기쁘고 즐거운 마음

으로 가야 하지 않겠느냐?
7 그 마음 하나를 다스리라. 그 마음 하
나로 모두를 다 다스리라, 선지자야!
8 너희들의 자손대대 그들을 구원하는
기본이 되어야 되며, 거울이 되어야
되며,
9 지금 나의 피조물 만백성 중에 오로지
나의 아들 예수를 찾으며 그의 행적을
찾으며 그가 기록한 성서대로 살아가
고자 노력하는 자들이 있으니,
10 수천 년 역사가 흐른 후에도 오늘의
너를 생각하며 네 삶을 생각하며 너의
행적을 되짚어 그들이 보고 배워,
11 하늘에 오르는 나의 이 깨우침이, 나
의 성령이 진정한 하나님의 뜻이라는
것을, 보지도 듣지도 못한 너희 후손
들이 그를 믿고 하늘에 올라야 함이니,
12 너 하나 불사르고 너 하나 희생하여,
너 하나를 버려, 너의 모든 것을 다스
려 만백성을 구하는 기본이 되는 나의
뜻을 네가 이루어야 할 것이니라.
13 그리고 너의 제자들에게 이르라.
14 이곳 성전을 찾아오는 나의 백성들 중
에 나의 성령으로써 너를 통하여 나가
는 그 주옥같은 말들을 알아듣고도 나
의 뜻이요, 나 여호와의 가르침이라
생각지 못하는 자들은 그 귀가 막혔음
이니,
15 그 뚫리지 않은 귀로 무엇을 들어 깨
우치겠느냐?
16 이는 정녕 너희들이 말하는 창조주인
나 여호와요, 하나님이라 하는 나 스
스로 나의 선지자를 통하여 내려보낸
그 음성과 그 뜻을 들을 수 있는 귀를
먼저 뚫으라 하라.
17 그 귀가 뚫려 이는 정녕 여호와 하나
님의 말씀이라 생각하는 자만이 나의
뜻을 깨닫고 구원의 길을 볼 수 있음
이니, 그들에게 그리 깨우쳐야 할 것
이니라.
18 정녕 이 세상에 하늘에 오르는 길이라
하여 나의 뜻을 받아 기록한 책이 있
으며,
19 배운 자, 배우지 못한 자, 모든 백성들
이 쉽게 깨우치고 깨달아 하늘에 오르
는 그 길과 방법을 이곳에 다 내가 너
희들에게 전하고 있음이니,
20 이와 같이 소중한 내용들이 기록된 책
이 있다 하면 그를 따르라 하라.
21 너의 제자들에게 이르라.
22 너희들 스스로 귀를 뚫어야 될 것이
며, 귀가 열려야 될 것이며,
23 그리고 이웃의 나의 피조물 만백성의
손을 잡고 정녕 하늘에 오르는 길에
인도함이 인도받은 자의 축복이요, 인
도한 자의 축복의 은혜가 있음이니,
그를 게을리하지 말도록 그들에게 전
하라.

1,522 번째 하나님 말씀

2001년 8월 30일 09시 05분

1 사랑하는 선지자야!
2 "네, 여호와 하나님! 말씀하옵소서."
3 지금 내가 만든 이 낙원에 내가 존재
하며 나에게 오르는 길이라 하여 수많
은 종파들이, 수많은 나의 피조물들이
기도하고 경배하며 저희들의 가는 길
이 옳은 길이라 부르짖고 있으니,
4 그들이 나에게 오르는 길이 아니요,

나에게 오르는 길의 행위가 아니며 내
가 원하는 그 길이 아닌 쪽에서 나에
게 오르는 길이라 그리 울부짖고 있음
이니라.
5 이제는 그들을 더 이상 방관할 수 없
으며 더 이상 그대로 방치할 수 없음
이니,
6 그들을 곧바로 곧은길로 바로잡아 하
늘에 오르는 길과, 나 여호와가 있음
과, 나에게 경배하고 기도하는 것을
알게 하며, 나에게 오르고자 하는 나
의 피조물 만백성이 살아가는 그 기초
요, 기본이요, 근본을 만들어 세상에
내보내 그들을 다시 다스리며 거둬들
이고자 함이니,
7 수만 갈래로 갈라져 있으며 수만 개의
종파가 서로 저희들만이 옳은 길이라
부르짖는 그 속에서, 나약하고 보잘것
없는 너를 통하여 나의 진실인 나의
성령을 태워 열여섯 권의 법전을 세상
에 내보내, 모두를 다 나의 법전을 향
하여 연구하고 공부하는 백성으로 만
들어야 함이니,
8 이 얼마나 어렵고 중대하며 소중한 일
이더냐?
9 이제는 더 이상 방치할 수 없느니라.
10 너희들이 말하는 구약과 신약의 시대
에 와 이 세월이 그대로 지금 너희들
이 공부하고 연구하며 하늘에 오르고
자 하는 그 길을 더 이상 간다 하면,
11 번지는 전염병을 막지 아니하고 잡지
않으면 점점 오염되는 그 병균이 세상
을 다 덮어 가는 것처럼,
12 모든 생물과 나의 피조물 만백성이 그
전염병에 의하여 다 희생물이 되어 가
버리니,
13 그들이 다 죽어 가고 썩어져 가는 형
국에 이름이니라.
14 더 이상 오염되지 않아야 하며 더 이
상 사악한 무리가 퍼져 나가서는 아니
되기에, 그들을 이제 나 여호와의 뜻
에 의하여 거둬들이고자 함이니라.
15 그들을 바로잡고 거둬들임에 기적을
보임도 아니요, 내가 여호와라 하며
나가서 너희들 앞에 외침도 아니요,
나의 아들 예수가 재림하여 세상에 다
시 내려왔다 하여 외침도 아니니라.
16 그는 다 한순간에 물거품으로 지나갈
것이며, 그리 잠깐 왔다 가는 것으로
써 너희들은 더 사악한 마음으로써 그
를 공격하며 공박할 것이니,
17 너희 인간들의 문명이라는 듣고 배우
고 쓰고 깨우치는 책이라는 것으로써
나의 성령을 그곳에 심어 대대손손 너
희들을 구하고자 하는 것이니라.
18 이제는 그 모든 종파들이 다 나의 법
전을 보고 깨우쳐 그 법전 아래 모두
가 다 한 길을 위하여 하늘에 오르는
길을 가고자 하여야 할 것이니,
19 나의 피조물 만백성이 많은 종파에서
하늘에 오르는 것을 부르짖음이 아니
요,
20 오로지 나의 법전을 읽고 깨우쳐 그
법전에서 가르치며 인도하며 하늘에
오르는 길을 가르쳐 주는 대로, 그 순
리대로 순종하며 따르며 시행하면 되
도록 하고자 함이니,
21 너의 제자들에게 오늘의 이 법전이 얼
마나 소중한 것인가를 반드시 일깨워
줘야 될 것이니, 이를 명심하여 전하

도록 하라, 선지자야!

1,523 번째 하나님 말씀

2001년 8월 31일 06시 30분

1 사랑하는 선지자야!
2 "네, 여호와 하나님! 말씀하옵소서."
3 너는 내가 너를 사랑하는 선지자라 부
르는 것을 당당히 받아들이며, 한 점
의 부끄럼이 없는 삶을 살아야 할 것
이니라.
4 너희들에게 말하기를, 성서의 구약과
신약 속에 가장 중요한 대목이 요한복
음에 기록되어 있으며 16장 13절이라
말하였으니,
5 성령이란 무엇을 말하더냐? 나의 가
슴의 뜻을 성령이라 말하지 않더냐?
6 나의 가슴을 태워서 너에게 내려보낸
것이 바로 나의 이 성령이요,
7 그들을 진리 가운데로 인도한다 하였
으니, 나의 성령의 메시지가 진리가
아니고 무엇이더냐?
8 너희들이 하늘에 오르는 그 진실한 길
을 기록하였으며 진리로 너희들을 인
도함이니, 십계명을 지키며 질서를 파
괴하지 아니하며 정도의 길을 가는 삶
을 살라 하였으니,
9 이것이 진리요, 정도가 아니고 무엇이
더냐?
10 '그'가 누구더냐? 그는 나의 성령을 받
아 대필하여 세상에 전하는 자니,
11 나의 아들 예수가 사람의 형태로 세상
에 왔음이니,
12 나 또한 나의 성령을 전하되 너희들이
통용하는 말로써 너희들에게 전한다
하면 너희들은 가지각색으로써 전할
것이니라.
13 내가 고구마라 말한 것을 너희들이 수
천 년 역사가 흐른 다음에 감자라 전
하면 다행일 것이나,
14 내가 고구마라 너희들에게 가르쳐 주
어 수천 년의 역사 동안 말로 전한다
하면 그 후에 가서는 개구리라 말하는
자가 있을 것이며, 심지어는 뛰어다니
는 망아지라 말할 수 있음이니,
15 그를 제대로 전하며, 그들이 틀을 잡
아 대대손손 변하지 아니하고 전할 수
있는 것이 너희들이 말하는 '글'이라
는 것이며, 너희들이 읽고 깨우치기
쉬운 책으로 엮어 냄이니,
16 그가 자의로 말하지 아니하며 제 생각
과 제 뜻을 말하지 아니하며, 묵상과
기도로 나에게 들은 말만 전함이니,
17 그가 바로 누구더냐? 바로 나의 사랑
하는 선지자 너이니라.
18 네가 나의 성령을 받아 진리로 나의
피조물 만백성을 인도하며,
19 네가 나의 성령을 받아 대대손손 변함
없이 그 진리 속에서 그들을 깨우치며
하늘에 오르는 길을 보게 함이니,
20 바로 요한복음 16장 13절에 기록되어
있는 네가 나로부터 명받아 세상에 나
갔음이니, 이를 너의 제자들에게 일깨
워 줘야 될 것이니라.
21 너희는 들으라.
22 나의 성령을 받아 나의 진리 속으로
나의 피조물 만백성을 인도하며, 선지
자 그가 자의로 말하지 아니하며 나로
부터 들은 것만 시행하며 그리 실천함
이니,

23 너희는 실행하고 실천하는 그를 탓하
지 말며 욕하지 말아야 할 것이니라.
24 그리고 그가 너희들의 지난날의 삶과
오늘의 생활과 너희들의 전생에까지
너희들의 삶의 죄와 죄목과 너희들이
베풀었던 덕행을 너희들에게 일깨워
주며 미래의 삶까지 너희들에게 알려
줌이니,
25 그가 그의 능력으로 할 수 있다면 너
희들도 지금서부터 이 자리에 앉아 남
들의 오늘의 생활과 그의 전생과 미래
를 한번 가르쳐 줘 보라.
26 나의 명에 따라서 나의 성령을 가슴에
받아 성령을 안고 세상의 나의 피조물
만백성에게 전하며 진리 속에 그들을
인도하며,
27 자의로 말하지 않고 나의 묵상과 나에
게 기도드리는 그 속에서 나의 뜻만
따라 움직이며, 너희들의 오늘과 미래
를 알려 주는 그가 바로 선지자, 나의
소중한 자식이니라.
28 나의 선지자요, 나의 종이요, 나의 자
식이니라.
29 그가 지금 너희들이 '파'라는 것처럼
하얀 뿌리를 내리고 있음이니, 그 뿌
리가 깊고 굳어지기 전에 선지자를 흔
들고 미는 자가 있다 하면,
30 이제 파뿌리처럼 서서히 뿌리를 내리
고 있는 나의 선지자를 밀고 욕하며
당기는 자가 있으며 뽑아 버리는 자가
있다 하면,
31 그는 바로 가룟 유다보다 열배 백배
더 가혹하고 사악한 자의 행위를 하는
것과 같음이니라.
32 너희들이 아무리 밀고 당긴다 하여도
그 하얀 파뿌리가 뽑힐 리 없으며, 그
대공이 파랗게 자라는 데 지장이 없을
것이니라.
33 이제 그 뿌리가 깊이 내려 이 지구에
닿아 뿌리박을 때 그를 뽑을 수 없으
며 그를 밀어붙일 수도 없음이니,
34 선지자를 따르며 나의 법전이 정녕 나
의 성령이요, 나의 뜻이며 하늘에 오
르는 길이라는 것을 깨우치는 너희들
이, 너희들의 명패를 지옥 불에 가서
찾아오는 그와 같은 우를 범하지 말라.
35 너희들은 오늘부터 세상에 나가 나의
피조물 만백성에게 전하라.
36 요한복음 16장 13절의 그가 바로 성
령을 안고 세상에 왔음이니, 그가 짧
은 기간에 받아써 기록하여 만든 책이
성령이요,
37 그 성령의 내용이 진리로 인도하는 참
아름다운 뜻이 있으며, 제 스스로 말
하지 아니하며 여호와 나로부터 받은
뜻만을 기록하여 전하며 그리 사는 자
가 왔으니,
38 이 열여섯 권의 법전을 읽고 깨우쳐
하늘에 오르는 간단한 이치를 깨닫도
록 하라 그리 너희들이 나가 전하도록
하며,
39 반드시 나의 법전을 전할 때 16장 13
절의 이야기를 더불어서 그들에게 전
하도록 그리하라.
40 선지자야,
41 오늘부터 그들이 전하는 방법을 바꾸
어 그리 전하도록 하면 만백성의 깨우
침이 급류에 흐르는 것과 같이 빨리
퍼져 나갈 것이니 그리 알라.
42 '그가 왔노라.' 그리 전하라. '요한복음

16장에 있는 그가 왔노라.' 그리 전하
도록 하라.

1,524 번째 하나님 말씀

2001년 8월 31일

(강론을 마치며)

1 선지자야 들으라.
2 "네, 여호와 하나님! 말씀하옵소서."
3 구약의 시대를 지나와 지금 신약이라
는 시대의 2천여 년의 역사가 흐르면
서 성서를 들고 하늘에 오르고자, 깨
우침을 얻고자 기도하며 울부짖는 자
들이 얼마나 많이 있느냐?
4 오늘의 나의 피조물 만백성이 성서를
들고 저희들이 구원을 받고자 저희들
의 아픔과 슬픔을 다 기도로써 하늘에
고하며,
5 성전이라는 곳을 위하여 수많은 건물
들을 지어 하늘을 향하여 십자가를 높
이 세우는 그 모두를 보면서 너희들은
어찌 생각하느냐?
6 너희들이 성전이라 하여 눈을 좌우로
돌려도 그 성전이 보이지 않는 곳이
없을 정도로 이 지구를 다 덮을 것처
럼 지금 이루어지고 있으며,
7 성서를 들고 주일이라는 날에 구원을
받기 위하여 모여드는 그들이 구름 떼
같으니,
8 그들이 오늘에 이와 같이 이루기 위해
서는 어떠한 시점서부터 시작을 했더
냐?
9 성령으로 나의 아들 예수가 세상에 나
옴으로써, 그 갓난아이가 세상에 울음
을 터트리며 나와 그로부터 시작하여
뿌리를 내려 왔음이니,
10 그 한 아이의 능력으로 오늘에 그를
공부하며, 그의 보혈로써 구원을 받았
다 하며, 구원을 받을 것이라 하며 울
부짖고 기도하는 이와 같은 나의 피조
물 만백성이 세상을 덮고 있음이니라.
11 선지자의 제자 너희들이 있으며, 이
세상 대대손손 너희 자손들에게 전해
줄 수 있는 열여섯 권의 법전이 세상
에 나와 나의 성전에 그득히 쌓여 있
으니,
12 나의 아들 예수가 성령으로써 마구간
에서 두 주먹을 쥐고 태어난 그때의
현상과 너희들이 지금 앉아 있는 이
위치와 비교해 볼 때, 어느 시대의 어
느 위치가 더 방대하며 힘을 가지고
있다 생각하는가?
13 너희들은 나의 아들 예수가 성령으로
세상에 태어났던 그 시점을 생각하며
지금 너희들이 앉아 있는 이 성전을
생각하며 비교할 때,
14 천 년의 세월이 흐른 다음에 나의 아
들 예수가 지금의 성령으로 나의 피조
물 만백성을 구하고자 하여 그 피로써
구원을 받았다 울부짖는 백성의 숫자
보다 몇 배를 더 넘을 그 시대가 10년
안에 이루어질 것이니,
15 오늘의 너희들이 앉아 있는 이곳을 초
라하다 생각하지 말며, 불편하다 생각
하지 말며, 힘들다 어렵다 생각해서는
아니 될 것이니라.
16 나의 예수가 태어난 그 시점보다 백
배 이상의 힘과 능력을 가지고 모여
있는 너희들이니,
17 천 년의 역사가 흐른 다음에 그 백 배

이상의 나의 피조물 만백성이 나의 법
전을 읽고 하늘에 오르고자 할 것이니,
18 그때 너희들이 낙원에 와 나의 에덴동
산에 너희들의 이름이 기록되어 있으
며 내가 너희들을 부를 수 있는 그 위
치에 와 있으며, 너희들이 나를 볼 수
있는 그 위치에 올라올 수 있다는 것
을 너희들은 지금 깨우쳐야 할 것이며,
19 그 영광 외에 무엇도 생각해서는 아니
될 것이니라.
20 선지자야, 너는 너의 제자들에게 일러
전하라.
21 지금 너희들이 나의 열여섯 권의 법전
을 그득히 채워 놓은 이 성전에 있음
이니,
22 너희들이 나의 성전에 있는 법전을 가
슴에 안고 전하고 또 전했을 때,
23 백 년의 세월이 흐르고 천 년의 세월
이 흐른 다음에 나의 법전이 얼마만큼
세상을 덮어 나가며 진정한 나의 피조
물 만백성을 구하는 데 빛이 되고 안
내자의 길이 되며 하늘에 오르는 길의
안내자가 되겠는가?
24 너희들은 그때를 생각하며 오늘의 너
희들의 힘들고 어려운 것을 생각하지
말며,
25 너희들 각자가 나약하고 힘이 없다고
좌절하지 말라.
26 너희들은 내가 선택한 자이니 너희들
의 쓰임이 있으며 할 일이 있으니, 너
희들은 누구도 할 수 없는 그와 같은
경지에서 너희 임무를 수행할 것이니
라.
27 나의 에덴동산이 이루어질 때 너희들
은 하나씩 다 맡아서 그곳에서 이끌어
갈 자들이며,
28 너희들을 봄으로 인하여 나의 피조물
만백성이 사악한 마음을 아름답고 고
운 마음으로 돌릴 것이니,
29 너희들은 지구라는 것을 반으로 나누
어 놓고 하나는 선이요, 하나는 악으
로 차 있다 하여도 반쪽의 악을 선으
로 돌리기 힘드나,
30 지금은 7할이 악한 쪽에 가 있으며, 2
할, 3할도 되지 않는 선한 것이 지탱
하고 있음이니,
31 지금 세상의 모두가 다 썩어져 병들어
가고 있는 이 상태에서 나의 성령인
나의 음성이요, 내가 직접 내리는 메
시지를 듣고 새순을 틔우는 것은 너희
들밖에 없으니,
32 지구의 반이 아니라 지구의 1퍼센트
도 안 되는 지금 너희들이 존재해 있
는 이곳이 가장 성스러운 곳이며, 나
에게 오를 수 있는 곳이니라.
33 내가 말하였느니라. '하나님! 말씀하
옵소서.' 이 길이 '하늘에 오르는 길'이
라 명하여 주었으니, 이 명칭 또한 내
가 명한 것이니라.
34 내가 불로써 바위에다 쓴 십계명과 마
찬가지로 '하늘에 오르는 길'이라는
것은 내가 내린 명칭이니 너희들은 이
를 굳게 믿을 것이며,
35 오늘 이후부터 너희들은 요한복음 16
장 13절의 그가 왔으며, 그가 와 하나
님 말씀을, 성령을 받아 기록한 법전
이 이것이라 하여 자신 있게 높이 들
어 외쳐 나의 피조물 만백성을 하늘에
오르는 길로 인도하는 데 조금도 소홀
함이 없어야 할 것이니,

36 너희들이 개인의 생각과 개인의 삶과
개인의 감정과 개인이 가지고 있는 모
든 마음을 다 날려 보내야 할 것이며,
37 너희들 마음속에 나의 성령으로 그득
히 채우며 나의 법전의 깨달음으로써
너희들 몸을 감싸고 있을 때, 너희들
이 진정한 인도자가 될 것이니 그리
알아야 할 것이니라.

2001년 9월

1,525 번째 하나님 말씀

2001년 9월 1일 05시 10분

1 사랑하는 선지자야!
2 "네, 여호와 하나님! 말씀하옵소서."
3 너의 깨우침이 갸륵하고 갸륵하도다.
4 이제는 네가 깨달아 알았음이니, 너의
제자들과 너를 따르는 이에게 그리 깨
우치라.
5 나 여호와로부터 선택된 너희들이 누
구이며 나의 성령으로 기록된 나의 법
전을 읽고 배우는 너희들이 누구더냐?
6 내가 일찍이 너희들에게 너희 자신의
소중함을 알라 하였으며, 그 소중함을
아는 그 근본에서부터 무엇이 이루어
진다 말하였으니, 그는 그 소중함이
여기 있느니라.
7 나 여호와의 성령을, 내가 만백성을
구하고자 하여 나의 가슴을 태워 내리
는 나의 이 성령을 직접 듣고 보고 배
우는 너희들이 얼마나 귀하고 소중한
자들인가를 너희들이 알아야 될 것이
니라.
8 나의 음성을 들으며 나의 메시지가 기
록된 열여섯 권의 법전을 읽는 너희들
은 얼마나 너희들이 소중한 자들이며
얼마나 귀한 자들인가를 알면 지나가
는 여인의 그 발자취에 마음이 움직
이는 너희가 되어서도 아니 되니,

9 너희가 누구이기에 이와 같은 것에 흔
들리며, 너희가 누구이기에 감히 남을
욕하며 남을 시기하며, 너희가 누구인
데 길거리에 종이 한 장을 버릴 수 있
는가를 너희들이 깨달아야 할 것이니
라.
10 너희가 누군데 죄를 지으며, 너희가
누군데 사악한 생각을 하며, 너희가
누군데 감히 이와 같이 인간의 도리를
하지 못하며 정도를 가지 못하는 삶을
살고 있는가?
11 아무것도 아닌 것을 너희가 지키지 못
하고 있음을 너희들이 깨달아야 할 것
이니라.
12 '내가 누구냐, 내가 누구더냐? 나는 하
나님으로부터 선택되어 만백성을 구
하는 선택된 지도자다. 내가 누구더
냐? 나는 하나님으로부터 선택된 하
늘에 오르는 영광을 얻은 자다.' 하고
생각하면,
13 너희들이 어찌 감히 추하고 더러운 것
을 바라보며, 그 행위에 너희 마음을
주며 그 행위에 젖어들 수 있다 하더
냐?
14 '내가 누구더냐? 나는 하나님의 종이
며, 만백성 중에 나는 하나님께 선택
된 자다.
15 내가 하나님께 선택된 자로서 어찌 사
악한 생각을 하며 악을 생각하며 선을
저버릴 수 있단 말이더냐?
16 나는 하나님으로부터 선택된 자이니,
나는 선밖에 행할 것이 없으며, 선밖
에 나는 바라볼 수 없으며, 선행을 베
푸는 길밖에는 나는 할 수 없는 자다.'
하고 너희들이 생각하며,
17 죄를 짓는 일을 너희들은 감히 할 수
없다는 것을 깨달아야 할 것이며, 해
서도 안 된다는 것을 깨달으라.
18 '내가 누구더냐? 나는 하나님으로부
터 선택된 자이니라.'
19 '내가 누구더냐? 나는 하나님으로부
터 구원을 받은 자이니라.'
20 '내가 누구더냐? 나는 잘못 가고 있는
하나님의 백성들을 하늘에 오르는 길
에 인도하는 선택된 자이니라. 그리고
그의 파수꾼이니라.'
21 '내가 누구더냐? 나는 하나님으로부
터 선택된 자이니라.'
22 '내가 누구더냐? 나는 하나님의 명을
따라 움직이는 종이니라.'
23 '내가 누구더냐? 나는 이 세상에 살고
있지 아니하며, 죽은 자이니라. 나는
오로지 하나님의 명에 따라 살고 움직
이는 자이니라.' 하고 생각한다면,
24 너희들은 이 깨달음을 앎으로 인하여
하늘에 오르는 길의 삶을 지킬 수 있
는 나의 백성이 되었음이니 그리 알라.
25 오늘에 선지자 네가 이와 같은 깊은
깨달음을 얻은 것은 이게 바로 너 자
신을 지켜 갈 수 있는 길이니,
26 너의 그 깨달음을 나 여호와가 갸륵하
게 생각하며 기쁘게 생각하니, 너의
제자들에게 이를 일깨워 주도록 하라,
선지자야!

1,526 번째 하나님 말씀

2001년 9월 1일 08시 40분

1 사랑하는 선지자야!
2 **"네, 여호와 하나님! 말씀하옵소서."**

3 나의 피조물 만백성 중에 머리로 깨우
쳤으며 세상의 이치를 알고자 하며 하
늘의 천기를 알고자 하여,
4 무엇인가를 터득하여 만백성에게 한
소리 외치고자 하여 수련과 고행의 길
을 가는 것에 평생을 다 바치는 사람
들이 있는가 하면,
5 평생 동안 고행의 길을 가며 무엇을
깨우치고자 하나 아무것도 얻지 못함
이니, 죽어 가면서 말하기를 '무'라,
'무'라, '없을 무(無)'라, 아무것도 없음
이라는 말 한마디를 남기고 죽어 가는
자가 있으며,
6 '물은 물이요, 산은 산이로다.' 모든 것
은 제자리가 있으며 제가 할 일이 있
다는 것 하나 깨우쳐 세상에서 죽어
그가 눈을 감을 때 허무하게 잘못 살
았다는 것을 깨달음이니,
7 평생을 깨우치고자 하며 몇십 년이라
는 긴 세월 동안 무엇인가를 얻고자
기도하고 애걸하는 자도 얻지 못함이
니,
8 짧은 기간 동안 네가 오늘의 이와 같
은 깨우침의 경지에 올라 너 자신이
무엇 하는 사람이며, 너 자신이 왜 존
재하며, 네가 왜 이곳에 있는가를 깨
우쳤음이니, 그리고 네가 할 일을 깨
우쳤음이니, 네가 목표를 알고 있음이
니,
9 그 위대한 깨우침으로 인하여 이제는
나 여호와가 선지자로 선택하였음을
이 하늘나라에서도 감히 누구도 말하
지 못하게 되었음이며,
10 너의 변하는 그 모습 아래 모든 사탄
들도 고개 숙여 에덴동산을 이루는 것
에 그들이 거부하지 못할 것이니,
11 너의 오늘의 그 깨우침에 나 여호와의
마음이 기쁘기 한이 없음이니,
12 너는 더욱 정진하여 깨우쳐, 그들은
평생을 깨닫지 못하고 평생에 깨닫고
자 하여도 진리 하나를 얻지 못하나,
너는 네가 스스로 기도하고 얻음으로
써 내가 너에게 무한정한 깨달음과 이
치를 내려보내 줄 것이니,
13 더 깊이 자중하여 너 자신이 누구이며
네가 얼마나 소중한가를, 이를 깊이
깨우쳐 행하고 또 행하여야 할 것이니
라.
14 이제는 세상만사를 볼 수 있으며, 세
상의 흐름을 볼 수 있으며, 무엇이 진
리를 지키는 것이며, 무엇이 악을 뿌
리치며 선을 향하여 가는 길인가를 네
가 깨우쳤음이니, 이를 너의 제자들에
게 일깨워 줘야 할 것이니라.
15 그리고 내일 나의 성전에 모이는 제자
들 앞에 너는 이리 명하라.
16 '김봉호'라 하는, 목사라는 명칭을 가
지고 온 그는 종교 지도자들이 여기를
오며 믿음을 가지고 있는 자들이 왔을
때 상담을 할 수 있도록 할 것이며,
17 '문장석'이라 하는 그 나의 백성을 통
하여 미신 세계에서, 불교의 세계에
서, 모든 종파에서 무엇을 얻고자 발
버둥치는 자들이 왔을 때 그들을 깨우
쳐 이르며 상담을 하도록 할 것이며,
18 아무런 종교와 믿음이 없이 오는 자들
은 '박판수'라는, 너희들이 소위 장로
라 부르는 자가 상담할 수 있도록 이
리 3단계로 구분하여 내가 너에게 명
한 대로 행하도록 하여야 할 것이니

그리 알라.

1,527 번째 하나님 말씀

2001년 9월 2일 05시 55분

1 사랑하는 선지자야!
2 "네, 여호와 하나님! 말씀하옵소서."
3 내 사랑하는 너의 제자들에게 이와 같
음을 깨우쳐 주도록 하라.
4 이제는 너희들의 마음이 다스려지며
마음으로 깨달으며, 너희들이 하늘에
오르는 그 길이 무엇인가 알고 있음이
니,
5 마음과 생각은 다스려지나 육신의 행
동이 너희들에게 지금 다스려지지 아
니함이니,
6 이제는 마음을 다스리면서 육신의 행
동이 같이 다스려질 수 있도록 육신의
행동을 통제하는 그와 같은 자세로써
살아가도록 깨우쳐 줘야 할 것이니라.
7 지금은 너희들이 정신의 통제는 할 수
있으나, 육신의 세계를 통제할 수 없
는 그와 같은 현상으로써 나의 법전을
읽고 깨달아 왔음이니,
8 이제는 너희들이 나의 법전의 많은 장
수를 읽으며 읽은 횟수가 늘어나고 있
음이니, 그리하여 너희들은 마음으로
자제하고자 하나 행동이 따르지 아니
함이니, 이는 곧 너희들이 행동을 통
제하고 다스리는 훈련에 임하여야 할
것이니라.
9 모든 인간관계요, 삶의 생활에 대한
고비에서 너희들이 육신의 한계를 뛰
어넘는 지금의 훈련이 필요함이니라.
10 너의 제자들에게 오늘 이를 깨우쳐 주
라.
11 사랑하는 선지자야!
12 "네, 여호와 하나님! 말씀하옵소서."
13 내가 너를 사랑함이니라.
14 거친 들판에 하나의 겨자씨를 던졌음
이니, 날짐승이 이를 주워 먹을 수도
있으며 들짐승들이 그를 먹을 수 있으
나,
15 네가 잘 자라 새싹을 지나 지금 줄기
가 뻗어 가고 있음이니, 내가 너에게
1년, 2년, 10년 후에 너의 변한 모습이
진정 너의 모습이라 하였으니,
16 그리하여 너는 괴로워하지 말며 눈물
흘리지 말며, 나에게 기도와 묵상을
열심히 하여 너의 마음을 다스리라 하
였으니,
17 이제는 네가 나의 선지자로서 선택됨
이 얼마나 소중하며,
18 선지자로서 선택되었기에 한 점의 부
끄러움이 없는 삶을 살아가야 한다는
네 마음의 깨달음과 그와 같이 실천함
에 나의 기쁨을 형용할 수 없음이니라.
19 너의 제자들 또한 너와 같이 깨우침이
높아 나의 성전에 오는 자 한 점의 흑
점이 없으며 한 점의 구겨짐이 없게
저희들의 마음을 다스리도록 할 것이
며,
20 나의 법전을 가슴에 안고 정독하고 정
독하여 이웃의 손을 잡아 구원하는 그
와 같은 역사를 이루도록 너의 제자들
에게 오늘 일깨워 주도록 하여 힘과
용기를 그들이 가질 수 있도록 그리하
라, 선지자야!

1,528 번째 하나님 말씀

2001년 9월 2일 11시 20분

(강론을 마치며)

1 사랑하는 선지자야!
2 "네, 여호와 하나님! 말씀하옵소서."
3 나의 사랑하는 피조물 만백성이 나의
성전에 앉아 오늘 나의 메시지와 너를
통하여 나의 음성을 듣고 있음이니,
그 모습이 너무도 아름답고 나 여호와
의 마음이 기뻐, 내가 오늘 너의 제자
들에게 몇 가지를 가르쳐 주고자 하여
내가 너에게 기도를 하도록 임하였음
이니 그리 알라.
4 선지자야, 너는 들으라.
5 네가 누구더냐? 너는 나의 피조물 만
백성을 구하는 법전을 만들어 나의 성
령을 기록하여 만백성을 구원하는 대
임을 맡은 자이니, 너는 만백성을 구
하는 자이니라.
6 만백성을 구하는 자의 대명을 맡은 네
가 남을 시기하며 질투할 수 있겠는
가? 나로부터 선택된 선지자 네가 남
의 물건을 도적질할 수 있겠는가? 너
는 할 수 없음이니라.
7 너의 제자들에게 이를 따라 복창하도
록 너는 그들에게 가르치라.
8 '나는 하나님으로부터 선택된 자이니
라.'
9 나로부터 선택된 너희들은 누구더냐?
만백성 피조물을 구하는 대명을 받은
너희들이니, 너희들은 복창하라.
10 '나는 하나님으로부터 선택된 자이니
라. 선택된 내가 다른 신을 나에게 있
게 할 수 있겠느냐? 선택된 내가 우상
을 섬길 수 있겠느냐?'
11 '나는 하나님으로부터 선택된 자이니
라. 나는 선택된 자로서 우리 아버지
의 이름을 망령되이 일컬을 수가 있겠
는가?'
12 '나는 선택된 자로서 살인할 수 없음
이니라.'
13 나는 선택된 자로서 거짓말을 할 수
없음이니라.'
14 나는 선택된 자로서 간음할 수 없느니
라.'
15 나는 선택된 자로서 거짓 증거할 수
없느니라.'
16 나는 선택된 자로서 이웃의 집을 탐내
지 아니할 것이며, 나는 하나님께 선
택된 자이기에 어떠한 질서를 파괴하
는 작은 일도 할 수 없으며,
17 나는 하나님께 선택된 자이기에 어떠
한 즐거움도 법에 위배되는 행위는 절
대 할 수 없는 자이니라.'
18 너희들은 나로부터 선택된 자이며, 하
늘에 오를 수 있는 자격을 획득하고
있는 자들이며,
19 너희 명단을 내가 하늘에 기록한 자
있으며, 너희들이 깨닫고 믿음이 충만
될 때 너희들의 이름을 내가 거두어들
이니,
20 너희들은 나로부터 선택된 백성이며
나로부터 선택된 자들이니,
21 너희들은 나로부터 선택된 그 영광 앞
에서 어떠한 것과도 바꿔서는 아니 되
며 바꿀 수 없다는 것을 가슴 깊이 오
늘 새기며 나의 음성을 계속 듣도록
그리하여야 할 것이니라.

1,529 번째 하나님 말씀

2001년 9월 2일 12시 10분

(강론을 마치며)

1 사랑하는 선지자야!
2 "네, 여호와 하나님! 말씀하옵소서."
3 너의 제자들에게 그리 일러야 할 것이
니라.
4 하늘에서 쏟아지는 그 소낙비 속에서
하나의 진주라는 보석이 내려오고 있
다 하면 그 보석을 손을 내밀어 받는
자는 무어라 말하겠느냐?
5 세상에 다시없는 행운아요, 세상에 다
시없는 기적을 이루었다 말할 것이니
라.
6 바로 지금 네 앞에 와 앉아 있는 너의
제자들이 하늘에서 떨어지는 빗속에
섞여서 내려오는 그 보석을 손바닥에
받은 것과 같은 영광이 있음이니,
7 그들에게 그와 같은 소중함을 먼저 깨
우치라 그리 일러야 할 것이며, 오늘
네가 그들에게 가르쳤듯이 그들이 가
슴에 깊이 새겨야 할 것이니라.
8 나 여호와가 나의 피조물 만백성을 깨
우치기 위하여 모세에게 전하여 구약
과 신약의 가장 중요한 대목이라 말할
수 있는, 그 모두를 줄여서 축소시켜
놓은 것이 바로 십계명이니,
9 그 십계명을 나 여호와가 불로써 바위
에 기적을 이루어 쓰도록 하여 모세
가 전했으니, 그보다 더 소중함이 지
금 앉아 있는 너의 제자들이니라.
10 너희들이 그보다 더 소중한 것을, 그
소중한 너의 제자들이 외워야 할 것은
너희들은 바로 나 여호와로부터 선택
된 자들이기 때문에 '나는 하나님으로
부터 부름을 받은 자요, 나는 하나님
으로부터 선택된 자이기 때문에 여호
와 하나님께서 원하지 않는 길을 가지
아니할 것이다, 그리고 하나님께서 원
하지 않는 어떠한 것도 하지 않고 살
겠다.' 하는 것이며,
11 그 지킴이 내가 모세에게 내려보낸 십
계명보다도 더 소중한 이야기가 될 것
이니라.
12 나의 열여섯 권의 법전을 너희들이 기
록하여 대대손손 전하며, 이를 공부하
며 이웃에게 너희들이 전하고 깨우치
는 그 뜻 속에 가장 중요한 것은,
13 너희들은 나로부터 선택된 자이기 때
문에 내가 원하지 않는 일은 절대 하
지 아니하며 할 수 없다는 것을 깊이
새기며 너희 이웃에게 그를 깨우쳐 주
는 것이니, 이것이 오늘의 가장 중요
한 대목임을 너희들이 알아야 할 것이
니라.
14 지금 내가 너희들에게 말하기를, 수천
년 역사가 흘러오는 동안에 내가 직접
나의 성령의 불로써 바위에 새긴 그
십계명을 모세의 가슴에 안겨 준 것보
다도 더 소중함이,
15 너희들이 나 여호와로부터 선택된 자
들이요, '나는 하나님께 선택된 자이
기 때문에 질서를 파괴할 수 없으며,
나의 아버지 여호와께서 원하는 것이
아니면 그 행위를 하지 아니한다.'는
것이니, 그 기록을 너희들 가슴에 새
겨 놓으며,
16 너희들의 모든 책갈피에 써 이를 꽂아
놓으며, 너희 자식과 너희 가족들이

이 대목을 읽을 수 있도록 너희들은
항상 남들에게 보여 주며 읽어 주며
이야기를 하여야 할 것이니라.
17 모든 믿음이라는 종파 속에서 하늘에
오르고자 하여 나의 피조물 만백성이
울부짖으며 수십 년 동안 하늘에 오르
고자 하나 그들의 기도 소리가 나의
귀에 들리지 않는다면 그들은 어찌 되
겠는가?
18 그들은 당장 숨통이 막히는 것 같은
고통 속에 그 자신을 감내할 수 없을
것이니라.
19 그들에게 너희들이 이르라.
20 '요한복음 16장의 그가 왔으며, 그가
지금 하나님의 말씀을 들어 이 법전을
내보냈으며,
21 그 법전을 읽고 공부한 제자들 우리는
여호와 하나님께서 나를 선택하셨으
며, 여호와 하나님께서 나를 기억하시
기에 나는 오로지 하나님의 뜻에 의하
여 이 세상을 살아갈 것이며,
22 그리하여 살다 여호와 하나님의 품에
갈 수 있는, 에덴동산에 올라갈 수 있
는 그 길을 위하여 내가 살고 있음이
니,
23 내가 오늘 살아가는 방법과 네가 믿고
네가 살아가는 방법 중 어떤 것이 더
정확하며 하나님께서 원하시는 길인
가를 깨우쳐 네가 스스로 내가 전하는
이 법전을 두 손으로 받고,
24 내가 원하는 그 성전에 와 우리 여호
와 하나님의 말씀을 들어 너의 귀를
뚫으며 열 수 있는 그와 같은 기회를
갖도록 하라.' 그리 너희들의 이웃에
있는 자에게 깨우쳐 그들을 이 성전에
인도하여
25 너희들이 양 떼를 모는 목자로서 한
점의 부끄러움이 없는 삶을 살아갈 수
있도록 그리해야 할 것이니라.

1,530 번째 하나님 말씀

2001년 9월 3일 07시

1 사랑하는 선지자야!
2 "네, 여호와 하나님! 말씀하옵소서."
3 너희들의 생각과 깨달음이 높이 가 있
으니, 이제는 행동이 그를 따르면 되
며 행동이 맞춰서 하면 된다 내가 너
에게 일렀음이니라.
4 나 여호와로부터 선택된 선지자요, 나
여호와로부터 명 받은 너이기 때문에
너는 어떠한 한 점의 부끄러움이 있는
행동을 해서는 아니 됨을 네가 깊이
깨닫고 있음이니,
5 이는 네 마음이 눈과 같이 하얘짐과
같으니라.
6 내가 너에게 말하여 일렀으니, '농담
의 거짓말도 하지 말라.'고 하였음은
농담의 거짓말을 하기 시작하면 거짓
말을 하게 되는 습관이 생기며 또한
거짓말을 하게 됨이니라.
7 그러니 살아가면서 진심이 아닌 어떠
한 행동과 어떠한 말을 하는 것을 자
제하라는 것은 그로 하여금 습관이
되기 때문이니,
8 그리하여 내가 너에게 본심이 아니며
진심이 아닌 말과 행동을 하지 말라
일렀음이니라.
9 이는 작은 농담의 거짓말을 장난삼아
서 하는 것이 습관이 되어 그 거짓말

에 길들여짐과 같음이니,
10 그리하여 너는 곧고 바른 말과 행동
외에는 해서는 아니 됨이니라.
11 이 세상에 많은 종교 지도자들이 너를
사탄이라 이단이라 말하며 저주하고
손가락질하며, 너에게 모이는 자들,
그리 오는 자를 막을 것이나, 그러나
그것이 아니 됨이니라.
12 너의 제자들 중에 구약과 신약 속에
네가 세상에 오게 되어 있음을 아는
자들이 있음이니,
13 그들이 너에게 오는 자들을 막고자 하
는, 너를 사탄이라 이단이라 하는 지
금의 종교 지도자들의 입을 막을 것이
며,
14 그들로 하여금 말을 하지 못하게 하는
구절을 찾아내어 설명할 것이니, 이
또한 다 준비되어 있음을 너는 알아야
될 것이니라.
15 아무리 지금의 종교 지도자들이 희대
의 사탄이요, 성서에 의해 마지막 시
대에 온다는 사탄이 왔다 말하여도,
16 네가 나의 선지자요, 나의 종으로서
만백성을 구하는 이 법전이 나의 성령
임은 성서의 구절구절에 기록되어 있
음이니,
17 그것을 너의 제자들이 다 찾아내어 그
들에게 반박할 때 그들은 부끄러워 말
못 하고 고개를 돌릴 것이니라.
18 나의 법전이 세상을 덮고 퍼져 나갈
날이 머지않았음이니라.
19 이제는 나의 법전을 읽고 깨우친 자,
너를 따르는 자들이 수없이 늘어날
때, 그리하여 내가 세상에 나의 법전
을 전하게 될 것이니,
20 아직은 때가 아니기 때문에 기다리고
인내함이니라.
21 너는 아무 걱정하지 말며 근심하지 말
라.
22 네가 너의 제자들에게 말하지 아니하
였더냐? 첫째는 나 여호와가 있음을
믿으며, 나에게 오르는 길을 터득하였
으며 나의 성령의 뜻을 너희들이 깨닫
고 있으니 가장 행복한 자들이요,
23 그리고 그들이 다 노후에 살아감에 근
심 걱정이 없이 여생을 마칠 수 있으
며 아름답고 선한 행동을 하면서 살아
갈 수 있는 준비가 되어 있음이니, 그
또한 그들이 행복하며 선택됨이 얼마
나 위대한 것인가를 알게 될 것이니,
조금도 불안해하지 말며,
24 진심으로 너를 따르는 자 구원을 받을
것이니 그리 알아야 할 것이니라.

1,531 번째 하나님 말씀

2001년 9월 4일 07시 20분

1 사랑하는 선지자야!
2 "네, 여호와 하나님! 말씀하옵소서."
3 네가 지키며 네가 수행하고 가는 길은
수정처럼 맑고 깨끗해야 함이니라.
4 이 세상에 나의 피조물 만백성 수십억
인구라는 사람들이 존재하고 있으나,
5 너는 나의 성령을 직접 네 가슴으로
받아 나의 피조물 만백성을 구하기 위
하여 나의 법전을 기록하여 만든 나의
선지자이니,
6 네가 깨우치고 네가 행동하고 네가 실
행하는 것은 수정처럼 맑고 깨끗해야
되며, 하나의 어떠한 오물도 있지 않

은, 너희들이 마실 수 있는 생수와 같
이 모든 나의 피조물 만백성의 생명수
가 되어야 함이니라.
7 그리하여 네가 깨닫고 시행함과 너의
제자들이 깨닫고 시행함이 다름이니
라.
8 어느 누구도 그 경지에 오를 수 없으
며, 너만이 해야 할 일이고 너만이 깨
달아야 할 일이며 너만이 시행해야 할
일이니,
9 맑고 깨끗함만을 네가 깨달으며 시행
하고 가야 함이니라.
10 네가 100이라는 것을 깨우쳤으며 100
이라는 양만큼 아름답고 깨끗할 때,
너의 제자들이 60이요, 70의 그 경지
에 오를 것이며, 나의 피조물 만백성
의 깨우침이 70이라는 그 수준에 올
라 나머지는 내가 그들에게 내려 줌이
니라.
11 그러나 너는 완벽해야 됨이니라.
12 네가 완벽하지 아니하면 너의 제자들
이 그만큼 수준에 오를 수 없으며, 나
의 피조물 만백성이 대대손손 그와 같
이 오를 수 없음이니라.
13 "여호와 하나님! 알겠사옵나이다.
14 무엇을 말씀하시는 것이며, 제가 어찌
가야 되며 제가 어찌 행해야 되는지
이제야 깨닫고 있사옵나이다."
15 아주 곱고 아름다운 모습으로 네가 변
해야 할 것이며, 내가 너에게 명하는
작고 큰 일들을 그대로 시행하는 습성
을 들이며,
16 기도하듯이 음식을 먹으며, 기도하듯
이 나에게 항상 묵상을 하여 그 답을
받아 움직여 네가 곱고 깨끗한 자세로
써 변화돼야 함이니, 이를 항상 잊지
말라.

1,532 번째 하나님 말씀

2001년 9월 5일 09시

1 사랑하는 선지자야!
2 "네, 여호와 하나님! 말씀하옵소서."
3 뒤를 돌아다보지 말며 앞만 보고 가는
너의 깨달음이 가장 중요한 때이니라.
4 너는 뒤를 돌아다보지 말며 그저 앞만
보고 나가야 할 것이니라.
5 모두를 다 지워 버리고 모두를 다 던
져 버리며, 너 스스로 혼자 서서 혼자
갈 수 있도록 굳건한 자세로 앞만 보
고 가야 할 것이니라.
6 나의 성전에 많은 나의 피조물 백성들
이 찾아와 나의 법전을 공부하며 너를
우러러볼 것이니,
7 너는 이제 앞으로 개인의 기도를 해
주지 말며 오로지 나의 법전을 가지고
그들을 깨우치도록 할 것이며,
8 기도는 너의 제자들만이 할 수 있도록
할 것이며, 너는 개인의 기도를 해 주
지 말라.
9 앞으로 어떤 사람이든 나의 허락 없이
개인 기도를 해 주지 말며,
10 이제는 너의 제자들이 많은 사람들의
미래를 알 수 있는 능력을 부여받을
것이니,
11 그들로 하여금 모든 사람들의 앞날을
그림으로써 그려 주듯이 말해 주도록
할 것이며, 너는 개인의 기도를 하지
말라.
12 너는 그저 침묵을 지키며, 나의 법전

에서 눈을 떼지 않는 그와 같은 공부
만 열심히 해야 할 것이니 그리 알라.

1,533 번째 하나님 말씀

2001년 9월 5일 21시

(강론을 마치며)

1 사랑하는 선지자야!
2 "네, 여호와 하나님! 말씀하옵소서."
3 나의 법전을 가슴에 안고 정독하는 자
반석 위에 일어서 하늘에 오르는 찬란
한 빛을 보게 되는 영광을 얻음이라
말하면,
4 하늘에 오르는 영광을 얻지 못하는 자
는 벌을 받아 그 대가를 치르는 길이
그 반대편에 있음을 깨달아야 할 것이
니라.
5 인간사의 살아가는 생활 속에서 얽히
고설킨 그 시간에 나의 성전에 와 나
의 법전을 들으며 깨우치고자 하는 자
들은 오늘 두 가지를 지키고 살아가야
할 것이 있느니라.
6 나로부터 너희들이 세상에 나갈 때는
생명이라는 것을 시간으로 환산하여
나감이니,
7 너희들이 세상에 나간 그 시간부터 나
여호와가 너희들의 생명줄을 감아 가
고 있음이니,
8 너희들이 지금 어디쯤 와 서 있는가를
생각해야 할 것이며, 이 시간에도 너
희들의 귀중한 그 생명줄이 감기고 있
으니,
9 생명줄을 감아 가는 그 선상에 서 있
는 너희들은 언젠가는 그 선이 다 감
아질 것이니,
10 그가 다 감아짐은 나에게 올라와 너희
들이 심판을 받는 시간이니라.
11 그러니 너희들이 심판을 받는 그 시간
이 줄어 가고 있음이니, 줄어 가는 그
줄을 너희들이 잡고 애원할 수도 없으
며 몸부림칠 수도 없음이니,
12 그것이 바로 내가 너희들의 생명줄을
감아 감이니라.
13 그 위에 서 있는 너희들이 어찌 살아
야 되겠는가를 너희들은 깨달아야 할
것이니라.
14 또한 내가 너희들에게 일렀느니라.
15 오늘이 어제보다 아름다운 삶을 살라
하였느니라.
16 내가 나의 피조물 만백성에게 갈구하
고 만백성이 깨달을 것이 '사랑'이니
라. 그리고 '베풂'이니라.
17 사랑과 베풂이 갈래갈래 찢어진 것이
아니니라.
18 오로지 나의 뜻에 의한 사랑과 베풂은
나의 뜻의 한 길이니라. 그 빛이 너희
들 앞에 내려와 있음이니라.
19 이 세상의 나의 피조물 만백성이 살아
가는 속에서 나의 뜻에 살아가는 그
빛을 바라보며 그 빛을 따라서 하늘에
오르는 길이 바로 이곳에 있으며,
20 나 여호와로부터 너희들의 성전이 있
는 곳에 그 빛이 내려가 있음이니,
21 그 빛 속을 따라오는 자만이 하늘에
오를 수 있는 영광을 얻음이니,
22 너희들이 그와 같이 마음을 비움이 하
나가 되어야 될 것이니라.
23 너희들이 마음을 비우는 것이 오늘보
다 내일에 더 변화되지 아니하며 천
갈래 만 갈래로 마음이 갈라졌을 때는

너희들이 그 빛을 따라 올라올 수 없
음이니,
24 내가 지금 하늘에서 나의 성전에 빛을
내려 그 빛만을 따라 하늘에 오를 수
있다 하면, 너희들이 그 빛을 통과할
수 있는 깨달음의 마음을 가졌어야 할
것이니,
25 너희는 법전을 열여섯 권 읽은 자가
사랑을 실천하는 것이 높으며, 한 권
을 읽은 자가 16분의 1이 되는 그와
같은 깨달음의 한 사랑의 체계가 이루
어져,
26 앞에 오는 자가 뒤따라오는 자를 앞에
서 끌어 주며 뒤에 오는 자는 뒤에서
밀며 오는 그와 같은 너희들의 사랑의
한 체계가 이루어짐을 깊이 깨달아 행
해야 될 것이니라.
27 오늘 또한 내가 너희들에게 이르느니
라.
28 촛불이라 하는 것을 너희들은 알 것이
니라. 촛불을 켜 놓고 어두운 밤에 너
희들이 바라본다면 모든 자들의 그 두
눈동자는 촛불을 바라볼 것이며,
29 그 촛불을 보는 마음과 같이 너희들의
마음이 하나가 되어야 할 것을 내가
너희들에게 여러 차례 명하였음이니
라.
30 또 그 밝혀져 있는 촛불이 시간이 흐
르면서 서서히 녹아 가고 있듯이 너희
들의 인생이 그리 서서히 녹아져 가고
있으니,
31 그 녹아져 가는 촛불과 같이 점점 줄
어드는 너희 육신의 생활에서 너희들
이 무엇을 선택하며 무엇을 갈구하고
살아야 될 것인가를 생각해야 할 것이
니,
32 내가 너희들에게 말하였느니라.
33 너희들의 마음속에는 선과 악이 있으
니, 선을 선택하는 것이 하늘에 오르
는 길이라 하였으나,
34 너희들은 지금 깨우침이 높으며 나의
법전을 읽고 깨우쳐 하늘에 오르는 빛
을 보고 있으니, 오늘 이후 너희들 마
음속에는 선과 악이 있는 것이 아니라
선만이 존재함이니,
35 악과 선이 싸우는 그 자체도 있어서는
아니 되며, 오로지 선만을 향하여 내
가 하늘에서 나의 성전에 내린 하늘에
오르는 그 빛 속을 따라올 수 있는 선
만이 존재하는 자들이니 그리 알라.
36 너희들이 선과 악의 두 가지 마음을
가지고 있다면 나의 법전을 접하지 못
한 자들이 가지고 있는 마음인 것이
며, 나의 법전을 접하고 읽은 자는 오
로지 선한 것밖에 존재하지 아니하니,
37 너희들은 그를 깊이 깨달아 너희들 마
음속에는 오로지 선만이 존재함을 알
아야 할 것이니라.

1,534 번째 하나님 말씀

2001년 9월 6일 08시

1 사랑하는 선지자야!
2 "네, 여호와 하나님! 말씀하옵소서."
3 너의 모든 것은 다 기도와 묵상으로써
이루어져야 됨이니, 기도와 묵상을 게
을리하지 말아야 할 것이니라.
4 네 몸이 기도와 묵상으로써 다져져야
될 것이며, 오로지 네 몸은 나로부터
듣는 기도와 묵상으로써 형성되고 지

탱해야 됨이니,
5 너는 시간이 나는 대로 항상 기도와
묵상을 하는 것을 게을리해서는 아니
됨이니라.
6 네가 아직 나에게 기도와 묵상을 게을
리 드림으로 인하여 너의 마음과 몸이
무거우며 모든 것이 흔들림이니,
7 너는 오로지 가벼운 공기처럼 그와 같
이 너의 육신과 너의 마음을 다스려야
할 것이니, 오로지 기도와 묵상에만
전념하라.
8 어찌하여 그리 네 임무를 태만히 하는
가?
9 성전에 너를 찾아오는 많은 자들이 있
을 것이니, 그들과 네가 대화하며 그
들을 너의 제자로 받아들일 수 있음은
묵상과 기도로써 다스려진 선하고 아
름다운 너의 마음과 너의 모습뿐이니,
10 이를 잠시도 게을리해서는 아니 될 것
이니라.

1,535 번째 하나님 말씀

2001년 9월 7일 08시 10분

1 사랑하는 선지자야!
2 "네, 여호와 하나님! 말씀하옵소서."
3 다섯 사람이 모였으면, 또 열 사람이
모였으면 그중에서 가장 선하고 착한
자만이 내가 기억해 준다고 네가 말을
함이니라.
4 그리고 우등생만이 나로부터 상장과
은혜와 은총을 받음이라 말함이니,
5 이 세상 만백성이 모인 그중에 네가
으뜸이어야 할 것이며,
6 네 마음가짐이 으뜸이어야 할 것이며,
너의 믿음이 으뜸이어야 할 것이며,
네가 행하고 있음이 으뜸이니,
7 네가 남들과 감히 비교도 해서는 아니
되며, 그들이 너를 놓고 자기와 잣대
를 재서도 아니 됨이니,
8 이 세상에 나름대로 나에게 터치 받아
자신이 질서를 지키며 살아가고자 하
는 자들이 수없이 많이 있음이니라.
9 그들 또한 감히 너와 비교하는 잣대를
들 수 없는 그와 같이 아름답고 남들
이 감히 생각할 수 없는 그 길을 가야
함이 너이니,
10 수십억 인구 중에서 네가 가장 으뜸이
며 네가 가장 나를 믿으며 나의 뜻을
실행하며 행하는 자가 되어야 할 것이
니,
11 선지자야, 열이라는 사악한 마음을 가
지고 너희들이 산다 하면 너는 하나도
사악한 마음을 가져서는 안 되는 것이
며, 네 마음속에 사악한 마음이 하나
라도 남아서는 안 되는 것이니라.
12 선지자야, 나의 피조물 만백성은 사악
한 마음을 다섯 개를 비울 수 있으며
아홉 개를 비울 수 있으나, 너는 열 개
를 다 비워야 함이니라.
13 또한, 너를 따르며 나의 성전에 와 공
부하며 나의 피조물 만백성을 일깨워
가야 할 너의 제자들도 그들 마음속에
사악한 생각이 하나도 남아서는 아니
됨이니,
14 너희들은 사악한 마음이 열이라 하면
그 열 개를 다 비워야 함이니,
15 얼마나 너희들이 깨끗해야 하며, 얼마
나 너희들이 살아감에 있어서 너희 자
신을 다스려야 하는 것인가를 그들에

게 말하라.
16 나로부터 선택된 백성 너희들은 하늘
에 오르는 길을 보면서 무엇을 더 원
하며 무엇을 더 갖고자 하는가?
17 너의 제자들에게 이르라.
18 너희들은 한 식구며 한 형제요, 마음
이 하나라 하였으니, 너희보다 더 어
렵고 힘든 너희 형제를 보며,
19 너희보다 더 어렵고 고통 속에 살아가
는 너희 이웃을 보며, 그들을 너희 마
음의 지표로 삼으며,
20 너희도 과연 그들과 같이 살아가고 지
탱하라 하면 지탱할 수 있는가를 너희
스스로 반성하며 회개하여,
21 오늘의 너희들에게 모든 나의 영광이
내려져 있음을 알아야 할 것이니라.
22 지금 너희들이 서 있는 자리가, 너희
들이 지금 처해 있는 위치가, 너희들
이 쥐고 있는 것이, 너희들이 걸치고
있는 것, 그 모두가 다 내가 내린 최대
의 영광을 받음이며 나의 은총이라 생
각하는 마음부터 가질 것이며,
23 그리하여도 너희들이 마음을 다스릴
수 없거든, 나의 성전에 찾아오는 너
희 형제들이 살아가는 어려운 그 심경
을 들어, 그들보다 너희들이 행복하다
생각하거든,
24 나 여호와가 너희들에게 은총과 은혜
를 내리지 않고 너희들의 힘들고 어려
운 것을 들어주지 아니한다 하여 나를
원망하는 너희가 되지 말라.
25 이와 같은 깨달음을 너의 제자들에게
가르쳐 그들이 마음의 눈을 뜨도록 하
라, 선지자야!

1,536 번째 하나님 말씀

2001년 9월 7일 08시 15분

1 "전지전능하신 여호와 하나님 아버지!
2 제가 저의 제자들 앞에 말하기를, 열
사람이면 열 사람, 백 사람이면 백 사
람 중에 가장 선하고 착한 자가 되라
하였으며, 저는 또한 그리 살아가면
되는 줄 알았사옵나이다.
3 그러나 모든 백성 중에 제가 한 점의
부끄러움이 없는 사람이 되어야 하며
그와 같이 행해야 됨을 깨닫지 못한
저의 죄를 용서하여 주옵소서.
4 전지전능하신 여호와 하나님!
5 아버지의 뜻을 따라 오늘의 아픔을 닦
고 내일의 아픔을 닦고 가꾸어 아버지
께서 원하시는 그 길을 가도록 깨우쳐
노력하겠사옵나이다."

1,537 번째 하나님 말씀

2001년 9월 7일 21시 10분

(강론을 마치며)

1 사랑하는 나의 선지자야!
2 "네, 여호와 하나님! 말씀하옵소서."
3 내 사랑하는 나의 피조물 만백성을 지
도하고 이끌고자 나의 성전에 찾아와
나의 성령을 태워 열여섯 권의 법전으
로 세상에 내보낸 나의 법전을 너희들
이 가슴에 안고 깨우치고자 하는 그
모습이 내가 하늘에서 보기에 뭐라 말
할 수 없는 그 행복한 마음을 갖고 있
음이니라.
4 너의 제자들에게 이르라.
5 내가 너희들에게 법전을 세 번 읽으면

무엇인가를 얻을 것이며 깨우침이 있
다 하였으니, 너희들이 세 번이 아니
라 열 번을 읽는다 하여도 나의 법전
속에 들어 있는 깨우침을 이해하고 깨
달음이 따라갈 수 없음이니라.
6 너희들이 깨우쳐 너희들의 마음이 곱
고 아름다우며, 내가 너희들에게 명한
그 법전의 내용대로 살아가고자 하여
너희들이 깨우침의 경지가 높고 높아
서 또다시 나의 법전을 보게 되면 너
희들이 열 번 읽어서 깨우치지 못했던
그 내용을 그 속에서 알게 됨이니,
7 나의 법전은 너희들이 경지가 높으면
높을수록 그 속에 들어 있는, 내가 너
희들에게 전하고자 하는 나의 성령을
너희들이 알게 됨이니,
8 이는 곧 너희들의 마음이 천사같이 빨
리 변하는 것만이 나의 법전을 알 수
있음이니라.
9 마음이 깨끗하고 고우며 나에게 높이
와 있는 자, 나의 법전을 한 번을 읽어
도 그 뜻을 많이 깨우칠 수 있음이니,
10 너희들이 여러 번을 읽는다 하여 나의
법전을 깨우치는 것이 아니라 너희 마
음속에 사악한 마음이 없으며 너희 마
음이 흰 눈과 같은, 백합과 같은 마음
이 되어 너희들이 나에게 높이 올라와
있을 때,
11 그 마음과 눈으로 나의 법전을 보면
거기에 깊은 뜻을, 너희들이 발견하지
못했던 것을 깨달을 것이며 나의 뜻
을 그때 가서 알게 됨이니,
12 너희들의 마음을 다스리고 정진하여
나의 법전의 뜻을, 법전에 들어 있는
내용을 깨달을 수 있도록 그리 공부해
야 될 것이니 그리 알라.
13 너는 너의 제자들에게 이르라.
14 이와 같이 너희들이 경지가 높으면 높
을수록 나의 법전의 뜻을 깨닫고 내가
원하는 것을 너희들이 알 수 있듯이,
15 이 세상 모든 인간관계나 너희들이 살
아가면서 사물을 보는 것도 단순한 한
면으로써 보지 말라.
16 너희들은 모든 사물 하나를 보더라도
그를 엎어 보고, 젖혀 보고, 세워 보
고, 뒤집어 보며, 그리고 그를 보고 생
각하고 연구하며 깨달음이 있을 때까
지 살피고 연구할 때, 그가 가지고 있
는 그만의 아름다운 뜻과 아름다운 빛
을 볼 수 있음이니,
17 너희들은 앞으로 너희를 찾아오는 나
의 피조물 만백성을 대할 때, 또는 너
희들이 나가 생활하면서 많은 사람들
을 대할 때,
18 그들의 외형이라든지 한 번에 보는 마
음으로 나의 피조물 백성을 평가하는
일이 없도록 하여야 할 것이며,
19 그 사람을 뒤로 보고, 앞으로 보고, 위
에서 보고, 밑에서 보며 그리 여러모
로 생각하고 연구할 때, 내가 너희들
에게 그 사람을 볼 수 있는 능력과 지
혜를 줄 수 있음이니,
20 나의 성전에 와 공부하며 나의 법전을
깨우쳐 만백성을 이끌 목동 너희들은
하나의 서 있는 나무라도 그냥 나무로
보아서는 아니 됨이니,
21 이를 명심하여 오늘서부터 실행해야
될 것이니라.
22 길거리에 서 있는 전신주라는 것을 남
들이 볼 때 이는 전신주요, 전봇대요

하고 지나가는 것을,
23 너희들은 그것이 가지고 있는 생각과
그것이 무엇을 지탱하고 있으며, 그것
은 무엇 때문에 존재하며, 그것은 너
희에게 어떠한 것을 주며 어떠한 것을
잃게 하는지, 이와 같이 많은 생각을
하고 보살핌으로 인해서 너희들이 거
기서 얻음이 있으니,
24 너희들이 인간관계를 할 때 그와 같은
마음을 가지고 사람을 생각하고 그들
의 마음을 읽는 경지에 올라야만 너희
들이 나의 피조물 만백성을 인도하여
하늘에 오를 수 있음이니라.
25 많은 양 떼를 모는 한 사람의 목동이
그 양들이 원하는 것이 무엇이며, 그
양들이 갈구하는 것이 무엇이며, 그들
의 음성이 무엇이며, 그들이 울부짖는
것이 무엇을 원하는 것인지를 모른다
면 그는 유능한 목동이 될 수 없음이
니라.
26 너희들은 유능한 목동이어야 되며 세
상에 다시없는 목동이 되어야 될 것이
니, 그리하여 많은 나의 피조물 백성
들을 악에서 구하여 하늘로 인도하여
야 될 것이니라.
27 내가 선지자를 통하여 너희들에게 말
하였느니라. 하늘에 오르는 그 험난하
고 험악한 길을 너희들이 다스려 만들
어 놓고도 너희들이 올라올 수 없다
말하였음이니,
28 너희들이 인도하는 나의 피조물 만백
성의 마음을 읽는 것을 너희들이 깨달
았을 때, 너희들은 그 양을 모는 목동
으로서, 한 사람으로 선택된 자로서
그 양을 이끌어 오기 위하여 너희들이
앞에서 하늘에 올라야 되나니,
29 너희들은 그와 같은 이치를 깨닫고,
나의 피조물 만백성을 평가하지 말며
단순히 생각하지 말고,
30 백 가지, 2백 가지 생각으로써 나의
피조물 만백성을 바라보는 그와 같은
마음을 가져야 될 것이니라.
31 오늘의 너희들이 나의 법전을 읽는 것
은 한 장에 써 있는 내용만큼도 읽고
깨달음이 없느니라.
32 너희들의 경지가 높아져 나의 법전의
책장을 넘길 때, 그 속에 나의 성령이
임하여 있음을 그때 알 것이니,
33 너희들이 마음을 착하고 선하게 다스
리며, 오늘보다 내일에 더 깨달음에
게을리해서는 아니 될 것이니,
34 오로지 그것만이 많은 양들을 인도해
올 수 있는 목동이 될 것이니 그리 알
라, 나의 사랑하는 백성들아!

1,538 번째 하나님 말씀

2001년 9월 8일 06시 30

1 사랑하는 선지자야!
2 "네, 여호와 하나님! 말씀하옵소서."
3 내가 너에게 이르기를, 다 썩어져 가
는 너희들의 양식인 감자 속에 한 알
을 내가 보관하여 그가 씨를 내리고
또 그가 씨를 내려 나의 피조물 만백
성이 먹고살 수 있는 양식이 되라 말
하였으며, 그 양식을 만들라 내가 너
에게 명하였음이니라.
4 이 아름다운 세상 속에 모두가 다 썩
어져 있으며 모두가 다 병들어져 있으
며 하나도 쓸 것이 없는 이와 같은 형

국이라 일렀음이니,
5 너희는 그를 믿으려 하지도 아니하며
믿고자 하지도 아니할 것이니라.
6 수많은 종파들이 나를 위하여 기도하
며, 하늘에 오르고자 하며, 수천 년 역
사가 흐르는 그동안에 성서를 갖고 공
부를 하며, 그들이 깨우치며, 그들이
나의 진리대로 살다 하늘에 오르고자
함이니,
7 너희들이 그 많은 세월 속에 그 많은
나의 피조물들이 걸어온 그 길이 잘못
된 길이며, 그들이 나에게 오르는 길
이 아니라 잘못 가르치는 종교 지도자
들이 지옥 불로 가는 그 길로 인도하
여 그 길을 간다 하면,
8 나의 피조물 만백성은 믿으려 하지 아
니할 것이며, 그와 같이 믿음의 길을
가는 자 너에게 독화살을 쏘고자 할
것이며,
9 너를 나의 예수보다도 더 처참하게 만
백성 앞에 목을 매달아 너의 죽어 가
며 발버둥치는 그 모습을 보고자 하는
것이 그들이 가지고 있는 심성이며 그
들의 마음일 것이니라.
10 믿음 속에 잠자고 있는 그들, 또한 너
를 따르는 나의 피조물 만백성이요,
내가 선택한 나의 백성들조차도 그들
이 속하여 믿음을 가져 왔던 모든 종
파가 잘못 가고 있다는 이 엄청난 사
실 앞에 그를 믿고 싶지 아니함이니,
11 지금의 내가 내려다보는 지상의 나의
피조물 만백성이 그와 같은 형국이니,
너희들은 이를 볼 수 없으나 나는 보
고 있음이니라.
12 그리고 나는 알고 있음이니라.
13 그러기에 네가 이룰 수 없으며 네 제
자들이 이룰 수 없는 그 짧은 기간에
내가 너희들이 말하는 5천 쪽이 넘는
나의 주옥같은 성령을 너로 하여금 기
록하여 나의 법전이 세상에 나오게 하
였음이니,
14 너희 자신들도 너희가 이것을 만들어
냈다고 믿지 못할 것이니라.
15 너희들 자신마저도 지금 과연 이 열여
섯 권의 나의 성령을 받아 만백성을
구하는 선두에 서서 너희들이 이것을
만들어 냈는지 믿지 못할 것 같은 그
와 같은 형국에서 이가 이루어졌음이
니,
16 이는 모두 나의 기적임이니, 나의 뜻
이 아니면 이리 이루어질 수 없음이니
라.
17 이제는 너희들이 나의 법전에 기록된
내용대로 바로 깨우치고 실천하며, 남
들이 감히 상상할 수도 없는 이 시점
에 와 있으니,
18 너희들이 말하기를 세상이 다 썩어진
곳에 너희들만이 바르게 서 있다는 이
상상할 수도 없으며 믿고 싶지도 않으
며 믿을 수도 없는 사실 앞에,
19 그보다도 더 위대한, 그보다도 더 믿
을 수 없는 것은 너희들이 지금 가고
있는 그 길이니라.
20 나에게 선택된 너희들이 바로 서야만
될 것이며, 너희들만이 나의 피조물
만백성이 바라볼 수 없는, 그들이 생
각할 수 없는,
21 나의 계명을 지키며, 나의 뜻에 살며,
한 점의 부끄러움이 없는 삶을 살 수
있으며, 그와 같이 살아야 할 것이기

에 내가 오늘 아침 너희들에게 명하노
니,
22 너희들은 어떠한 희생이 있다 하여도,
어떠한 것을 다 버린다 하여도, 아무
리 고귀한 것을 버린다 하여도 이 세
상에서 나의 법전으로 만백성을 구하
고자 하는 그 길보다 더 소중함이 없
음을 가슴 깊이 새기고 행하여야 할
것이니, 그를 잊지 말라.

1,539 번째 하나님 말씀

2001년 9월 8일 08시 25분

1 선지자야, 들으라.
2 "네, 여호와 하나님! 말씀하옵소서."
3 내가 너에게 이르기를, 흔들리는 나뭇
잎도, 바람에 의하여 흔들리는 나뭇가
지도 나 여호와가 너희들에게 손을 흔
들어 준다는 마음으로 세상을 바라보
라 하였음이니,
4 너는 너의 제자들과 너를 따르는 나의
백성들에게 흔들리는 나뭇가지도 나
여호와가 손을 들어 흔들며 너를 격려
한다 생각하고 바라보면 생각이 다르
다 하였으니,
5 너희 앞에 찾아오는 사람, 너희와 대
화하는 사람, 그 모두는 나라 너희들
이 생각하며 대화하고 바라볼 수는 없
는가?
6 너희들은 말하지 않더냐? 너희들 육
신 속에, 너희들 몸체 속에, 너희들 가
슴속에 나 여호와의 성령이 임하였다
말하며,
7 예수의 보혈로 죄를 사했다 말하는 자
들, 특히 그들은 구원을 받았으며 저
희들은 성령으로 충만하여 있다 생각
하는 자들이니라.
8 사랑하는 선지자야!
9 "네, 여호와 하나님!"
10 너의 제자들에게 일러 일깨워 주라.
11 너희들 자신은 하나님의 성령이 충만
하길 바라며 나의 은혜와 나의 성령이
너희들과 같이하길 바라며 같이 있다
생각하면서, 어찌하여 너희 앞에 온
자는 인간으로 보며, 성령이 충만한
사람으로 그리 보지 못하는가?
12 너희들이 성령으로 충만하여 나의 은
혜 속에 존속하고 싶으며 존재하며 살
아가고 싶다 할 때, 너희 앞에 온 자
또한 그러하니라.
13 내가 너희들에게 성령으로 임하여 너
희들은 나에게 선택된 백성이라 말하
였으니,
14 너희들 앞에 오는 자 다 선택된 자들
이며, 너희들과 거래하는 자, 너희 앞
에서 대화하는 자, 그는 다 나의 성령
으로 충만하여 있으며 나로 하여금 선
택된 자라 말할 때,
15 너희들은 내가 너희 앞에서 대화하는
것같이 그를 그리 생각하며 대화하는
깨우침을 이제는 깨달아야 할 것이니
라.
16 너희들을 찾아오는 자, 너희들을 만나
고자 하는 자, 너희들과 거래하는 자,
너희 앞에 앉아 있는 자, 너희 앞에 지
나가는 자,
17 나 여호와가 지나감이며 그가 여호와
라 생각하고 바라본다 하면, 너희들은
그를 욕할 수 있으며 그를 질투할 수
있으며 그에게 손을 댈 수 있으며 그

의 장단점을 너희들이 보고 말할 수
있겠는가?
18 나 여호와가 너희들 앞에 서 있을 때,
내 옷에 오물이 붙었다 하면, 너희들
은 남들이 볼까 무서워 그를 털며 너
희들 몸으로써 그 흉한 부분을 감추고
자 할 것이 아니더냐?
19 나 여호와가 너희들 앞에 왔을 때 너
희들은 그리 행할 수 있으나, 어찌하
여 나의 피조물 한 형제가 너희들 앞
에 서 있을 때는 그의 장점과 단점을
구분하여 단점을 덮어 주고 그들의 상
처 나고 썩어져 가는 그 부위를 가려
줄 수 있으며 그의 찢어진 옷의 부분
을 너희 몸으로 가려 줄 수 있는 그와
같은 마음을 행할 수 없다 생각하는가?
20 나 여호와가 네 앞에 왔을 때 나의 잘
못됨을 감춰 주는 것보다, 나의 성령
으로 그득 차 있는 나의 피조물 백성
이 네 앞에 왔을 때 잘못함을 감춰 주
는 그 사랑과 위대함이 하늘에 오르는
길이며 나를 더 기쁘게 함이니라.
21 너희들은 나 여호와의 사랑을 알아야
할 것이니라.
22 너희들이 나에게 기쁘고 나에게 충만
된 것을 바치고자 하는 생각보다,
23 너희 이웃이요, 너희 형제요, 너희 앞
에 있는 어렵고 힘든 자를 도우며, 그
들의 어렵고 힘듦을 같이 이해하며,
24 그의 잘못된 점을 너희들 몸으로 감싸
주며 마음으로 감싸 주는 그것이 나를
감싸 주는 것보다 내가 두 배 더 사랑
함이요, 내가 더 기쁨을 얻고 있음이
니, 너희들은 이를 깨우쳐야 할 것이
니라.
25 나에게 바치며, 나에게 올라오며, 나
를 기쁘게 하며, 나를 위하여 너희들
이 나의 예수가 살아가는 그 발자취를
살아오는 것보다,
26 나를 생각하지 아니하고 나의 생각을
따르지 아니하여도, 내가 만든 나의
피조물 만백성이 너희 형제라 하여 나
의 뜻을 그와 같이 시행한다면, 나에
게 바치는 것보다 내가 두 배의 기쁨
이 있음이니,
27 이제는 너희들이 이와 같은 깨우침을
깨달아 시행할 때이니, 그리 알아야
할 것이니라.
28 너희들이 나에게 기쁨을 바치며, 나를
위하여 경배하며, 나의 뜻에 살아가고
자 행하는 그 선행이 너희 이웃이요,
너희 형제에게 누가 되어서는 아니 되
며,
29 그를 기쁘게 하는 마음으로써 나 여호
와에게 하는 것보다 더 그들에게 기쁨
을 주며, 그들의 어려움을 감싸 주며,
그들의 아픔을 어루만져 주는 그 마음
을 너희들이 이제는 시행하고 베풀어
야 할 것이니,
30 그와 같이 행동하는 것이 나에게 두
배의 기쁨을 줌을 너를 따르는 제자들
과 너를 따르는 만백성에게 가르쳐야
될 것이며,
31 나의 성전에 와 공부하는 나의 백성들
에게 그와 같은 깊은 뜻을 일깨워 줘
시행하도록 하여야 할 것이니라.
32 선지자야, 이를 명심하여 시행하라.
33 정녕 너희들이 나에게 오르고자 하면,
너희 앞에 와 있는 자, 너희 앞을 지나
가는 자, 너희와 거래하는 자, 그 모든

백성이 나라 생각하라.
34 그가 나 여호와라 너희들이 생각하고
행동하면 어찌하겠는가?
35 너희들은 나 여호와의 이마에 흐르는
땀을 너희들의 가장 소중한 수건이란
것을 꺼내서 닦아 줄 수 있는 마음이
며,
36 나의 이마에 흐르는 땀을 씻어 주는
그 손은 얼마나 자애롭고 부드러운 마
음으로써 나를 씻어 주겠으며, 얼마나
경건한 마음으로써 너희들은 나를 대
하겠는가?
37 그와 같은 마음으로 나의 피조물 만백
성을 너희들이 대하고 실행할 때, 나
의 이마에 흐르는 땀을 씻어 주는 것
보다 두 배의 나의 기쁨이 있으니,
38 이게 나 여호와가 피조물 만백성을 세
상에 내보내는 어버이의 마음이니라.
이를 깨우쳐 시행하여야 할 것이니라.
39 이것이 나의 뜻임을 너의 제자들에게
깨우쳐 이르도록 하라.

1,540 번째 하나님 말씀

2001년 9월 9일 07시 50분

1 사랑하는 선지자야!
2 "네, 여호와 하나님! 말씀하옵소서."
3 내가 나의 피조물 만백성을 사랑함에
있어서 너희들의 육신의 부모가 자식
을 사랑하는 것보다 열배 백배 더 사
랑하는 마음이 깊고 넓다 하였음이니,
4 육신의 부모는 몸을 빌려 주어 너희들
을 세상에 한 생명으로 태어나게 하
나, 나는 너희들이 최초에 이 세상에
태어나면서부터 너희들의 낙원이 문
을 닫을 때까지 존속하는 나의 피조물
만백성을 직접 세상에 내보내는 어버
이로서,
5 너희들은 조상이 멀면 멀수록 너희들
에게 먼 인척 관계가 되며, 멀리 있는
사람이며,
6 백 년, 천 년이 흐르면서도 너희들은
앞에 간 사람이 너희들과는 아무런 인
연 관계가 없는 그와 같은 먼 촌수라
는 것이 이루어지나,
7 나는 몇천 년 전의 나의 피조물 만백
성이나 지금 나의 피조물 만백성이나
나의 자식이요, 나의 아들로서 나의
뜻에 의하여 너희들에게 한 생명을 부
여하여 세상에 내보내니,
8 몇천 년 전의 나의 피조물 백성들과
지금의 나의 피조물 만백성이 똑같은
나의 백성이니라.
9 그와 같이 사랑하는 나의 피조물 만백
성을 구하는 대명을 받아 나의 법전에
나의 뜻을 기록하여 내가 만백성을 구
하고 심판하는 이 법전을 세상에 만들
어 전하는 너이며,
10 그리하여 내가 너에게 바르고 옳은 길
을 가라 하며, 너의 제자들과 너를 따
르는 백성들에게 바르고 옳은 길을 가
라 하며,
11 너희들의 육신의 부귀와 영화와 너희
들의 욕심마저 다 버리며,
12 흔들리는 나무가 나 여호와가 너희들
에게 손을 흔들어 주는 것이며,
13 나의 이마에 흐르는 땀을 씻어 주는
그와 같은 너희들의 정성스런 마음으
로 너희 이웃을 사랑하며 살라 너희들
에게 내가 깨우치고 가르침이니,

14 그를 시행하고 지키고자 하는 너희들
이 이 세상 썩어져 가는 나의 피조물
만백성 중에 새싹이 돋아남과 같으니
라.
15 너희 인간들이 인간을 사랑하는 것이
요, 저희 자식을 사랑하는 것보다 내
가 열배 백배 더 사랑한다 하였으니,
16 내가 이와 같이 아끼고 사랑하는 피조
물 만백성이 다 병들어 죽어 가는 것
을, 그들을 살리고자 치료하며 그들을
깨우쳐 주며,
17 그들을 나에게 오르도록 인도하는 목
동으로서, 목자로서 너희들이 지금 선
택되어 가고 있음이니, 너희들이 또한
내게 얼마나 소중하고 소중한 자들이
더냐?
18 그와 같은 대업을 이루기 위해 너 자
신의 모두를 다 버리며, 네가 바르고
옳게 서 가고자 함이니, 내가 너에게
내리는 상과 영화는 네가 상상할 수
없을 것이니라.
19 너희는 기적이라 이르지 말라.
20 나 여호와가 너희들이 바르게 서고 바
르게 가고자 할 때, 선지자 네가 하늘
을 향하여 한 점의 부끄럼이 없는 삶
을 가고자 할 때, 내가 너에게 내리는
그 은혜와 은총은 너희들이 상상할 수
없음이니,
21 이는 기적이 아니며 너희들이 받을 수
있는 만큼 받는 것이기에 내가 내림이
니라, 선지자야!
22 사랑하는 선지자야,
23 몸과 마음의 정신을 더 다스리고 다스
려 하늘을 향하여 한 점의 부끄럼이
없이 네가 일어설 때, 이 세상 모두가
다 너의 것이라 말하였느니라.
24 내가 내린 이 세상의 모든 것을 네가
관리하며 네가 관장하며, 그리고 또한
모두 다 나의 피조물 만백성과 너를
따르는 제자, 너희들 것이며 너희들이
관장하고 관리하도록 되어 있으니, 그
영광된 은혜를 욕심이라는 것 때문에
버리지 말라, 선지자야!

1,541 번째 하나님 말씀

2001년 9월 9일 12시 10분

(강론을 마치며)

1 사랑하는 선지자야!
2 "네, 여호와 하나님! 말씀하옵소서."
3 네가 나의 성령의 뜻을 가슴에 받아
나의 피조물 만백성에게 아무리 주옥
같은 아름다운 말로써 그들의 가슴에
심어 주고자 하여도, 그것은 받아 주
는 자의 마음에 달렸으며 가슴을 여
는 자의 마음에 달렸음이니라.
4 하나의 밤알을 놓고 그것을 어찌 받아
주느냐에 따라서, 어찌 생각하느냐에
따라서 그것이 다름이니라.
5 하나의 붉은 밤알이라 생각하는 사람
은 그저 밤알이라 생각할 것이며, 그
를 감사하게 생각하며 그것을 벗겨서
어찌 쓸 것인가 생각하고,
6 제가 먹기 전에 제 부모에게 드리며,
제가 또한 나 여호와에게 바치며, 이
를 값있게 쓸 수 있다 생각하는 자는
그것이 더 소중함이니라.
7 나의 가슴을 태워서 나의 선지자를 통
하여 썩어져 가는 이 시대에 하나의
감자의 씨앗을 내리기 위하여 내가 너

에게 전한다 하여, 네가 또한 이를 받
아 나의 피조물 만백성에게 전하나,
8 그들이 가슴을 열고 받아 줌에 따라서
그 전함이 다름이니, 너는 이를 가슴
아파하지 말며 애달프다 생각하지 말
라.
9 나의 사랑하는 피조물 만백성 너희들
은 들어야 할 것이니라.
10 너희들이 스스로 마음을 비웠다 하면
너희 앞에 앉아 있는 자의 깊은 마음
을 읽을 수 있음이니,
11 앞에 있는 자의 마음을, 앞에 있는 자
가 무엇을 원하는 것인가를, 그를 너
희들이 알지 못한다 하면 너희 마음을
비우지 아니하여 너희 마음이 혼탁하
기 때문이니라.
12 내가 너희들에게 말하여 일렀느니라.
13 너희들이 말하기를 전지전능한 나 여
호와 하나님이라 하며, 욕심 많은 하
나님이며 하나님을 위하여 경배하며
기도하라 말하며, 하나님은 욕심이 충
만된 분이라 말하나, 그렇지 아니하니
라.
14 내가 너희들이 하늘에 오르는 길을 엄
히 다스려야만 너희들이 구원을 받을
수 있기 때문에 내가 너희들을 그리
엄히 다스리는 것이니,
15 부모가 사랑하는 자식에게 매 한 번을
더 때린다는 인간사의 그 간단한 이치
를 너희들은 모르더냐?
16 내가 너희들에게 말하였느니라.
17 열이라는 숫자를 가지고 하늘에 오른
다 하면, 내가 너희들에게 이미 여덟
을 줬다 말하였음이니라.
18 열 개의 구슬을 꿰라 하며 내가 여덟
개의 구슬을 너희들에게 주었으니, 너
희들은 두 개의 구슬을 꿰어 열 개의
구슬을 맞추라 내가 말하였음이니,
19 내가 어찌 공의의 하나님이 아니며 너
희들을 사랑하는 하나님이 아니더냐?
20 열 중에서 여덟을 주고 둘을 채우라
함이니, 그를 못 채운다 하면 누가 잘
못되어 가는 것이며, 누가 그에 대한
죄를 받아야 마땅하다 생각하느냐?
21 나의 사랑하는 백성 너희들은 들어야
할 것이니라.
22 두 개의 구슬을 깨우치라 하였음이니
라.
23 사랑하는 선지자야, 너의 제자들과 너
를 따르는 백성들에게 이르라.
24 너희들이 두 개의 구슬을 깎아 맞췄을
때 내가 여덟 개의 구슬을 주어 열 개
의 힘을 이루고 그가 빛을 내게 됨이
니,
25 너희들이 두 개의 구슬을 깎았을 때
나의 성령이 너희 가슴에 충만하여 너
희들이 나로부터 선택된 자들이니,
26 너희들이 말하느니라, 인간이기에 모
든 죄악과 그 근원의 뿌리를 버릴 수
없는 것이라 말함이니라.
27 그러하니라. 나의 성령으로만이 사탄
의 근원의 뿌리며 사악한 마음과 욕심
을 버리고 지울 수 있음이니,
28 그를 내가 시행하기 위하여 너희들에
게 두 개의 구슬을 먼저 깎아 열 개의
구슬을 만들라 함이니라.
29 너희들이 먼저 두 개의 구슬을 아름답
게 만들었을 때 내가 여덟 개의 구슬
을 주니,
30 이는 나의 성령으로써만이 너희들의

마음을 비우게 함이며, 하늘에 오르는
빛을 보게 되며, 사탄이요, 사악한 마
음을 너희들에게 없게 함이니라.
31 너희들은 말함이니라. 성령으로써만
이 인간이 구원을 받을 수 있으며, 마
음을 비울 수 있다 하느니라.
32 그러나 그렇지 아니하니라.
33 너희들이 두 개를 먼저 비웠을 때, 내
가 성령으로 임하여 너희들을 비우게
할 수 있으니,
34 너희들이 말하는 결론인 성령만이 너
희들을 완전한 인간으로 치유할 수 있
다는 것이 맞으나,
35 그 뜻 이전에 너희들이 두 개의 마음
을 먼저 비워야 되니, 너희들이 그 사
악한 마음을 비워야 될 것이니라.
36 너희들이 나로부터 나가 하나의 굴렁
쇠가 되어 돌아오는 그 굴렁쇠의 한
부분에 두 개의 구슬이 잘려나간 것과
마찬가지니,
37 그 두 개의 구슬을 잘 가꾸고 다듬어
너희들이 그 자리를 메웠을 때, 나의
성령으로 임하여 너희들의 모든 사악
한 마음을 버리며 내가 구원하는 길을
너희들에게 인도할 수 있음이니,
38 너희들은 먼저 이것을 깨우쳐야 될 것
이니라.
39 나의 아들 예수가 그와 같이 피를 흘
리며 험악한 고통과 시련 속에 죽어
가면서 그는 말하였느니라.
40 '내가 너희들의 죄를 지고 죽어 가니,
너희들은 하나님 말씀대로 살아 하나
님께 구원을 받아 하늘에 오르는 나의
형제가 돼라.' 하여 그가 장렬하게 죽
었음이니,
41 너희들은 예수가 죽은 그 피로써, 보
혈로써 죄를 사했다는 것만 부르짖으
며, 예수가 죽어 가면서 너희들에게
어찌 살라 부탁하며 너희에게 명한 것
은 너희들에게 어렵고 힘드니 헌 종이
쪽처럼 버리고 지워 버렸음이니,
42 그리하여 너희들은 하늘에 오르는 길
이 아니요, 지옥으로 가는 길을 가고
있다 내가 말하였음이니,
43 너희들은 지금 깨우쳐야 될 것이니라.
44 예수의 죽음이 그냥 죽음이 아니니라.
45 너희들이 말하는 전지전능한 여호와
하나님인 내가 나의 아들을 살릴 수
없었음이 아니요, 내가 살릴 수 있었
으며 구원할 수 있었으며,
46 그가 수십 차례 그 어려운 길을 가지
않겠다고 눈물의 기도를 드렸으나, 나
는 너희들을 사랑하기에 그 기도를 들
어주지 아니하였음이니,
47 내가 나의 아들을 그와 같이 험악한
고통 속에 죽게 했을 때, 내가 너희들
에게 바람이 있었으며,
48 그가 너희들의 그 모든 죄를 지면서
나에게 불려 와 하늘에 오르는 그 고
통 속에서 원하는 것이 있었으니,
49 그가 원하는 것이 무엇인가? 너희들
은 백 가지 천 가지 나의 아들 예수의
그 뜻을 따라 행할 때 깨달음이 있을
것이니,
50 너희들은 이를 명심하여 시행하도록
하여야 할 것이니라.

1,542 번째 하나님 말씀

2001년 9월 10일 07시 45분

1 내 사랑하는 선지자야!
2 "네, 여호와 하나님! 말씀하옵소서."
3 너희들이 열 길 물속의 깊이는 알 수
있으나, 한 길밖에 안 되는 사람의 그
마음은 알 수 없다 하였듯이,
4 너희들이 선과 악과 욕심이라는 그와
같은 마음속에서 욕심을 부리는 것도
끝이 없으며,
5 악하고자 하여 악한 일을 하는 것도
끝이 없으며, 선하고자 하여 선한 일
을 하는 것도 끝이 없음이니,
6 선지자야,
7 너의 제자들과 너를 따르는 나의 만백
성과 나의 성전을 찾는 나의 피조물들
이 그 보이지 않는 욕심의 그 끝을 버
려야 하며, 그 보이지 않는 악한 마음
의 그 뿌리를 다 버려야 함이니,
8 보이지 않는 그 끝을 어찌 버리며 마
르지 않는 샘물을 어찌 다 퍼낼 수 있
겠느냐?
9 그리하여 너희들이 말하기를, 인간은
성령이 임하여야만 선해지며 사악한
마음을 버리며 욕심을 버린다 말함이
니,
10 그러나 너희들이 노력함에 달렸느니
라.
11 너희들의 끝이 보이지 않는 사악한 마
음이요, 욕심의 그 뿌리는 너희들이
마음으로 선을 결정하여 선을 행하고
자 하면 하루아침에 없어짐이니라.
12 이를 행하지 아니하는 자는 깨달음을
얻을 수 없으며 성령이 그의 몸에 임
할 수 없음이니,
13 끝이 보이지 아니하며 뿌리가 보이지
않는 악한 마음과 욕심의 그 근원의
뿌리를 어찌해야 되느냐?
14 보이지 않는 것을 뽑을 수 없음이니라.
15 다만, 그것은 너희들이 마음먹기에 달
렸음이니, 마음먹기로 너희들이 결정
하며 마음의 각오가 다져진다면 이는
너희들이 무 한 포기 뽑아냄과 같이
쑥 뽑아낼 수 있으며 그리 간단함이니
라.
16 마음의 깨우침이 있어야 되는 것이거
늘,
17 성령의 임함이 얼마나 위대하며, 성령
이 무엇이며, 내가 너희들에게 임하는
것이 얼마나 영광이며, 얼마나 크나큰
힘이며,
18 너희들이 죽어 영원히 사는 나의 나라
에덴동산에 와 거주할 수 있는, 너희
들이 그곳에 존속할 수 있는 것이 얼
마나 위대한 것인지 모르기에 마음을
다스리지 못함이니,
19 마음을 다스리지 못하며 욕심이요, 사
악한 마음을 끊지 못하며, 선을 향하
여 너희들이 달려가는 마음이 아닐
때, 지금 내가 만백성에게 먹고살라
내린 그 감자가 다 썩었기에 또다시
한 알의 새로운 감자로 하여금 싹을
틔워 만백성을 구하고자 함이라 하였
으나, 그 감자 역시 이미 흠집이 나 썩
음이니라.
20 이를 너의 제자들에게 일깨워 줘야 할
것이니라, 선지자야!

1,543 번째 하나님 말씀

2001년 9월 10일 13시 20분

1 사랑하는 선지자야!
2 "네, 여호와 하나님! 말씀하옵소서."
3 오늘 내가 너의 뒤에 앉은 너의 제자
들에게 하나를 깨우쳐 주기 위하여 너
에게 기도를 하도록 하였음이니, 그들
에게 물어보라.
4 내가 그렇게 아름답게 성전을 지으라
누구에게 명한 적이 없으며, 그 성전
앞을 호화롭고 찬란하게 꾸미라 명한
적이 없으니,
5 위대한 성전을 지으라고 나로부터 명
령을 받은 자 있으며, 나의 음성을 들
은 자 있으며, 나의 뜻에 의하여, 나의
지시에 의하여 그 호화롭고 찬란한 성
전을 지은 자가 있는가 그들에게 물어
보라.
6 아무도 들은 자가 없느니라. 그리고
내가 명한 사실이 없느니라.
7 그 성전이라 지은 곳에 아름답고 찬란
하며 저희들이 사리사욕에 어두워 꾸
며 놓은 그 모든 것도 나로부터 지시
를 받으며 나로부터 명령을 받으며 나
의 뜻을 받들어 시행하고 만들었는가
그들에게 물어보라.
8 나는 명한 적이 없느니라.
9 저희들의 호의호식을 위하여, 저희들
의 안일을 위하여 감언이설로써 나의
피조물 만백성의 피를 빨아 모은 그
물질로 아름답게 꾸민 그 성전에서,
10 내가 명하지 아니하였으며 나의 기도
와 나의 음성을 듣지 아니한 그곳에서
일생을 다 바치며 그곳에서 그 모두를
다 바치고 그곳에서 성장해 온 여인들
이니라.
11 아비규환 같은 속에서 내가 그들을 너
를 통하여 구원하였음이니, 오늘 내가
그들에게 이를 깨우쳐 주고자 함이며,
그들에게 일러 전하라.
12 세상천지에 어떠한 종교 지도자도, 어
떠한 유능한 사람도 하나님의 말씀을
그대로 전하는 사람이 있는가 물어보
라.
13 저희들이 공부하고 연구하여 저희 생
각을 넣어 나의 피조물 만백성을 자극
하며 흥분하게 하여 저희들을 따라오
도록 이끌어 가며 저희들의 세 치 혓
바닥으로써 하는 말이 그들이 하는 설
교요, 그들의 가르침이니라.
14 너희들은 나가서 전하여야 할 것이니
라.
15 '이 세상에 여호와 하나님의 말씀을
직접 들어 그 말씀을 전하니, 하나님
의 주옥같은 말씀을 듣고 싶거든 이곳
에 오라.' 너희들은 그리 외치고 다녀
야 할 대명이 있음이니라.
16 나의 명에 따라서, 나의 뜻에 의하여
호화로운 그와 같은 성전을 짓지 않은
이곳에,
17 죄를 짓고 불바다에 들어갈 수밖에 없
는 너희들의 영혼을 구하려 내가 이곳
에 불렀음이니, 너희들은 나가서 이리
외쳐야 될 것이니라.
18 '정녕 하나님의 말씀을 전하는 곳이
있으며, 하나님의 음성을 들을 수 있
는 곳이 이 고갯마루에 자리 잡았으
니, 너희들은 와서 그 음성을 듣고 너
희 스스로 판정하며,

19 하나님의 말씀을 정녕 듣고자 하는
자, 하나님의 형체를 보며 하나님의
모습을 보며 하나님의 음성을 듣고자
하여 갈구하며 목마른 자는 이곳에 와
하나님의 음성을 들으라.' 그리 너희
들은 나가 외쳐야 할 것이니라.
20 이것이 너희들이 하여야 할 대명이며,
너희들이 앉아서 잡담하고 이야기할
시간이 없느니라.
21 너희들에게 내가 명을 줌이 그것이니
라.
22 '하나님의 형체를 보며 하나님의 음성
을 들으며 그를 만져 보고자 갈구하는
자, 그 음성을 전하는 곳이 있으며 그
음성이 들리는 곳이 있으니, 하나님의
음성을 들으러 가 보자.' 하여 그들을
인도하는 것이 너희들의 가장 중요한
대명이니라.
23 그 방법은 너희들이 각자 생각해야 할
것이니라.
24 그리하여 너희들을 내가 이리 불렀음
이니라.

1,544 번째 하나님 말씀

2001년 9월 11일

1 사랑하는 선지자야!
2 "네, 여호와 하나님! 말씀하옵소서."
3 가슴에 조여 오는 아픔을 누르며, 가
슴에 조여 오는 아픔을 참으며, 네가
조여 오는 아픔을 인내하며...
4 (녹음 불량)

1,545 번째 하나님 말씀

2001년 9월 12일 21시 10분

(강론을 마치며)

1 사랑하는 선지자야!
2 "네, 여호와 하나님! 말씀하옵소서."
3 너의 제자들에게 일러 말하라.
4 지금 너희들의 이 지구상에는 화염에
휩싸여 수많은 인종이 죽어 가고 있으
며, 아비규환이요, 전쟁터와 같은 그
형상으로 변화되고 이루어져 있으며
너희들은 오늘 그를 보고 들어서 알
것이니라.
5 그러나 너희들은 나의 법전에 기록되
어 있는 내용이 어떠한 내용들이 있는
가를 깨우쳐 알아야 할 것이니라.
6 지금 너희들이 듣고 보고 있는 세상에
전쟁의 아비규환과 처참한 그 형국이
이루어져 있는 것보다 나의 법전에 기
록되어 있듯이 구약의 시대를 덮으며
신약의 시대를 덮으며,
7 그 모두를 덮어 한 획을 그으며 제3의
시대로써 나의 법전이 세상에 나가 나
의 피조물 만백성을 구한다 할 때,
8 이 대목 하나만 가지고도 그보다 열배
백배 더 혼란하고 험악한 형태가 이루
어질 것이니,
9 그 모두를 가슴에 받아야 하는 것이
나의 선지자요, 여기에 서 있는 너희
들이라는 것을 너희들은 깨우쳐야 할
것이니라.
10 수억의 종파들이 나의 법전을 들고 말
하기를, 구약의 시대를 그으며 신약의
시대를 그으며 그들이 잘못되었기 때
문에 나 여호와의 뜻에 따라 이루어짐

이 없기에,
11 나의 성령을 태워 제3의 시대를 열어
너희들을 구하고자 하는 나의 성령이
열여섯 권으로 내려가며, 이 법전만으
로 심판을 받아 구원을 받을 수 있다
고 한다 하면,
12 지금의 너희들이 듣고 보는 그 처참한
환경보다 더한 일이 이루어질 것이니,
그 처참하고 참혹한 현장보다 열배 백
배 더 무서운 형국이 이루어지는 그
내용들이 나의 법전에 기록되어 있으
니, 그 구절이 한둘이 아닌 것이니라.
13 너희들이 말하기를 사막에서 '만나'를
내렸다 하였느니라.
14 이를 내가 선지자를 통하여 말하기를
눈이 내려갔으며 그 물로 너희들이 음
식을 취했다 하니,
15 그렇다는 그 대목 하나 가지고도 너희
들의 목숨을 부지할 수 없는 그와 같
은 무서운 형국의 길을 가고 있음이
너희들이니라.
16 그리고 또한 나의 선지자가 그와 같은
화약 더미에 서 있는 자이니라.
17 이와 같은 형국이 지금 너희들에게 이
루어지고 있음을 너희들은 깨우쳐야
할 것이니라.
18 나의 열여섯 권의 법전 속에 들어 있
는 내용들의 하나하나가 그보다 더 무
서운 위력을 지니고 있는 이야기들이
며, 그보다 더 험난하고 험한 형국으
로써 너희들에게 다가올 수 있는 내용
들이 기록되어 있음이니,
19 너희들은 이 구절을 잘 깨우쳐 읽어야
할 것이니라.
20 어찌하여 사랑하는 나의 선지자를 통
하여 만백성을 구하고자 하는 내가 그
보다 더 무서운 내용을 이 법전에 기
록하여 만백성에게 전하고자 하겠는
가?
21 이것은 오로지 나의 진실이며, 나의
뜻이며, 나의 피조물 만백성을 구하는
마지막 나의 선지자이기 때문에 그러
하니라.
22 이와 같은 길을 가고 있으며, 이와 같
은 길을 가고자 하는 선지자에게 선택
되어 나의 성전에 와 나의 법전을 읽
는 너희들은 정녕 나로부터 소중한 자
들이며,
23 나로부터 값지게 쓰여야 할 너희들이
며, 나의 피조물 만백성을 구하는 너
희들이라는 것을 잊지 말아야 할 것이
니라.
24 너희는 들어야 할 것이니라.
25 하늘에 오르고자 한 사람이 평생을 바
쳐 믿음이라는 길을 가며,
26 나 여호와를 찾으며 저희가 성전이라
는 곳에 가 기도하며 설교하는 자의
말을 들으면 예수의 보혈로써 저희는
구원을 받을 것이며,
27 영원히 지옥 불이라는 곳을 가지 않는
다는 생각을 하고 안일하게 살아가는
자들이 있느니라.
28 그들은 나에게 와 끓는 기름 가마솥이
요, 바늘방석을 맨발로 가며, 암흑 속
에 진흙탕에서 허덕이며, 아비규환 같
은 곳에 허덕이며,
29 남을 욕하고 시기하고 질투한 자, 그
혓바닥으로 제 몸을 칭칭 감아 굴러다
니는 그와 같은 무서운 벌을 받고 있
다는 것을 모를 것이니라.

30 그러면서 그들은 말하기를, '우리는
예수의 보혈로써 믿음의 세계에 갔으
니 그 모든 죄는 우리에게는 관계가
없다.' 하며 안일한 마음으로 믿음의
길을 가고 있으니,
31 그들이 지금 믿고 모두를 다 바쳐서
걸어왔던 그 길이 잘못된 길이며, 그
것이 지옥으로 가는 그 길을 갔다 하
면,
32 나 여호와가 한 번도 들어주지 않는
그 기도를 드리며 울부짖은 그 음성은
나와 관계없다고 생각할 때, 그들이
일어서는 그 폭동은 오늘날보다 더 무
서운 형국이 이루어질 것이니라.
33 사랑하는 나의 선지자를 따르는 나의
백성 너희들은 들어야 할 것이니라.
34 너희들이 그와 같이 잘못 가고 있는
자들을 되돌려 놓아야 할 것이며,
35 '여보게, 가는 발길 멈춰 뒤돌아봐 이
법전을 읽고 하늘에 오르는 길을 찾아
오시오.' 하는 그 내용을 너희들은 사
랑하는 여인에게 전하는 편지처럼, 사
랑하는 여인에게 한 수의 글을 전하는
것처럼 암송하여야 될 것이니라.
36 그리고 선지자야, 너는 들으라.
37 "네, 여호와 하나님! 말씀하옵소서."
38 사랑하는 선지자야!
39 "네, 여호와 하나님!"
40 너희들이 나의 법전을 가지고 동서남
북으로 전하니, 너희들은 나의 법전을
많이 가지고 나가 지나가는 사람의 손
목에 그걸 쥐여 주면서 전하느니라.
41 그러나 너희들은 그 사람에게 전해지
는 그것 외에는 알지 못함이니라.
42 나 여호와는 그들이 가지고 가는 그
법전에 내 마음이 따라가며, 내 성령
이 같이 따라가며,
43 천 명이 받으면 그 법전을 가지고 있
는 천명이 어찌 쓰며, 어찌 읽으며, 그
들이 어찌 생각하는가를 내가 다 보고
있음이니, 너희들은 그리 알아야 할
것이니라.
44 너희들이 만 명에게 법전을 전한다면
만 명이 들고 가는 그 모습은 너희들
이 바라볼 수 있으며, 그들이 손에 들
고 너희들 앞을 떠났을 때는 너희들은
모를 것이나,
45 나는 그들이 나의 법전을 가지고 가
읽고 깨우치는 자, 깨우치지 못하는
자, 그리고 지금의 믿음의 세계를 잘
못 가고 있는 것을 깨닫는 자,
46 그리고 그들이 어찌하여 그곳에서 나
와야 할 것인가, 그리고 이것이 진정
한 나 여호와 하나님의 뜻인가, 제가
이 길을 가야 할 것인가 가지 않아야
할 것인가 번뇌하고 고민하는 그들을
다 내가 보고 있음이니,
47 그 법전 만 권이 내 눈에 들어와 있음
을 너희들은 알아야 할 것이니,
48 너희들의 그 노고에 내가 깊이 사랑하
는 마음을 전하고자 함이니 그리 알라.
49 내가 너희들을 사랑함이니라.

1,546 번째 하나님 말씀

2001년 9월 13일 06시 30분

1 사랑하는 선지자야!
2 "네, 여호와 하나님! 말씀하옵소서."
3 네가 나로부터 선지자요, 나의 종이라
명을 받아 나의 성령의 뜻을 만백성에

게 전하기 위하여 열여섯 권의 법전을
받아 이 세상에 냈음이니,
4 지금 내가 너에게 내리는 모든 메시지
와 내가 너에게 내리는 가르침은 네가
살아 숨을 쉬는 동안 나의 피조물 만
백성을 일깨워 주는 자료로 써야 될
것이며, 그를 위하여 많은 너의 제자
들에게 전파해야 될 것이니라.
5 내가 너에게 내린 이 주옥 같은 모든
가르침이 모든 나의 피조물 만백성이
하늘에 오르는 깨우침의 기초가 될 수
있도록 하여야 할 것이니라.
6 너희들은 세상에 어머니로서 첫아이
를 가슴에 안았으나 그 아이가 생명을
잃어 가는 순간에 뭐라고 말하더냐?
7 '이 어미가 대신하여 죽을 수만 있다
면….' 하며 어미가 대신 죽고자 하여
발을 동동 구르니, 인간관계의 부모와
자식이라는 사이가 그러함이니,
8 내가 만든 나의 피조물 만백성이 백
년도 안 되는 그 육신의 삶에 의하여
저희들이 간단한 그 욕심이라는 뿌리
하나를 버리지 못하고 죄를 짓고 와
차마 볼 수 없는 험하고 험난한 죄의
대가를 받는 것을 내가 바라볼 때,
9 나의 마음이 어떠할 것이라 너희들은
생각하느냐?
10 너희들은 말하지 않더냐, 첫아이를 낳
아서 젖을 먹인 어미가 그 자식이 죽
어 간다 할 때, 그 생명 대신 죽어 가
고 싶어 발버둥치니, 너희 육신의 부
모의 마음이 그러하지 않더냐?
11 사랑하는 선지자야!
12 "네, 여호와 하나님! 말씀하옵소서."
13 나의 사랑하는 피조물들이 죽음보다
도 더 험난하고 더 험악한 나의 벌을
받으며 그들이 발버둥치며 몸부림치
며 그 아우성치는 것을 내가 알고 있
음이니,
14 내가 그들을 구원하고자 하는 마음이
얼마나 애절한가 너는 생각해야 할 것
이니라.
15 그리하여 내가 너에게 이르기를, 네
한 몸 모두를 바쳐 나의 피조물들이
구원을 받을 길과 구원을 받아 하늘에
오르는 길을,
16 그리고 지옥과 낙원에서 지옥의 길을
버리며 낙원으로 오르는 길을 택하라
하는 나의 열여섯 권의 법전을 세상에
내보냈으니,
17 그들은 나의 성령을 읽으면서도 깨우
치지 못함이니, 바로 무엇이더냐?
18 그들은 나의 성령을 보고 깨우침보다
도 나의 성령을 받아 열여섯 권을 세
상에 낸 네가 살아가는 그 모습과 네
가 서 있는 그 자세를 보아야 따르고
깨우침이라 하였으니,
19 이 세상 60억 모든 인구 중에서 나의
뜻에 따라 밤과 낮의 행동이 같지 않
은 자, 누구도 이를 시행할 수 없기에
내가 너를 선택하였음이니라.
20 내가 세상에 생수를 내려보내 목마른
나의 피조물 만백성에게 마시게 하고
자 하나, 그를 담는 그릇에 오물이 붙
어 그 물을 부을 수 없다 하면 내가 생
수를 내릴 수 없다 하였음이니,
21 오로지 깨끗한 그릇으로 나의 생수를
받을 수 있는 자, 너희 60억 인구 중에
한 사람, 너밖에 없다 하였음이니, 그
리하여 내가 선택하였음이니라.

22 모든 천사와 모든 사탄과 악마와 그들
나름대로 끌어가는 그 모든 잡신과 사
악한 무리들이 내가 너를 선지자라 명
하였을 때, 아무도 믿지 않았으며 나
의 깊은 뜻을 그들은 모름이었음이니
라.
23 이제 네가 낮과 밤을 통하여 남에게
한 점 부끄럼이 없는 삶을 살아가는
나의 종으로서 우뚝 서 있는 그 모습
이 바로 내가 말하는 이 세상에 한 사
람이 구원의 길을 보면 이 세상의 모
두를 다 주고도 바꿀 수 없다는 것이
며, 그 애절한 마음이 그리하여 있음
이니라.
24 사랑하는 선지자야, 네가 지금 서 있
는 마음의 자세가 어떠하더냐?
25 "전지전능하신 여호와 하나님!
26 제가 물 위를 걸을 수 있으며, 바람 따
라 날 수 있으며, 뜨거워도 뜨거운 것
을 모르며, 차도 찬 것을 모를 것이라
는 여호와 하나님의 그 뜻과 말씀을,
이제야 그를 깨닫고 있사옵나이다.
27 오로지 하나님의 말씀대로 순종하며
그대로 시행하며 지키고 살아가면 그
모두가 이루어짐을 알고 있사오며,
28 그 모두는 저의 마음속에서 이루어지
며 제 몸속에서 이루어지고 있다 함을
이제야 깨닫고 있사옵나이다."
29 사랑하는 선지자야,
30 너희들의 말에 이르기를, 아무리 바빠
도 바늘 허리에 실을 매어 무엇을 꿰
맬 수 없다는 것을 내가 너에게 수차
알려 줬음이니, 바로 그와 같이 깨달
음과 깨우침 속에서만이 모든 것이 이
루어짐이니라.
31 너의 제자들에게 이르라.
32 세상사 모든 것은 생각하기에 달렸으
며 마음먹기에 달렸으니,
33 네가 지금 모든 마음을 비워 하늘에
오르는 그 빛을 보는 것과 마찬가지로
너의 제자들 또한 그 빛을 볼 수 있도
록 자신의 모두를 태우라 말하라.
34 말로써 태움이 아니요, 행하고 실천함
이니,
35 제 마음을 비우는 자 하늘을 볼 수 있
으며, 제 마음을 비우는 자 나의 음성
을 들을 수 있다는 것을 그들에게 반
드시 네가 일깨워 줘야 할 것이니라.
36 세상의 모든 것이 다 너희들 것이며
세상의 모두가 너희에 의하여 이루어
지거늘,
37 무엇이 그리 조급하며, 무엇이 그리
소중하며, 무엇을 그리 너희들이 얻고
자 발버둥치는가?
38 내가 너희들에게 명하여 이르느니라.
39 내가 너희들에게 모든 은혜와 상을 내
릴 수 있도록 준비하였음이니, 그 상
을 가져가라 내가 말하였음이니, 그를
받아 가는 것은 너희 뜻이라 말하였느
니라.
40 그리하여 너희들이 평생 손발이 저리
도록 모은 재물을 바쳐 나의 은혜를
사 가라 함이 아니며, 내가 너희들에
게 나의 권능과 상을 사 가라 함이 아
니니라.
41 피보다 진한 땀이 흐르는 기도를 드리
는 그 하나로써 그 모두를 얻을 수 있
다 하였거늘,
42 마음 하나, 정신을 집중하여 사악한
마음을 마음속에서 뿌리 뽑고 선한 마

음을 하늘을 향하여 너희들이 보냈을
때, 오로지 그 한 길만을 걸어올 때 너
희들이 하늘에 오르는 길을 보며, 너
희들이 걸어올 수 있는 그 길과 빛을
보게 됨이니,
43 그 하나도 시행하지 못하며 실천하지
못하는 자들이 어찌 구원을 받으려 생
각하는가?
44 사랑하는 선지자야!
45 "네, 여호와 하나님! 말씀하옵소서."
46 너희 인간들이 자식을 대신하여 죽고
자 하는 그 어미의 마음보다 백배 천
배 더한 것이 나 여호와 창조주의 마
음이라 너의 제자들에게 이르라.
47 너희들이 그 무서운 죄 속에서 허덕이
는 그 모습을 나는 보고 있으며 알고
있음이니, 그 길을 가지 말도록 하는
것이 나의 애절한 마음이니,
48 나의 가슴의 모두를 태워 나의 모든
뜻을 너를 통하여 세상에 내려보내니,
49 이 이치와 나의 뜻을 깊이 깨달아 자
식을 대신하여 목숨을 바치고자 하는
그 어미의 마음으로 너희들이 세상사
를 살아가며 나의 법전을 대하도록 그
리 깨우쳐야 할 것이니라.

1,547 번째 하나님 말씀

2001년 9월 13일 06시 35분

1 사랑하는 선지자야, 너의 제자들에게
이르라.
2 내가 너의 제자들에게 이르기를, 나의
종, 선지자를 세 살 먹은 아이로 보라
하였음이니, 이는 바로 너의 제자들이
세 살 먹은 아이가 되라 함이니라.
3 아무런 욕심도 없는 천진난만한 그 아
이가 되라 함이니라.
4 나의 종, 나의 사랑하는 선지자 너를
세 살 먹은 아이로 바라볼 수 있는 너
의 제자들은 그가 바로 세 살 먹은 아
이의 아름다운 마음을 갖고 있음이니
라.
5 그가 아름답고 선한 마음이 되지 아니
하여 세 살 먹은 아이가 되지 아니하
였을 때, 너의 행동이 세 살 먹은 아이
로 보이지 아니할 것이니,
6 이는 도둑놈의 눈에는 도둑놈으로 보
이며, 거짓 하는 자는 거짓 하는 것만
보이며, 도둑질하는 자는 도둑질하는
것만 보이며, 사악한 자의 눈에는 사
악한 것만 보임이니,
7 모든 너의 제자들이 너를 세 살 먹은
아이로 바라볼 수 있는 그 마음이 열
릴 때 그가 바로 천사가 되어 있음이
니라.
8 이와 같은 뜻을 너의 제자들에게 깨우
쳐 주어야 될 것이니라.
9 세상사 너희들에게 보이는 그것이 바
로 너희들의 마음이라 하였음이니라.
10 빈 깡통을 버리고 가는 자, 그걸 버리
고자 하였던 그 마음을 바라볼 수 있
는 자는 그가 그와 같은 마음이 되어
야만 볼 수 있음이니,
11 너희들의 삶의 이치는 너희들 눈에 보
이는 모든 만물의 보임이 그게 바로
너희들 마음이니,
12 그리하여 모두는 너희 마음속에 있다
하며 성령은 너희 마음속에 있다 함이
니라.
13 그리하여 너희들이 생각하는 것과 행

하여 실천하는 것 그 모두를 합쳐 점
수를 받음이라 내가 말하였음이니,
14 이 이치를 너희들이 깨닫도록 하여야
할 것이니 그리 가르치라.

1,548 번째 하나님 말씀

2001년 9월 14일 06시 20분

1 사랑하는 선지자야!
2 "네, 여호와 하나님! 말씀하옵소서."
3 네가 나의 뜻에 따라 만백성을 구하고
자 대명을 받아 네가 변하여져 오며
다스려져 오는 것이 오늘에 이르렀음
이니,
4 너는 나의 법전 열여섯 권을 만들어
세상에 내보내 나의 수억의 인구들을
대대손손 구원하는 대명을 이루었으
며,
5 이제는 네가 삶에 있어서 남들에게 빛
이 되며 모범이 되고자 네가 행하고
실천함이니, 내 마음의 기쁨을 너는
모를 것이니라.
6 사랑하는 선지자야!
7 "네, 여호와 하나님! 말씀하옵소서."
8 너를 도울 자 내가 수없이 보낼 것이
니, 불안해하며 근심 걱정하지 말라.
9 네가 지금 반석 위에서 나에게 오르는
길이 무엇이며 죄를 받음이 무엇인지
그를 깨우치기 이전에 너로서는 순종
하며 내가 원하는 길을 가고자 하여
이제 반석 위에 일어섰음이니,
10 너는 추락은 없을 것이니라.
11 이제 하늘에 오르는 그 빛을 향하여
네 몸과 마음을 정좌하여 모든 생각을
지워 버림을 네가 터득하였으니, 그리
고 네가 몸소 실천하고 있음이니,
12 남들이 평생을 걸쳐 시행할 수 없고
지킬 수 없는 마음의 자세와 행동과
행실과 나의 뜻을 실천함이 하늘에 닿
음이니,
13 나 여호와의 마음이 기쁘기 한이 없느
니라.
14 앞으로 1년, 2년 후에, 세월이 지난 다
음에 너는 나의 선지자, 나의 종이라
이르기 전에, 나의 아들로서 한 점의
손색이 없이 네가 나의 뜻을 지키고
갈 것이니,
15 너는 두려워하며 불안해하지 말라.
16 네가 반석 위에 일어서 하늘에 오르는
빛을 보며 그 빛만을 향하여 전진하는
그 모습에 나의 은혜와 은총이 너에게
내릴 것이며 모든 영광이 너에게 내릴
것이니,
17 오늘의 너의 수고로움에 나 여호와가
기쁘게 생각하며, 나 여호와를 네가
기쁘고 즐겁게 하였음이니라.

1,549 번째 하나님 말씀

2001년 9월 14일 21시 20분

(강론을 마치며)

1 사랑하는 선지자야!
2 "네, 여호와 하나님! 말씀하옵소서."
3 내가 너의 제자들 앞에서 사랑하는 선
지자라 너를 부르니, 네가 '네, 여호와
하나님! 말씀하옵소서.' 그리 말하느
니라.
4 너는 그리 대답할 수 있는 자격이 있
으며, 너의 행동이 그러하며, 네가 살
아가는 마음과 네 육신의 움직임이 과

연 그리 대답함에 있어서 한 점의 부
끄럼이 없다 생각하는가?
5 너는 이 대목에서 한 점의 부끄럼이
없는 삶을 네가 다스리고 가꾸어 나가
야 할 것이니, 이를 명심하여 시행해
야 될 것이니라, 선지자야!
6 "네, 여호와 하나님!
7 여호와 하나님의 뜻에 따라 이루지 못
하여 하루 종일 눈을 감고 방에 누워
모든 세상사를 보지 아니하며 스스로
하나님의 뜻이 무엇인가 그를 지키고
자 생각하오나, 저는 그를 지키지 못
하고 있사옵나이다.
8 때로는 제 살을 꼬집으며, 때로는 칼
로써 저의 살을 찌르고 싶은 심정이
며, 때로는 제 가슴을 다 갈기갈기 찢
어 버리고 싶은 심정이오나,
9 여호와 하나님! 저는 육신의 인간이
기에 그리 가지 못하고 있사옵나이다.
10 깨달으며 여호와 하나님의 뜻을 앎이,
보이는 것이요, 큰 것을 선하게 행하
는 것이 아니며, 작고 보이지 않는 작
은 그 속에서 이루어지는 그 모두를
시행해야 되는 것이며 그를 지켜야 함
이니,
11 저는 정녕 하나님의 뜻을 지키지 못하
고 있사옵나이다."
12 사랑하는 선지자야!
13 "네, 여호와 하나님! 말씀하여 주옵소
서."
14 네가 깨닫지 못하면 너 스스로 잠을
잔다는 그 아픈 마음을 내가 알고 있
음이니,
15 그는 나의 피조물 만백성들이 지옥 불
로 가면서 그들을 잘 인도해 주지 못
한 저희 부모를 원망하며, 저를 잘못
가르친 스승을 원망하며, 저희들을 잘
못 지도한 종교 지도자들을 원망하며
통곡의 눈물을 흘리고 몸부림치면서
가는 그들을 구원하는 너의 눈물일 것
이니, 너는 슬퍼하지 말라.
16 선지자야!
17 "네, 여호와 하나님! 말씀하옵소서."
18 너의 제자들에게 이르라.
19 나의 열여섯 권의 법전 속에서 한 구
절을 깨달으면 그것이 너희들이 하늘
에 오르는 길을 볼 수 있다는 것을 일
러 주도록 하라.
20 나의 열여섯 권의 법전 속에 있는 내
용을 너희들이 다 깨우치려 하지 말라.
21 너희들이 나의 열여섯 권의 법전 속에
있는 한 구절을 깨달으며 내가 원하는
그 뜻을 진정 알 때, 너희들은 하늘에
오르는 그 빛을 볼 수 있음이니라.
22 내가 선지자를 통하여 너희들에게 일
렀느니라.
23 너희들의 눈으로 보며 너희들이 생각
하며 귀로 듣는 그 모든 움직이는 형
태와 너희들이 평가하고 생각하는 것
은, 그것이 바로 너희들의 마음이라
내가 말하였느니라.
24 그 너희들의 마음 하나만 다스린다 하
면 너희들은 나에게 오르는 빛을 볼
수 있음이니라.
25 사랑하는 선지자야!
26 "네, 여호와 하나님! 말씀하옵소서."
27 너희들이 지금 누구를 경배하며, 누구
의 말씀이라 하여 들으며, 누구의 성
령이라 하여 나의 법전을 읽고 있느냐?
28 나의 가슴을 태워 구약과 신약을 덮으

며 마지막 너희들을 구원하고자 내가
나의 선지자에게 내려보내는 나의 성
령을 너희들이 듣고 나의 성령을 책으
로 만든 것을 읽고 있음이니,
29 이 세상 수십억 인구 중에 이 넓고 넓
은 지구상에 지금 너희들처럼 나의 성
령을 직접 들으며 나의 성령을 책으로
읽으며 내가 선지자에게 직접 내리는
그 음성을 듣는 자, 세상에 어디 있다
말하느냐?
30 한 사람도 없음이니라. 한 곳도 그와
같은 곳이 없음이니라.
31 너희들은 이와 같음을 깨달아야 할 것
이니라.
32 사랑하는 선지자야!
33 "네, 여호와 하나님! 말씀하옵소서."
34 너의 제자들에게 이리 이르라.
35 이 세상 어느 곳에도, 어느 민족도 나
로부터 직접 이와 같이 말을 듣고 나
의 뜻을 들음이 없으니,
36 예수가 나의 음성을 직접 들어 나의
뜻을 받아 시행했듯이,
37 지금 마지막 나의 피조물 만백성을 구
하기 위하여 이 지구상에 나의 음성을
듣는 피조물들이 없으며 백성이 없으
며 이를 가르치는 자가 없음이니,
38 오로지 듣고 보는 것은 너희들밖에 없
음이니, 그리하면 너희들은 어떠한 사
람이더냐?
39 너희들이 나의 이 법전이요, 나의 계
명을 지키지 못한다면 이 세상 어떠한
백성도 이를 지킬 수 없다는 것을 알
아야 할 것이니라.
40 너희들이 그리하여 소중함이니라.
41 직접 듣고 직접 읽으며 직접 체험하는
너희들이 행하지 못한다면 이 세상 어
느 백성도 행할 수 없음이니라.

부 록

【하나님께서 가르쳐 주신 운동】

천재지변이 일어날 때, 동물이나 미물들은 미리 알고 대피하지만, 인간은 알지 못하고 큰 화를 당합니다. 하나님께서 인간에게 가장 높은 지혜를 주시고 완벽하게 창조해 주셨기에 동물들보다 더 잘 알 수 있지만, 욕심으로 마음이 혼탁해져서 한 치 앞을 보지 못하는 것입니다.

마찬가지로, 인간은 누구나 스스로 필요한 운동을 해서 건강을 지킬 수 있도록 하나님께서 만들어 주셨습니다. 우리의 머리에서 우리 몸에 필요한 동작을 해 달라고 끊임없이 신호를 보내지만, 인간이 혼탁하게 살아서 그 신호를 알아채지 못합니다. 그러니 자연스럽게 자기 몸이 원하는 그 신호를 따라서 운동하는 것이 하나님께서 가르쳐 주신 운동 방법입니다. 바로, 우리의 영이 육을 이끄는 운동입니다.

▶ 하나님 운동법

1. 눈을 감고, 발을 어깨너비로 벌리고 바르게 선다.
2. 몸에 힘을 풀고, 허리를 숙이면서 손과 머리를 아래로 내린다.
3. 허리를 펴고 싶을 때, 천천히 펴면서 하고 싶은 동작을 하면 운동이 시작된다. (사람마다 다르다.)
4. 멈추지 말고, 어떤 동작이든지 자기 몸의 느낌대로 계속 이어서 한다.

▶ 참고 사항

① 눈을 감은 상태로 아무 생각 하지 않고, 자기 몸의 느낌대로 움직입니다.

② 마음을 비우고, 욕심을 버리고, 지난날의 잘못을 반성하면서 몇 차례 시도하다 보면, 자기도 모르게 하고 싶은 동작이 끊임없이 생깁니다.

③ 운동 장소는 방 안이든 운동장이든 관계없으며, 걷거나 달리고 싶을 때는 눈을 떠도 됩니다.

④ 매일 40분 이상, 주 4회 이상, 3개월 이상 하면 음식 조절에 들어갑니다.
- 음식으로 생긴 병은 음식으로 치료하게 되며, 어떤 음식을 먹어야 하는지 스스로 알게 됩니다.
(자기 몸에 필요한 음식만 먹고 싶어집니다.)

⑤ 사랑하는 사람과 함께 운동하면 서로 치료해 주기도 합니다.

⑥ 운동을 하다가 몸의 어느 한 부분을 계속 손으로 자극한다면 그쪽에 이상이 있는 것이니, 의사에게 상담을 받고 적절한 치료를 받으면 됩니다.

⑦ 다이어트 및 기타 건강관리에 효과적입니다.

⑧ 꾸준히 운동하여 영이 맑아지면, 자신의 과거와 미래를 스스로 보게 됩니다.

누구나 스스로 하실 수 있습니다.

간행사

《새로운 성경》은:

· 새로운 성경은, 하나님께서 선량하고 선한 자를 선택하여 십계명을 암송하도록 하시고, 십계명을 암송한 다음에 음성으로써 들려주시는 말씀을 듣고 그대로 카세트테이프에 녹음해서 받아쓴 책입니다.

· 90분짜리 녹음테이프 700여 개에 달하는 말씀으로, 1999년 8월부터 2004년 7월까지 총 160권(권당 288쪽)을 완성하였으며, 그 이후에도 현재까지 계속 말씀을 내려 주고 계십니다.

· 새로운 성경은 "하늘을 두루마리 삼고 바닷물을 먹물 삼아 쓰고 써도 다 못 쓴다"는, 끝없이 방대한 하나님의 말씀이 두루마리로 직접 내려오는 것입니다. 이러한 새로운 성경은 구약과 신약을 폐하려는 것이 아니라 "인봉된 성서의 비유의 뜻"을 상세히 설명하여 완성하고자 하나님께서 직접 내려 주신 말씀입니다.

《새로운 성경》의 구성:

· 제 목: 2013년, 160권 모음집을 발간하면서, 본 도서의 제목을 "하나님! 말씀하옵소서"에서 《새로운 성경》 으로 명해 주셨습니다.

· 단행본: 각 권당 288쪽(신국판) 책이 160권까지 시리즈로 출판됩니다.
(모음집은 단행본을 16권씩 묶어서, 총 10부로 구성됩니다.)

《새로운 성경》의 성경적 근거:

· 신약 성경 [요한복음] 16장 13절에 "진리의 성령이 오시면 그가 너희를 모든 진리 가운데로 인도하시리니 그가 자의로 말하지 않고, 오직 듣는 것만을 말하며" 하신 말씀처럼 하나님의 음성을 들은 것만 기록하였으며,

· "장래 일을 너희에게 알리시리라" 하신 말씀과 같이 개인, 나라, 인류의 "장래"일을 하나님께서 알려 주시는 것만 기록하여 책으로 만들었습니다.

《새로운 성경》의 기록 방법:

· 1999년 8월부터 하나님께서 저에게 들려주시는 음성을 기록하였습니다. 처음에는 제가 들은 말씀을 불러 주면 저의 아내가 기록하여, 2000년 1월 29일에 1권 초판이 세상에 나왔습니다. 2000년 4월부터는 주시는 말씀을 받아 녹음기에 기록하기 시작하였습니다.

· 녹음을 시작하면서 하나님의 말씀을 받는 데 가속도가 붙었고, 2001년 5월 3일에 1부(1~16권까지)를 인쇄하여 출판하였으며, 2004년 7월까지 총 160권 분량의 말씀을 받아 기록하였습니다.

하나님께서 저에게 주신 것은:

· 첫째, 만백성을 상대로 내려 주시는 "기도", 둘째, 수시로 내려 주시는 "묵상", 셋째, 개인의 과거, 현재, 미래를 알려 주시는 "개인 기도", 넷째, 개인의 건강을 위해서 내려 주시는 "음식 처방", 다섯째, 하나님께서 가르쳐 주신 "운동"등이 있습니다. 이 중에 첫 번째, "기도"를 책으로 편찬하였습니다. 사람의 생사, 개인의 미래에 관한 천기는 수록하지 말라 하셨습니다.

강론 안내:

· 하나님께서는 지금도 매일 저에게 새로운 하늘의 비밀의 말씀을 내려 주고 계십니다. 수시로 내려 주시는 말씀을 정리해서 제자를 육성하라는 말씀에 따라 매주 강론을 하고 있습니다. 누구나 무료로 들으실 수 있습니다. (book160.com)

《새로운 성경》을 읽는 분들에게 드리는 선물:

· 개인 기도: 개인의 과거, 현재, 미래에 관하여 말씀을 내려 주십니다.

· 음식 처방: 사람은 음식을 먹고살다가 건강을 잃으니, 음식과 운동으로 건강을 되찾는 방법을 알려 드립니다. 단, 하나님이 계심을 믿고, 십계명을 지키겠다고 진실로 서약하는 분들께 알려드립니다.

《새로운 성경》의 은혜와 기적:

· 새로운 성경 전160권은 16권씩 묶어서 총 10부의 모음집으로 구성됩니다. 모음집 한 부를 읽고 깨우치는 자에게 하나님께서 다음과 같은 기적이 있다고 하셨습니다.

· "첫째, 그가 죽어 하늘에 갔을 때 그의 죄를 묻지 아니하며, 구원을 받는 위대한 은혜가 있으며, 둘째, 그의 소원과 소망이 이루어지고, 셋째, 죽은 자(부모, 형제, 자식, 사랑하고 은혜 입은 분)의 이름으로 구입한 책을 읽고 누군가 한 사람이 깨우칠 때, 그 죽은 자가 지옥에서 천국으로 구원을 받게 되며, 넷째, 유산, 중절 수술 등으로 태어나지 못한 아이를 위하여 구입한 책을 보고 한 명이 깨우쳤을 때, 그 아이가 사람으로 다시 한 번 태어나는 은혜를 받는다."

· "새로운 성경"을 3회 이상 정성을 다해 정독하는 자, 성서의 비밀을 알게 되고, 세상의 이치를 알게 되며, 세상을 지배하고 통제할 수 있는 지혜를 다 얻게 된다고 하셨습니다. 이 책은 만백성이 정독하고 이웃에게 전하여, 평생 가슴에 묻은 슬픔과 고통의 짐을 벗고 미래를 위한 힘찬 삶을 살아가도록 하는 책입니다.

끝으로

· 하나님께서는 흰 눈이 세상을 덮듯이 새로운 성경을 온 세상에 전하라고 하셨습니다. 《새로운 성경》을 각국어로 번역해서 온 인류에게 구원의 길을 깨우쳐 주고, 그 수익으로 가난하고 어려운 백성을 구제하여, 만백성의 영과 육을 함께 구원하는 선지자의 임무를 수행하라고 저에게 명하셨습니다.

· 하늘에서 내려 주신 말씀의 보화를 만백성에게 나누어 주는 것이 선지자의 임무라고 하셨습니다. 새로운 성경을 통해서 얻는 재물을 사용할 곳도 하나님께서 일일이 명해 주십니다. 모든 재물은 저의 자의로 쓸 수 없고, 하나님께서 명하시는 대로만 쓰여집니다.

· 어떤 명분으로든 십일조나 각종 헌금을 거두어들이지 말라 하셨으며, 국내뿐 아니라 각국에 성전과 단독 서점을 운영하며, 한국의 많은 젊은이들을 전 세계에 지도자로 내보내라고 하셨습니다.

· 우리는 세계적으로 새로운 성경을 보급하며 어려운 이들을 돕는 역사를 해 나갈 것입니다. 지금까지 비록 몇 명 안 되는 제자들과 함께 이러한 일을 역사했지만, 앞으로도 계속 하나님께서 기뻐하시는 일들을 해 나갈 것입니다. 부족한 저희에게 여러분들의 지혜와 성원을 보내 주시기를 바랍니다. 많은 분들의 참여와 도움을 간절히 기다립니다. 감사합니다.

한국어로 내려온 《새로운 성경》 단행본을 출간하며
2016년 4월 10일

발행인 **김 용 철**

한국어로 내려온

새로운 **성 경** · 2부 · 제18권

지은이 하나님 말씀
대역자 김용철

초판인쇄 1쇄 2003년 12월 1일
삼판인쇄 1쇄 2017년 4월 3일

펴낸 곳 도서출판 하얀마음
등록번호 제 10-2107호 (2001년 2월 14일)
주소 서울시 노원구 덕릉로86길 5, 2층
전화번호 02) 313-1114
팩스 02) 393-5554
전자우편 book160@hanmail.net
편집위원 조나영 김미향 이석교
제작지원 민평기 양영아 민대웅 민영주 김도윤 민지영 이현종

도서상담 1600-7527
ISBN 978-89-5875-118-2 (04230)
978-89-5875-100-7 (세 트)

값 10,000원
잘못된 책은 구입하신 곳에서 바꾸어 드립니다.

※이 책은 10부로 제작되며, 각 부 16권씩 총160권으로 구성됩니다.※

1부	**2부**	3부	4부	5부	6부	7부	8부	9부	10부
1권	17권	33권	49권	65권	81권	97권	113권	129권	145권
2권	18권	34권	50권	66권	82권	98권	114권	130권	146권
3권	19권	35권	51권	67권	83권	99권	115권	131권	147권
4권	20권	36권	52권	68권	84권	100권	116권	132권	148권
5권	21권	37권	53권	69권	85권	101권	117권	133권	149권
6권	22권	38권	54권	70권	86권	102권	118권	134권	150권
7권	23권	39권	55권	71권	87권	103권	119권	135권	151권
8권	24권	40권	56권	72권	88권	104권	120권	136권	152권
9권	25권	41권	57권	73권	89권	105권	121권	137권	153권
10권	26권	42권	58권	74권	90권	106권	122권	138권	154권
11권	27권	43권	59권	75권	91권	107권	123권	139권	155권
12권	28권	44권	60권	76권	92권	108권	124권	140권	156권
13권	29권	45권	61권	77권	93권	109권	125권	141권	157권
14권	30권	46권	62권	78권	94권	110권	126권	142권	158권
15권	31권	47권	63권	79권	95권	111권	127권	143권	159권
16권	32권	48권	64권	80권	96권	112권	128권	144권	160권